중앙은행의 디지털화폐(CBDC) 발행에 관한 연구

중앙은행의 디지털화폐(CBDC) 발행에 관한 연구

서 자 영

경인문화사

서문

　중앙은행 디지털화폐(Central Bank Digital Currency, 이하 'CBDC')는 중앙은행이 전자적 형태로 발행하는 법정화폐이다. 현재 상용화된 CBDC를 발행한 국가는 없고, 민간이 제공하는 다양한 지급수단의 활용도는 높은 상황이다. 이러한 상황에서 본서는 과연 중앙은행이 CBDC를 발행해야 하는가, 발행한다면 주로 상사거래상 발생 가능한 쟁점은 무엇인가, CBDC 제도 도입을 위하여 어떠한 입법적 정비가 필요한가에 대하여 살핀다.

　논의는 '중앙은행 발행 법정화폐' 및 '전자적 형태'라는 CBDC 개념 분설에서 출발한다. 이를 통해 도출한 세 가지 문제의식과 이에 대한 검토 요지는 다음과 같다.

　첫 번째 문제의식은 이미 민간이 제공하는 지급수단이 활성화된 시점에 중앙은행이 새로이 화폐를 발행할 필요가 있는 지이다. 화폐의 변천 과정에 대한 법적 고찰 및 화폐이론에 따른 화폐의 개념 검토를 통하여, 중앙은행에 의한 새로운 형태의 법화 발행의 의의를 살핀다. 본서는 CBDC가 법정화폐라는 점에서 비트코인 등 민간 지급수단과 근본적 차이가 있다는 점에 주목한다. 진보된 기술을 활용하여 통화법제 내에서 안정적 지급수단을 제공하는 데 CBDC 제도 도입의 의의가 있다.

　두 번째 문제의식은 실물이 없는 CBDC에 실물화폐를 전제로 발달한 금전에 관한 기존 법리를 그대로 적용할 수 있을 지이다. 여기서 CBDC의 법적 성질을 살펴볼 필요가 생긴다. (i) 법화의 법적 성질, (ii) CBDC에 대한 사법상 권리의 성질로 나누어 검토한다. 우선 CBDC가 법화의 요건을 충족하도록 설계할 수 있으므로 CBDC에 대하여 법화로서의 지위를 부여할 수 있다. 다만, 한국은행법 해석상 CBDC 발행근거를 신설할 필요는 있다. 다음으로 (i) CBDC 설계의 기반이 되는 블록체인의 기술적 속성과 (ii) 예상되는 CBDC 구현방식을 법적으로 평가하면, 계좌형 CBDC 보유자는 채권적 권리를, 토큰형 CBDC 보유자는 CBDC에 대하여 물권에 유사한 권리를 가진다고 볼 수 있다. 계좌형 CBDC는 그 구현방식이 기존의 예금계좌 개설 및 계좌이체 방식과 동일하여 예금법리가 적용되기 때문이고, 토큰형 CBDC는 데이터의 특정 및 이전이 가능하고 CBDC 이전을 통제하는 개인키를 보유함으로서 CBDC에 대한 배타적 지배가 가능하기 때문이다. 따라서 토큰형 CBDC의 경우 물권법정주의 원칙에 따를 때 법률의 제정을 통해 물권적 성질을 명확히 하여, CBDC에 대한 대세적 권리의 귀속 및 처분권한을 보장하는 제도를 마련할 필요가 있다. 그리고 어느 유형에 따르든지 간에, CBDC는 실물이 존재하지 아니하여 실물화폐와 동일한 방식으로 권리가 귀속되거나 이전하지 않는다. 이에 CBDC 거래를 합목적적으로 해석하고 규율할 수 있는 법리구성 방안을 모색하고 CBDC 권리 귀속·이전 방법과 시점 등에 관한 규정을 두어 법적 명확성을 확보하는 입법론을 제시하였다.

　마지막 문제의식은 전 국민이 사용하는 법화인 CBDC를 사용한 모든 거래이력이 제한된 수의 기관에 독·과점 형태로 집중될 수 있어, 금융거래정보의 보호와 활용 사이에 갈등관계가 생긴다는 점이다. 프라이빗 블록체인 기술을 사용하는 경우, 소수의 CBDC 분산원장 참여기관이 CBDC를 발행하거나 유통하는 과정에서 개인정보를 포함한 방대한 금융거래정보를 취득하게 된다. 그리고 CBDC 거래이력은 분산원장에 연쇄적으로 기록되기 때문에 삭제나 변경이 어렵다. 이는 CBDC 시스템에 담는 금융거래정보의 범위와 그 방법에 관한 제도 설계의 논의로 이어진다. 발행 과정에서 취득하는 개인의 실명 정보는 별도로 분리 보관하여 분산원장에 기재되는 개인정보의 범위를 최소한도로 하고, 분산원장기술의 가명성을 활용하는 구현 방식에 대해 고민할 필요가 있다. 이에 본서에서는 자금세탁방지, 가명·익명처리한 빅데이터의 공익적 활용 등 여러 법익을 고려하여, 이들과 개인정보 보호와 사이에 균형을 이루는 제도 설계 방안을 모색한다.

본서는 필자의 2021년 서울대학교 법학박사 학위논문에 기초한다. 일부 편제를 변경하고 내용을 수정·보완하여 책으로 다시 정리하였다. 본 연구는 많은 분들의 도움으로 완성될 수 있었다. 노혁준 교수님께서는 석사 때부터 지도교수님으로서 필자가 실무와 학업을 병행할 수 있도록 지속적으로 이끌어주시고 학문적인 것뿐 아니라 학문 외적으로도 수많은 조언과 격려를 아끼지 않으셨다. 정순섭 교수님께서는 논문 심사위원장으로서 선행 연구가 거의 없는 새로운 분야에 대한 논문을 작성하는데 관심을 가져주시고 열정적으로 가르침을 주셨다. 송옥렬 교수님, 김홍기 교수님, 정준혁 교수님의 귀한 조언이 있었기에 논문심사 과정에서 논문의 틀을 잡아 모양새를 갖출 수 있게 되었다. 이 자리를 빌어 깊은 존경과 감사의 말씀을 드린다. 학위논문을 단행본으로 발간하게 해주신 서울대학교 법학연구소와 경인문화사 관계자 분들, 특히 교정과 편집을 하여주신 김지선 선생님께 감사드린다. 늘 필자를 지지해주신 양가 부모님께 본서가 작은 기쁨이 되기를 희망한다. 마지막으로 책이 나올 때까지 필자의 부재를 견뎌준 남편 문장섭과 아들 기민, 기진에게 사랑과 감사의 인사를 전한다. 논문의 8할은 남편의 몫이라 할 정도로, 남편의 끊임없는 지지와 사랑이 있었기에 공부의 끈을 놓지 않을 수 있었다. 이 책은 그 여정에서 하나의 단계를 매듭지은 결과물이다.

viii

〈목 차〉

서 문

제1장 서론

제1절 연구 배경

중앙은행 디지털화폐(Central Bank Digital Currency, 이하 'CBDC')는 중앙은행이 발행하는 전자적 형태의 법정화폐이다. 2020년 1월 국제결제은행(Bank for International Settlements, 이하 'BIS')의 설문조사[1]에 의하면, 66개국 중앙은행의 80% 이상이 CBDC 관련 연구를 수행하고 있다고 응답하여 CBDC에 대한 높은 관심을 나타낸다. 각국 중앙은행이 CBDC 연구에 박차를 가하는 배경은 무엇일까. 크게 세 가지로 나누어 정리할 수 있다.

먼저 혁신적 기술의 등장을 들 수 있다. 2009년 등장한 블록체인 등 분산원장 기술(distributed ledger technology)은 대규모 전자적 형태의 화폐 발행 및 유통을 가능하게 하였다. 역사적으로 화폐는 당대 가장 정교하게 발달한 기술을 활용하여 발행되었다. 기술을 활용하여 보다 안정적·효율적으로 화폐를 공급하고 화폐의 위·변조 등을 어렵게 하는 것은, 화폐의 유통을 증진시키고 화폐 사용에 대한 신뢰를 부여한다. 전자적 화폐 발행 및 유통의 기반이 되는 기술이 발달한 상황에서, 중앙은행이 CBDC 발행에 관심을 보이지 않을 이유가 없다.

다음으로 각종 민간 가상자산 거래의 증가를 들 수 있다. 특히 2019년 6월 페이스북이 Diem{디엠, 구 리브라(Libira)} 발행을 발표하자 각국 정부는 그에 대하여 우려를 표하였고, 이는 CBDC 발행 논의를 촉발하였다.[2] 비트코인의 경우 높은 가치변동성으로 인하여 안정적

---

1) Codruta Boar, Henry Holden and Amber Wadsworth, Impending arrival: a sequel to the survey on central bank digital currency, BIS Papers, No. 107 (2020), 2-3면.

2) Raphael Auer, Giulio Cornelli and Jon Frost, Rise of the Cental Bank Digital

가치저장 기능을 수행할 수 없고 따라서 화폐의 주요 속성이 결여되어 있다는 평가가 지배적이다. 그러나 Diem(디엠, 구 리브라(Libira))는 다국적 기업이 법화 등 안전자산과 1:1 가치를 고정시킨 스테이블코인(stablecoin)이다. 이러한 글로벌 스테이블코인이 통화와 마찬가지로 국경을 초월하여 널리 유통된다면, 법화를 기반으로 하고 상업은행을 매개로 하는 국가 내 통화 안정성 정책에 위험이 발생할 우려가 생기는 것이다.

마지막으로 현금 사용은 감소하고[3] 민간이 제공하는 지급수단 활용도는 높아지는 상황[4]과 관련이 있다. Covid-19 전염병으로 인한 사회적 거리두기 기간 동안 민간 디지털 지급결제로의 전환이 더욱 가속화되었고, CBDC 발행에 대한 자극제가 되었다.[5] 이러한 디지털화된 경제 하에서 중앙은행 통화정책의 효과적 운용이 지속되도록 하기 위해[6] 중앙은행이 직접 CBDC를 발행하는 유인이 있다.[7]

---

currencies: drivers, approaches and technologies, BIS Working Papers, No. 880 (2020), 3면.

3) 상동

4) 한국의 2019년 기준 현금 결제는 2017년 대비 건수 기준으로 36.1%에서 26.4%로, 금액 기준으로 20.3%에서 17.4%로 감소하였다. 한편 신용카드 결제는 2017년 대비 건수 기준으로 29.3%에서 43.7%로, 금액 기준으로 32.8%에서 53.8%로 상승하였다(한국은행, 2019년 지급수단 및 모바일금융서비스 이용행태 조사결과, 지급결제 조사자료 제2020-2호 (2020), iv면). 2019년 한국의 신용카드와 체크·직불카드 보유율은 각각 81.3%, 68.8%에 달하고, 조사대상자의 97.9%가 결제성 예금계좌를 보유하고 있는 것으로 조사되었다(한국은행(2020), iii, iv면).

5) Raphael Auer, Giulio Cornelli and Jon Frost, Covid-19, cash and the future of payments, BIS Bulletin, No. 3 (2020a), 4-5면.

6) 예를 들어 노르웨이의 경우, 독·과점 상태에 있는 국외 전자지급결제시스템 운영회사가 자국 소액 지급결제 서비스를 제공한다. 노르웨이 중앙은행은 금융위기 또는 민간 해당 서비스 불능 등 이들을 통제할 수 없는 위험이 발생할 가능성에 대비하기 위하여 CBDC 발행 필요성에 대해 검토한다. Norges Bank, Central bank digital currencies No. 2 (2019), 6면.

중앙은행이 CBDC 제도를 도입하면 경제사회 전반에 어떤 변화가 생길까. 주로 금융기관들만 이용할 수 있는 CBDC(wholesale CBDC, 이하 '거액결제용 CBDC')의 도입은 큰 영향을 미치지 않을 수 있다. 금융기관이 사용하는 거액결제시스템의 운용형태를 중앙집중형 단일원장기술에서 분산원장기술로 바꾼 것으로 기술적 대체에 불과하기 때문이다. 그러나 모든 경제주체가 사용하는 CBDC(retail CBDC, 이하 '소액결제용 CBDC')의 경우 그렇지 않다. 실물화폐를 전자적 방식으로 새로이 구현하는 과정에서, 과거와는 다른 운용이 가능하기 때문이다.

그동안 각국 중앙은행이 수행한 CBDC 발행 관련 연구 주제는 기술적 구현 가능성이나 경제적 영향에 치중한 경향이 있다. 그러나 CBDC의 도입은 전체 금융시스템 및 CBDC를 통한 국민의 일상 거래에 영향을 미치므로, CBDC 제도 도입의 의의에 대한 법적 고찰이 필요하다. 또한 CBDC 도입에 앞서 CBDC의 법적 성질을 검토하고, 이를 바탕으로 한 발행 및 유통·거래에 관한 법적 분석이 필요하다. CBDC 구현방식별로 법률관계가 달라진다면 이러한 경우를 함께 살펴야 할 것이다. 각 모델별 법적 성질 및 그로 인한 법률관계의 유형별 상이점을 살피는 것은 향후 구현모델 선정의 기초자료가 된다. 이처럼 새로운 방식의 화폐 발행 및 이를 통한 거래가 법률적으로 어떻게 해석 가능한지, 기존 법제로 포괄하지 못하거나 상충하는 부분은 무엇인지 검토할 필요가 생긴다.

---

7) 그 밖에도 현금 제조비용 절감(10원짜리 동전 하나 제조비는 20원이다. 한편, 2018년 기준 한국은행이 폐기한 손상화폐는 5.27억장(4조 2,613억원), 폐기된 손상화폐를 모두 새 화폐로 대체하는 데 소요되는 비용은 639억원에 달한다. 한국은행, 보도자료: 2018년 중 손상화폐 폐기 및 교환규모, 2019. 1. 17. 공보 제2019-1-17호 (2019)), 현금의 분실이나 도난, 위조 등의 위험 제거로 안정성 확보, 거래 내역의 추적가능성으로 투명성 증가 등을 들 수 있다.

제2절 연구 범위

본 논문은 과연 중앙은행이 CBDC를 발행해야 하는가, 발행한다면 CBDC의 법적 성질은 무엇이고 CBDC 발행·유통·거래 시 발생 가능한 쟁점은 무엇인가, 그리고 제도 도입을 위하여 입법적 정비가 필요한 영역은 무엇인가에 대하여 살핀다. 본 논문은 소액결제용 CBDC를 논의의 대상으로 삼는데, 이는 중앙은행이 화폐로서 발행하여 현행 화폐와 동일한 화폐 단위를 사용하고, 현금과 1:1 비율로 교환하며 양자를 병용하는 것을 전제로 한다.

연구는 (i) 중앙은행 발행 법정화폐 (ii) 전자적 형태라는 CBDC 개념 분설에서 출발한다. 이를 통해 도출한 이하 세 가지 문제의식은 본 논문의 주된 연구 범위를 구성한다.

첫 번째 문제의식은 이미 민간이 제공하는 지급수단이 활성화된 시점에 중앙은행이 새로이 화폐를 발행할 필요가 있는 지이다. 이 논문은 CBDC가 법정화폐라는 점에서 비트코인 등 민간 지급수단과 근본적 차이가 있다는 점에 주목한다. 화폐의 변천 과정에 대한 법적 고찰 및 화폐이론에 따른 화폐의 개념 분석을 통하여, CBDC와 기술 혁신으로 등장한 새로운 지급수단의 차이를 고찰하고, 이를 통해 중앙은행이 CBDC의 발행자가 되는 것이 타당한 이유와 새로운 형태의 법화 발행의 의의를 살핀다.

두 번째 문제의식은 실물이 없는 CBDC에 대해 실물화폐를 전제로 발달한 금전에 관한 기존 법리가 그대로 적용될 수 있을 지이다. 민법은 화폐가 물건에 해당함을 전제로 하나, 계속하여 금전에 관한 특칙을 발달시켜왔다. 그런데 CBDC는 화폐이나 실물은 없다. 이에 CBDC의 법적 성질을 (i) 법화의 법적 성질, (ii) CBDC에 대한 사법상 권리의 성질로 나누어 검토한다. CBDC의 구현방식과 분산원장기술의 기술적 특성을 법적으로 평가하여 CBDC가 민법상 물건에 해당하는지, CBDC 보유자는 CBDC에 대하여 물권적 권리를 가지는지 검토한다. 이를 바탕으로 CBDC의 귀속 및 이전 등 법률관계를 명확히 하고 물권법정주의에 따라 법 개정이 필요한 영역이 있는지 검토한다. 그리고 CBDC의 기술적 구현방식에 따라 권리의 성질이나 법률관계가 달라질 수 있는 영역은 CBDC 유형별로 나누어 검토한다.

셋째, CBDC 거래기록에 대하여 개인정보의 보호와 자금세탁방지과 같은 정책목적에 따른 활용 사이 상충관계가 발생하는 점에 주목하였다. CBDC 분산원장 관리 주체는 CBDC 발행 및 거래 시 개인정보를 포함한 광범위한 금융거래정보를 취득할 수 있다. 이러한 금융거래정보가 제한된 수의 분산원장 참여기관에 집적될 수 있으므로, CBDC 사용률이 높아질수록 일반 국민의 상사거래에 관한 데이터 독·과점화 구조를 가져올 가능성이 생긴다. 블록체인 기술을 사용할 경우 개인의 실명으로 거래를 하는 대신 공개키의 해시값에 사용하는 주소를 사용하긴 하나(가명성), 이러한 정보는 궁극적으로 개인의 실명 정보와 연계되어 있다는 점에서 해킹 등을 통하여 개인정보가 침해될 위험이 있고, 사고 발생 시 일반인들의 일상생활에 미칠 파급력이 상당하다. 이러한 이유로 CBDC 발행·유통 과정에서 CBDC 시스템 운영·관리자가 수집·이용할 수 있는 개인정보의 범위를 살피고, 개인정보 보호를 위한 제도 설계 방향을 검토할 필요가 있다. 이와 동시에 자금세탁방지의무 준수의 필요성, 취득한 정보를 가명·익명처리한 후 빅데이터로 활용할 공익적 필요성을 연구 대상으로 삼는다. 이로써 CBDC 거래로 수집·이용하게 되는 정보의 보호와 활용 사이 균형을 모색하는 제도 설계 방향을 검토한다.

제3절 연구 내용 및 용어 정리

Ⅰ. 연구 내용

이 연구는 다음 4부분으로 구성된다.

제2장 CBDC의 의의와 구현방식에서는 첫째, 화폐제도의 역사적 변천 및 화폐이론에 대한 검토를 통하여 CBDC 제도 도입의 의의를 살펴본다. 둘째, CBDC의 다양한 구현방식을 정리하고 주요 연구 사례를 검토하여, 이후 논의에서 구현방식별 검토의 전제가 되도록 한다.

제3장 CBDC의 법적 성질에서는 첫째, CBDC의 법화로서의 법적 성질에 대하여 검토한다. 민사법상 금전의 성질과 통화법상 법화로서의 성질로 나누어 살핀다. 이와 관련하여 CBDC의 법화성 부여를 위한 법적 근거 유무와 화폐로서의 일반 수용성을 함께 검토한다. 둘째, CBDC에 대한 사법상 권리의 성질을 CBDC 구현방식에 따라 구분하여 살핀다. 민법상 물건에 해당하는지를 검토한 후, CBDC 구현 기술의 특성을 법적으로 평가하여 계좌형 CBDC와 토큰형 CBDC에 대한 권리의 성질을 검토한다. 그리고 물권법정주의 원칙을 고려하여 CBDC 제도 도입을 위해 입법이 필요한 영역을 검토한다. 셋째, 다른 지급수단과의 비교를 통해 CBDC의 특성을 기술한다.

제4장 CBDC의 거래법적 쟁점에서는 첫째, 발행과 귀속, 둘째, 이전방법과 이전시기, 셋째, 중앙은행과 중개기관의 법적지위, 넷째, 부정취득시의 권리관계 및 데이터 위조·복제 등과 사법상 책임에 대하여 차례로 살핀다. 이러한 CBDC 발행·유통·거래 시의 법률문제, 중앙은행과 중개기관, CBDC 일반 이용자 등 당사자들 사이 법률관계의 검토는 제3장 CBDC의 법적 성질 규명에 기반을 둔다.

제5장 CBDC와 집행법 및 규제법적 쟁점에서는 첫째, 압류 등 민

사상 강제집행과 몰수 등 형사상 강제처분 방식 및 입법 방향에 대하여 살핀다. 둘째, 금융거래정보 취득에 대한 규제로서, 자금세탁방지 등 다양한 정책목적에 따른 통제로 개인정보의 보호 등 금융거래정보의 보호와 관련한 문제를 검토한다. 셋째, 형법상 통화의 위조 등에 관한 규정의 적용문제에 대하여 살펴본다.

제6장 결론에서는 이상의 논의를 정리하여 결론을 제시한다.

II. 용어 정리

다음 장을 서술하기에 앞서 몇 가지 용어에 대하여 정리하고자 한다. 화폐(貨幣)와 금전(金錢)은 상품 교환가치의 척도가 되며 그것의 교환을 매개하는 일반화된 수단으로 정의된다.[1] 이 논문에서 화폐와 금전은 위 정의에 따라 문맥상 동일한 의미로 사용하였다. 다만, 금전은 민사법상 금전채권·채무의 지급수단으로서의 논의[2]에, 화폐는 통화법상 국가 내지 중앙은행에 의한 발행 및 관리 대상으로서의 논의[3]에 초점이 맞추어지는 경우 주로 사용하였다. 통화(通貨)

---

1) 출처: 표준국어대사전
2) 민법에서는 '금전'이라는 용어가 일반적으로 사용된다. 금전 법리는 실물 화폐의 존재를 전제로 발달하여, 다수 민법 학자들은 금전을 금전적 가치를 표상하는 특수한 동산으로 본다(곽윤직·김재형, 민법총칙, 박영사 (2013), 236면; 지원림, 민법강의 제12판, 박영사 (2014), 166면; 김형배, 민법학강의 제8판, 신조사 (2009), 738면; 편집대표 김용담, 주석 민법, 채권총칙(1) 제4판(2014), 237면). 따라서 금전적 가치로서의 속성이 중요하게 다루어지고 소재(素材)의 사용가치는 의미가 없는 등 다른 동산과 달리 취급되나(곽윤직·김재형(2013), 236면), 동시에 동산으로서의 유체성이 보충적으로 고려된다(예를 들어 금전은 동산임을 전제로 '점유'의 이전에 의해 '소유권'이 이전된다): 이 논문 제3장 금전의 사법상 성질에 대한 논의 참조.
3) 한국은행법에서는 '화폐'라는 용어를 사용하고, 동법 제47조는 한국은행에 화폐의 독점적 발행권을 부여한다: 이 논문 제2장 제1절 의의 및 제3장 법화의 법적 성질에 대한 논의 참조.

란 유통 수단이나 지불 수단으로서 기능하는 화폐를 의미한다.4) 이 논문에서 통화는 국가 내·외적으로 통용력을 가지는 화폐의 의미로 사용한다.5) 법화는 법률로 국가 내 강제적 통용력을 부여받은 화폐로서 화폐, 금전과 구분된다. 현금은 실물이 있다는 점에서 전자적 형태로 발행되는 CBDC와 구분됨을 강조하는 측면에서 사용하였고, 따라서 본 논문에서 현금은 지폐6)와 주화(또는 동전)만을 의미한다.7)

또한 블록체인(blockchain)은 거래기록을 입력한 블록(block)을 시계열로 체인(chain)처럼 연결해서 관리하는 기술을 의미하는데, 분산원장기술(distributed ledger technology)8)의 대표적 기술로서 이 논문에서는 양자를 동일한 의미로 사용하였다. 블록체인은 거래검증과 원장기록 수행 주체의 범위에 따라 퍼블릭(public)과 프라이빗(private)으로 구분할 수 있고, 퍼블릭 블록체인은 원장기록 및 검증 권한을 참여자 누구에게나 부여하고 프라이빗 블록체인은 해당 권한을 일부 참여자에 한하여 부여한다. 전자는 비허가형(permissionless) 분산원장기술에, 후자는 허가형(permissioned) 분산원장기술에 대응한다. 마지막으로 비트코인 등 민간이 블록체인 기술을 사용하여 제공하는 가상자산에 대하여는 가상화폐, 암호화폐, 암호자산 등 다양한 용어가

---

4) 출처: 표준국어대사전
5) 민법 제376조, 제377조는 통화에 대하여 자국 또는 외국에서 강제통용력을 가진 화폐(외국에서 강제통용력을 가지는 화폐의 경우 '외화')의 의미로 사용하는 것으로 해석된다.
6) 우리나라를 포함하여 오늘날 상당수의 국가에서 발행하는 폴리머 플라스틱 화폐 역시 포함하는 의미로 사용하였다.
7) 현금(cash)은 경제·경영 분야에서 유동성을 갖춘 각종 자산을 포함하는 의미로 사용되는 경우가 있다.
8) 분산된(P2P, Peer-to-Peer)망 내 참여자들이 모든 거래 목록을 지속적으로 갱신하는 디지털 원장으로 데이터 상태의 변경, 기록 시 분권화된 합의 메커니즘을 통해 무결성을 검증하여 문서의 위·변조 및 해킹에 유리하도록 고안된 정보보호 기술을 의미한다. 과학기술정보통신부 2019. 8. 2.자 보도자료, ITU-T 분산원장기술 국제표준화 연구 한국이 주도 (2019), 1면.

혼용되는데, 이에 대하여 2020. 3. 24. 개정(2021. 3. 25. 시행)된 특정
금융거래정보의 보고 및 이용 등에 관한 법률(이하 '특정금융정보
법') 제2조 제3호에서 '가상자산(Virtual Asset)'이라고 정의한 점을 감
안하여 가상자산으로 용어를 통일한다.

제2장 의의 및 구현방식

제1절 의의

Ⅰ. 개념 및 논의 범위

1. 개념

CBDC의 문언적 의미는 중앙은행이 전자적 형태로 발행하는 화폐이다. BIS는 CBDC에 대하여 '전통적인 지급준비금이나 결제계좌 예치금과 구별되는 전자적 형태의 중앙은행 화폐'[1]로 정의한다. '중앙은행이 디지털 방식으로 발행하고 법정화폐로 기능할 것이 의도된 새로운 형태의 화폐'[2]로 기술하는 입장도 있다. 이러한 설명을 정리하면, CBDC란 중앙은행이 전자적 형태로 발행하는 화폐로서, 이미 전자적 형태로 발행되던 지급준비금 등과는 구별되는 새로운 화폐를 의미함을 알 수 있다.[3]

CBDC의 개념은 ① 중앙은행 발행 ② 전자적 형태 ③ 이용주체라는 세 가지 구성요소로 나누어 살펴볼 수 있다.[4]

첫째, CBDC의 발행주체는 중앙은행이다. 오늘날 대부분의 국가는 법률로써 중앙은행에 독점적 화폐 발행 권한을 부여하고[5] 이에 중

---

1) BIS CPMI and MC, Central Bank Digital Currencies (2018), 1면, 4면.
2) Mancini-Griffoli, T. et al., Casting light on central bank digital currency, IMF Staff Discussion Note (2018), 7면.
3) 한국은행 역시 BIS의 정의에 기초하여 CBDC에 대하여 '중앙은행 내 지준 예치금이나 결제성 예금과는 별도로 중앙은행이 전자적 형태로 발행하는 새로운 화폐'로 정의한다. 한국은행, 중앙은행 디지털화폐 (2019), 4면.
4) 한국은행(2019), 4면의 기술방식에 따른다.
5) 한국 역시 한국은행법 제47조에 따라 화폐의 발행권은 한국은행만이 가진다.

앙은행이 CBDC의 발행 주체가 될 수 있다. CBDC는 실물화폐와 마찬가지로 중앙은행이 발행하여, 실물화폐와 1:1로 교환할 수 있는 화폐이다.[6] 그리고 CBDC는 실물화폐와 마찬가지로 발행자인 중앙은행의 채무 또는 부채(central bank liability)[7]이므로, 결제과정에서 지급불이행이 발생할 수 있는 은행예금과 달리 신용위험이 없다.[8]

둘째, CBDC는 전자적 형태로 발행된다. 이 점에서 현금과 같은 실물화폐와 구분된다. 현금은 민법상 물건이고 형법상 재물로써 실물의 존재를 전제로 법리가 발달해왔으나, CBDC는 전자적 형태로 발행·유통되어 실물이 존재하지 않는다는 점에서 화폐에 관한 기존 법리의 적용 가부, 수정의 필요성 등을 살펴볼 필요가 생긴다. CBDC는 전자적 형태로 구현되므로 발행 및 거래 내역을 기록할 원장(ledger)이 필요하고, 원장 관리 방식에 따라 단일원장방식과 분산원장방식으로 나눌 수 있다. 단일원장방식은 단일 주체가 원장을 관리하는 방식[9]이고, 분산원장방식은 다수 주체가 동일한 내용의 복수의

---

6) 해외 중앙은행이 수행한 CBDC에 관한 검토 보고서 대부분이 CBDC에 대해 기존의 현금을 보완(complements)하는 것이라고 전제한다. 나아가 CBDC의 기능으로서 현금과 CBDC의 등가교환성(convertibility)를 상정하고 있다. 예를 들어 Engert, and Fung (2017), 8-9면; 유럽중앙은행(European Central Bank, 이하 'ECB') 역시 디지털 유로가 현행 유로화와 등가로 교환되는 것을 디지털 유로가 갖추어야 할 5가지 핵심 원칙 중 첫 번째 원칙으로 명시한다. ECB, Report on a digital euro (2020), 48면.
   〈https://www.ecb.europa.eu/pub/pdf/other/Report_on_a_digital_euro~4d7268b458.en.pdf〉 2020. 12. 2. 방문.
7) 법적 의미에 대하여는 제2장 제1절 II. 1. 다항, 제4장 제1절 2. 다항 참조; ECB는 디지털 유로의 5가지 핵심 원칙 중 두 번째 원칙으로, 디지털 유로는 유로시스템(Eurosystem)의 채무 또는 부채(liability)로서 유로시스템이 발행을 통제하는 중앙은행 화폐라는 점을 든다. ECB(2020), 48면.
8) 한국은행(2019), 4면.
9) 예를 들어 현행 중앙은행 거액결제시스템, 금융결제원 소액결제시스템, 상업은행의 원장 등이 이에 해당한다.

원장을 관리하는 방식10)이다.

셋째, CBDC는 이용주체에 따라 구분할 수 있다. 즉, 개인과 기업 등 모든 경제주체가 이용할 수 있는 소액결제용(general-purpose, retail) CBDC와 은행 등 금융기관들만 이용할 수 있는 거액결제용(wholesale only) CBDC로 발행할 수 있다.11)

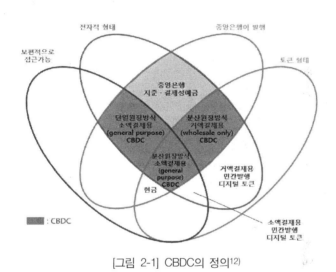

[그림 2-1] CBDC의 정의12)

2. 논의의 범위

이상에 따라 다음과 같이 CBDC 논의 범위를 설정한다.

첫째, 이 논문에서 CBDC는 현금과 함께 발행13)되고, CBDC와 현

---

10) 예를 들어 블록체인 기술을 사용한 비트코인의 운영방식이 이에 해당한다.
11) 한국은행(2019), 4면.
12) BIS CMPI and MC(2018), 5면.
13) 현재 CBDC 제도를 연구하는 대부분의 국가가 채택하는 방식이다; Bank of Canada, European Central Bank, Bank of Japan, Sveriges Riksbank, Swiss

금 또는 예금 사이 등가로 상호 교환이 가능한 것을 전제로 한다.

둘째, CBDC는 중앙은행이 발행하고 중앙은행의 부채(liability)인 것을 전제로 하므로, 민간기관이 중앙은행에 예치한 현금 등을 기초로 발행한 디지털화폐를 CBDC로 인정하는 경우[14]는 이 논문에서 상술하지 않는다.

셋째, 중앙은행이 전자적 형태로 발행한다 하더라도, 기존 중앙은행의 지급준비금·결제계좌 예치금은 CBDC와 구분된다.[15] 즉, [그림 2-1]에서 지급준비금·결제계좌 예치금은 중앙은행이 전자적 형태로 발행하나 단일원장방식에 따른 거액결제용에 한정된다. 이는 같은 단일원장방식을 취하더라도 모든 국민이 사용 가능한 소액결제용으로 발행하는 [그림 2-1]의 단일원장방식 소액결제용 CBDC와 다르다. 또한, 새로운 분장원장기술을 채택하는 [그림 2-1]의 분산원장방식 거액 또는 소액결제용 CBDC와 구별된다. 따라서 기존 중앙은행의 지급준비금·결제계좌 예치금에 대하여는 CBDC 논의에 포함하지 않는다.

넷째, 단일원장방식과 분산원장방식은 CBDC 원장 관리 방식에 해당하고 어느 한쪽을 택할 당위성이 있기보다는 정책적 판단에 따른 선택의 문제로 보인다. 그러나 가상자산 발전을 이끈 블록체인 기술의 여러 이점[16]을 고려할 때, 분산원장방식으로 설계되는 경우

National Bank, Bank of England, Board of Governors of the Federal Reserve and BIS, Central bank digital currencies: foundational principles and core features, Report No. 1, in a series of collaborations from a group of central banks (2020), 10면.

14) 간접형 또는 합성 CBDC가 이에 해당한다; 제2장 제2절 I. 2. 다. 참조.

15) BIS CPMI and MC(2018), 1, 4면.

16) 블록체인은 사실상 거래 기록의 수정이 불가능하고, 장애나 시스템 다운이 거의 발생하지 않는다는 특징이 있다. 이와 더불어 블록체인은 비용의 극적인 절감 가능성 때문에 주목받고 있다. 블록체인을 활용하면 금융거래에 드는 비용이 약 10분의 1까지 줄어들 것이라는 견해도 있다. 中島眞

를 논의의 대상으로 삼는 것이 바람직하다. 한편, 모든 이용자가 원장에 접근할 수 있는 퍼블릭 블록체인(public blockchain)을 통하여는 중앙은행의 법화 발행 및 지급결제제도 운용이 어렵다. 따라서 본 논문은 CBDC를 프라이빗 블록체인(private blockchain)[17]으로 설계하는 것을 전제로 기술한다. 프라이빗 블록체인 기술을 사용하는 경우 중앙은행이 통화량을 조절할 수 있고 제한된 수의 중개기관이 분산원장에 접근할 수 있는 권한을 부여받아 그로써 지급결제업무를 수행하도록 하고 이와 관련한 의무를 부담하는 것이 가능하다.[18] 이 논문은 프라이빗 블록체인 기술 고유의 속성과 운영방식을 법적으로 평가하여 CBDC의 법적 성질과 CBDC 거래의 법률관계를 살피는데 중점을 둔다.

다섯째, CBDC 발행주체인 중앙은행에 대한 접근성에 따라 거액결제용과 소액결제용으로 달리 설계할 수 있다. [그림 2-1]에서 분산원장기술을 사용한 경우 거액결제용 CBDC에 해당한다. 이는 단일원장방식으로 구현되어 거액결제용으로 발행되는 지급준비금·결제계좌 예치금[19]에 대한 기술적 대체로서, 일반 경제주체에 미치는 영향은 크지 않을 것으로 예상된다. 이에 본 논문은 소액결제용 CBDC를 대상으로 논의를 전개하여, 새 제도의 도입으로 기존의 금전에 관한 법리 및 일반 경제주체 간 금전거래에 대한 법률관계 변동 여부를

志, 이용택 역, 애프터 비트코인, 21세기북스 (2018), 19면.

17) 허가형 분산원장기술과 동일한 의미이다.

18) 이는 블록체인 기술 적용을 염두에 두는 모든 중앙은행이 연구대상으로 취하는 형태이다. Raphael Auer, Giulio Cornelli and Jon Frost(2020b), 19면.

19) 중앙은행은 중앙은행의 원장에 개설된 금융기관의 당좌계좌에 전자적 형태로 화폐를 발행하고, 금융기관은 이 계좌에 지급준비금을 예치하거나 기타 결제성 예금을 예치한다. 중앙은행은 지급준비율을 변동시키는 방법으로 지급준비금 제도를 통화량 조절 정책수단으로 활용할 수 있다. 또한 이 당좌계좌는 주로 상업은행간 거액결제를 위해 사용되어, 중앙은행이 결제의 최종성을 보장한다.

검토한다.

따라서 이 논문은 중앙은행이 현금과 함께 발행하고 프라이빗 블록체인 기술을 사용한 소액결제용 CBDC를 중심으로 논의한다.

II. 제도 도입의 의의

본 절은 왜 현시점에 중앙은행이 CBDC를 법화로서 발행하는지 그 이유에 대한 고찰이다. 이하에서는 (i) 화폐의 진화 과정 및 법화가 자리를 잡아가는 과정에 대한 역사적 고찰과 (ii) 화폐이론에 대한 검토를 통하여, 법화로서 CBDC 제도를 도입하는 배경과 그 의의를 살핀다.

1. 화폐 변천 과정의 역사적 고찰과 CBDC

가. 서설

미래의 전자적 형태 화폐 모델을 탐색함에 있어, 화폐의 발달 과정은 기술과 국가의 역할을 이해할 수 있는 관점을 제공한다. 역사적 고찰은 중앙은행이 (i) '전자적 형태'(기술)로 (ii) '법화'를 발행(국가의 역할)하는 배경을 이해하는데 유용하다. 이하에서 두 가지 핵심 사항을 정하여 고찰하고자 한다.

우선 매우 많은 아이템이 돈으로 사용될 수 있었지만 결국에는 기술적으로 가장 뛰어난 것이 선택되었다.[20] 상품화폐(조개, 소금 등의 일상품)는 금속 화폐 주조술에 밀려났고, 동전은 다시 지폐 인쇄술에 밀려났다.[21] 따라서 오늘날 전자화폐의 등장으로 지폐의 시대가 저물어간다고 해도 이는 결코 우연이 아닐 것이다.[22]

---

20) Kenneth S. Rogoff, *The Curse of Cash*, Princeton University Press (2016), 16면.
21) 상동

다음으로 많은 경우 화폐 혁신은 민간 영역에서 시작되었고 이후에 정부로부터 합당한 것으로 인정받았다.[23] 은행권을 예로 들면, 최초로 이를 개발한 것은 민간이었으나 은행권 발행 권한을 부여받기 위하여 일반적으로 특권(privilege), 면허(licence) 또는 정부의 승인이 필요하였다.[24] 한동안 정부는 민간이 발행하는 무기명채권을 화폐시스템에 대한 잠재적 위협, 더 중요하게는 정부의 필요에 따라 대출을 확보하는데 있어 경쟁자로 간주하였고,[25] 점차 국가가 직접 유통을 위한 은행권을 발행하여 법화의 지위까지 부여하였다. 이처럼 민간 발행 화폐는 궁극적으로 정부의 간섭에 취약하기 때문에, 강력한 중앙정부는 안전하게 보장된 자산을 제공하는데 민간에 비해 상당한 이점이 있다.[26] 이러한 과거의 교훈은, 디지털 화폐(좁게는 가상자산)의 미래와 현행 정부 발행 화폐보다 앞서서 민간 발행 통화를 도약시키기 위해 첨단기술을 사용하는 시도를 평가할 때 염두에 둘 필요가 있다.[27] 역사에서는 늘 이 같은 순환이 있어 왔다.[28]

나. 동전에서 지폐로의 변천

(1) 초기의 동전

현대 금속 화폐의 진정한 발명은 기원전 7세기 오늘날의 터키 서쪽 지방인 리디아에서 이루어진 것으로 추정된다.[29] 정부가 품질을

---

22) 상동
23) 상동
24) Helmut Siekmann, Deposit Banking and the Use of Monetary Instruments, in Fox & Ernst (ed.), *Money in the Western Legal Tradition: Middle Ages to Bretton Woods*, Oxford University Press (2016), 490, 496, 501, 502면.
25) Siekmann(2016), 491면.
26) Rogoff(2016), 16면.
27) 상동
28) 상동
29) Rogoff(2016), 17면.

보증하는 유기적으로 통일된 거래 매체를 갖는다는 생각은 문명의 역사에서 획기적 비약 중 하나로 기록될 일이었다.30) 표준화된 동전은 형태를 변형시키는 기술에 의해 탄생할 수 있었는데, 동전 주조술은 리디아에서 금과 은을 분리해내는 획기적인 기술을 발전시킨 후에야 폭발적으로 확산되었다.31) 이와 같은 기술을 활용하여 크로이소스 왕은 분리된 금화와 은화에 인장을 찍어 발행하였다.32)

한편 알렉산더 대왕은 기원전 400년전 군대 급여 지급과 전례가 없는 긴 공급 체인을 경유하는 식량 조달을 위해 화폐의 혁신을 아주 잘 활용하였다.33) 하지만 제국의 각기 다른 지역에서 금과 은의 가치가 매일 변동하면서 발생하는 성가신 문제에 봉착하게 되었다.34) 이에 알렉산더 대왕은 금과 은의 교환비율을 10대 1로 고정하여 공표하고, 금과 은을 제국 전체에서 병행하여 사용하도록 했으며, 그 사용을 강제하였다.35) 이와 같은 방식으로 마케도니아의 화폐제도는 단순하고 유용해졌으며, 현대 화폐제도의 선도적인 역할을 하게 되었다.36) 그럼에도 불구하고, 19세기 불태환 화폐가 주화보다 널리 사용하게 된 이후에야, 각기 다른 금속으로 주조된 동전의 동시 유통 문제가 진정으로 해결되었다.37)

동전은 정부에 의한 주기적이고 급격한 가치하락에도 불구하고, 절대적인 기초자산으로 오랫동안 성공적으로 유통되었다: 이는 기본적으로 정부가 지급을 보증한다는 점에 대한 시민들의 신뢰가 있

---

30) Rogoff(2016), 17-18면.
31) Rogoff(2016), 18면.
32) 상동
33) 상동
34) 상동
35) 상동
36) 상동
37) Sargent and Velde, *The Big Problem of Small Change* (2003).

었기 때문이고, 한편으로는 정부가 최소한 세금 납부, 국가 채무, 국가를 당사자로 하는 계약 건 등에서 통용될 수 있도록 강제적 힘을 행사할 수 있었기 때문이다.[38]

(2) 중국 지폐의 등장

중국에서는 동, 납, 철 등의 금속이 동전 주조를 위한 재료로 사용되었는데 이런 동전들은 화폐의 가격 가치에 비해 무거웠기 때문에 대규모 자금을 지급하려면 무거운 양을 운반해야 했다.[39] 그런데 바로 이러한 질 낮은 동전 주조 물질들은 중국에 종이 화폐가 일찍 도입되는 계기로 작용하였다.[40] 인쇄술의 발달로[41] 7세기 당나라 상인들과 전주들은 최초로 어음을 발행하는 안을 내놓았고,[42] 이는 대규모 자금이 이동할 때 생기는 문제점을 피할 수 있는 상환방식으로 자리 잡았다.[43] 한편, 서기 800년대 초에 중앙정부는 민간의 어음발행을 금지하고 지방 어음 시스템을 인수하여 관리하였다.[44]

중국 지폐의 전성기는 11세기에서 15세기까지였다.[45] 13세기 몽골제국이 종이 지폐를 발행하고[46] 왕조마다 새로운 정권을 수립하

---

38) Rogoff(2016), 20면.
39) Rogoff(2016), 21면.
40) 상동
41) 중국은 적어도 서기 7세기경 당나라 때 목판 인쇄술을 도입하였고, 금속 인쇄술은 11세기경인 송나라 때 도입했는데, 이는 1455년 성경 인쇄를 위해 금속 인쇄술을 도입한 구텐베르크보다 훨씬 앞선 것이었다. Rogoff(2016), 22면.
42) Siekmann(2016), 489면.
43) Rogoff(2016), 22면.
44) 상동
45) 상동
46) T.F. Carter and L. C. Goodrich, *The Invention of Printing in China and Its Spread Westwards* 2nd edn (1955), 107, 109면; Siekmann(2016), 489면에서 재인용.

고 화폐제도를 이어받은 후에는, 각 정권은 통치 자금을 확보하기 위하여 화폐를 과도하게 인쇄하려는 유혹을 떨치지 못하였고 결국 화폐의 가치가 떨어지면서 걷잡을 수 없는 인플레이션이 뒤따랐다.[47] 각 왕조의 정부는 화폐 주조를 독점해서 시행하여야 한다는 중요성과 그 이외의 다른 화폐는 강력히 규제해야 한다는 것을 충분히 이해하고 있었다.[48] 실제 정부에서 발행한 화폐 사용을 극대화하기 위해 민간 화폐의 사용을 금지하고 엄격한 물가통제를 실시하는 등 강제적인 방법도 동원하였다.[49] 그러나 1500년경 극심한 인플레이션을 경험한 후 중국은 정부가 발행하는 종이 화폐 제도를 폐지하였고, 19세기에 이르러서야 제도를 재개하였다.[50]

(3) 서양 은행권과 지폐

서양의 경우 15세기가 되어서야 비로소 동전 이외 금융수단이 화폐 기능을 수행하게 되었다.[51] 민간이 발행한 증권은 (i) 애초에 보관을 위탁한 금속이나 주화를 그대로 돌려주기 위한 영수증 기능을 수행하다가, (ii) 보관을 위탁한 주화가 동종의 주화와 일단 혼합되고 나면 향후 동종의 다른 주화로 돌려주기 위한 어음의 기능을 수행하게 되었고, (iii) 17세기 말에는 예금의 예치가 선행되지 않더라도 증권 발행자에게 이를 제시하면 정해진 금속이나 주화를 지급하기로 확정된 약속을 하는 증권을 발행하는 방식으로 변화[52]하였으며, 마침내

---

47) Rogoff(2016), 24면.
48) 상동
49) Rogoff(2016), 24-25면.
50) Rogoff(2016), 25면.
51) Siekmann(2016), 489면.
52) 네덜란드에서 1656년 설립된 스톡홀름 은행은 1661년 금과 은으로의 교환을 담보하는 은행권을 발행하였는데, 보유한 금이나 은보다 과도하게 많은 은행권을 남발하여 결국은 부도로 파산된 바 있다. Rogoff(2016), 25면.

민간 발행 은행권은 (iv) 환어음뿐만 아니라 (v) 무기명채권의 성격을 띠는 형태로 발행되어 18세기 말과 19세기에 널리 유통되었다.[53]

C. F. 사비니는 사인이 발행하는 무기명채권에 대하여 로마법에서 규정하지 않은 것이고 대륙의 커먼로(continental common law)에서 도출되는 법리에도 부합되지 않음을 이유로 법적 유효성에 대한 의문을 제기하였고, 통화체계의 안정성에 위협이 될 것으로 보았다.[54] 1833년 프러시안 법률 역시 무기명채권의 성질을 가지는 민간의 은행권 발행에 대하여 일정한 법정 요건을 갖추고 정부의 승인을 요하도록 하여[55] 규제의 대상으로 삼았다. 다시 말해, 비록 최초 은행권을 발행하는데 있어서는 사인이나 민간 기관이 중요한 역할을 하였으나, 어느 시기, 어느 지역에서나 경제주체가 은행권을 발행하기 위해서는 정부의 승인 등이 요구되어 이러한 방식을 통해 국가나 지방의 통치자가 중요한 영향력을 행사하였다.[56] 또한 공적 은행(public bank)이 직접 은행권을 발행[57]하거나, 사인이 주식을 보유하더라도 공법상 법인으로서 국가가 중앙은행을 운영[58]하는 방식으로 정부가 영향력을 행사하였고, 상당한 시간이 흐른 후 궁극적으로는

---

53) Siekmann(2016), 494-498면.
54) T. Baums, Das preußische Schuldverschreibungsgesetz und F. C. von Savigny, in *Recht, Orgnung und Wettbewerb, Festschrift zum 70. Geburtstag von Wernhard Möschel* (2011), 1101면.
55) Siekmann(2016), 499면.
56) Siekmann(2016), 502면.
57) 일례로 19세기 은행권이 가장 널리 사용된 대영제국의 경우 법률 헌장(legal charter)에 따라 설립된 공적 은행(영국은행, 스코틀랜드 은행, 스코틀랜드 왕립 은행)이 은행권을 발행하였다. J. Clapham, The Bank of England, 2 vols (1944, repr. 1966), Vol. 2, at 1 et seq.; Siekmann(2016), 501면에서 재인용.
58) 일례로 독일 Reichsbank는 모든 주식을 민간이 보유하였으나, 정부의 일부로서 공법상 법인으로 국가에 의하여 운영되어 통화고권을 가지는 것으로 평가된다. Siekmann(2016), 504면.

중앙은행과 같은 하나의 기관으로 은행권 발행의 독점적 권한이 집
중되었다.59)

다. 법화인 지폐의 발달

(1) 점진적 발전

서구에서는 18세기 중반부터 화폐에 대한 정부의 독점적 발행 권
한이 법률로써 규정되었다. 합스부르크 왕조는 1816년 공법상 법인
으로서 은행권을 발행하는 중앙은행을 설립하였고,60) 1841년 중앙은
행이 발행하는 은행권은 법화로 선언되었다.61) 영국의 경우 1694년
아직 중앙은행은 아니었지만 영란은행이 순금과 교환할 수 있는 은
행권을 발행하였고, 1884년 비로소 은행법에 의해 영란은행이 발행한
지폐는 법적인 통화로서의 권위를 부여받아 어떠한 금전채무 변제에
도 사용될 수 있게 되었다.62) 미국의 경우 제1차 세계대전 중 1913년
연방 지급준비 체계(Federal Reserve System, 이하 'FED')을 설립하고63),
FED는 은행권을 법화로서 발행할 권한을 확보하였다.64) 애초 미국
연방대법원은 *Hepburn v Griswold* (1869) 사건65)에서 미국 헌법66)상
연방정부만이 주화로서 법화를 발행할 권한을 보유하므로, 지폐 형
태의 법화는 위헌이라고 판시하였으나, 이후 *Juilliard v Greenman*
(1884) 사건67)에서 헌법 Article I, Section 10, clause 1에 대해 지폐까

---

59) Siekmann(2016), 505면.
60) Siekmann(2016), 506면; K. E. Bornm, Geld und Währungen im 19. Jahrundert,
　　in H. Pohl (ed.), *Europäische Bankgeschichte* (1993), 183면.
61) Bornm(1993), 184면.
62) Rogoff(2016), 26면.
63) Federal Reserve Act, 38 Stat. 251, 12 U.S.C. 226.
64) Federal Reserve Act, 38 Stat. 251, 12 U.S.C. 411, § 16.
65) *Hepburn v Griswold*, 75 US 603 (1869).
66) U.S.C 411, § 10 cl. 1: 'No State shall ... coin money; ... ; make any Thing but
　　gold and silver Coin a Tender in Payment of Debts...'

지 확장하여 해석하는 것으로 변경하였다. 한편, 독일의 경우 1910년 Reichsbank이 발행하는 은행권을 사인간 지급수단으로서 수령할 법적 의무가 규정[68]되었고, 1939년 Reichsbank의 독점적 화폐 발행 권한이 인정되었다.[69]

오늘날 법화로서 지폐를 발행하는 권한은 각국의 고권적 권한으로 일반적으로 인식되고 있다.[70] 유로(Euro)의 경우 국가들 사이 조약[71]에 의해 발행되나, 이는 조약의 비준이라는 오직 개별 회원국만이 가지는 주권의 실행으로서 비로소 탄생하는 것이다.[72] 결국 일반적으로 법화란 한 국가의 통화로서 해당 국가의 법률에 따라 발행되는 은행권과 주화를 의미하는 것으로 이해된다.[73] 별도 합의가 없는 한, 채무자는 이러한 법화를 제공할 수 있고, 채권자는 금전채무에 대한 이행으로서 이를 반드시 수령하여야만 한다.[74]

(2) 태환제에서 불태환제로의 변화

금화는 19세기에 거의 전 세계적으로 통화로서 자리 잡았다.[75]

---

67) *Juilliard v Greenman*, 110 US 421 (1884).
68) Gesetz, betreffend Änderung des Bankgestzes, 1909. 6. 1, RGB1, 515.
69) Gesetz über die Deutsche Reichsbank, 1939. 6. 15., RGB1, I, 1015, § 2 phrase 2; Siekmann(2016), 505면.
70) Siekmann(2016), 501면.
71) Treaty on the Functioning of the European Union(이하 'TFEU'), 2008 O.J. C 115/47, Art 3(1)(c).
72) Charles Proctor, Crytocurrencies in International and Public Law Conceptions of Money in David Fox, Sarah Green (ed.), *Cryptocurrencies in Public and Private Law*, Oxford University Press (2019), para 3.17, 38면.
73) 영국의 경우, Currency and Bank Notes Act 1954, s 1; Coinage Act 1971, s 2, Currency Act 1983으로 개정됨; 미국의 경우, US Coinage Act Pub. L. no 89-91, § 31, 79 Stat 254, s 102.
74) Benjamin Geva and Dorit Geva, Non-State Community Virtual Currencies, in David Fox & Sarah Green (ed.), *Cryptocurrencies in Public and Private Law*, Oxford University Press (2019), para 11.09, 285면.

금으로의 교환이 보장되는 은행권은 20세기 중반까지 많은 국가에서 법화로 사용되었으나, 차츰 금과의 교환 규정이 폐지되어 불태환제로 변화하였다. 이후 1944년 설립된 브레튼우즈 체제(Bretton Woods system)를 거치면서 미 달러를 각국 법화 가치에 연동시키다가, 1971년 미국이 달러의 금 태환을 정지하자 태환제는 완전히 폐지되었다. 이하에서 태환제에서 불태환제로의 변천 과정과 이와 연동되는 법화의 법적 의미 변화 과정에 대하여 살펴본다.

중앙은행이 최초로 발행한 은행권은 상당 부분 오늘날 약속어음과 유사하였다.[76] 상업은행이 금이나 은으로의 교환이 보장되는 조건으로 은행권을 발행하여 이 은행권이 일정 기간 교환과 매매의 매개체로 사용되었듯이,[77] 중앙은행이 발행한 은행권은 금속 화폐의 형태로 된 법화를 지불하기 위한 중앙은행의 채무로 인식되었다.[78] 예를 들어 프랑스 중앙은행(Banque de France)이 Germinal Year XI Act(1803년 4월 14일)에 따라 발행한 지폐에는 원래 어음 수취인의 이름, 배서인 서명, 만기 및 명목금액이 포함되어 있었다.[79] 그러나 이러한 제한은 점차 폐지되어 제3자의 항변권과 선행 수취인의 항변권에서 절연되면서 정점에 이르렀고, 화폐로서의 유통성이 강화되었다.[80] 그리고 유럽 20개국과 영미 커먼로 국가 이외 몇몇 국가들이 비준하여 시행한 환어음 및 약속어음에 관한 통일법(Uniform Law for Bills of

---

75) Siekmann(2016), 508면.

76) Corinne Zellwegger-Gutknecht, Developing the Right Regulatory Regime for Cryptocurrencies and Other Value Data, in David Fox & Sarah Green (ed.), *Cryptocurrencies in Public and Priviate Law*, Oxford University Press (2019), para 4.06, 60면.

77) Rogoff(2016), 25면.

78) Zellwegger-Gutknecht(2019), para 4.06, 60면.

79) 상동

80) Benjamin Geva, *The Payment Order of Antiquity and the Middle Ages: A Legal History*, Hart Publishing (2011), 583면.

Exchange and Promissory Notes)[81] 제75조에 의하면, '약속어음'이라는
점 및 어음 수취인의 신원을 공개하지 않으면 약속어음에 해당하지
않기 때문에,[82] 은행권은 약속어음으로 보기 어렵게 되었다.

영국에서는 은행권을 금화로 교환하는 영란은행의 법적 의무가
1914년 폐지[83]되었고, 프랑스에서는 1936년 10월 1일 통화법(Monetary
Act of 1 October 1936)에 따라 최종적으로[84] 불태환제가 도입되었
다.[85] 그러나 각국은 은행권 자체에 기재된 문구[86]는 변경하지 않으
면서 주로 공법 규정으로 은행권의 금화 지급 청구권을 폐지하였다.[87]

불태환제 하에서 중앙은행이 발행하는 법화는 어떤 법적 의미를
가지는가.[88] 중앙은행이 발행하는 은행권은 근본적으로 중앙은행의
채무이긴 하나, 이러한 채무(liability)는 대륙법계 법리상 '자연채무

---

81) Geva(2011), 508면.
82) 국제연합의 전신인 국제연맹(The League of Nations)의 1930. 6. 30.자 협약
    (Convention of 7 June 1930)에서 환어음 및 약속어음에 관한 통일법
    (Uniform Law for Bills of Exchange and Promissory Notes)을 제안하였다.
83) 최초 1797년에 폐지되었다가(Bank Restriction Act of 1797 of the Parliament
    of Great Britain, 37 George III, c 45.), 1821년에 다시 도입되었다. Clapham
    (1944, repr. 1966), Vol. 2. 70면.
84) 1914년 태환제 운영이 중단되었다가(Act of 5 August 1914(OJ of 6 August
    1914 p 7127) 3조), 1928년 최소 단위 12kg 금괴로 교환되도록 재개되었다
    {Act of 25 June 1928(OJ of 25 June 1928 p 7085) 2조}.
85) Banque de France, Le statut juridique du billet de banque (1976), Bulletin
    trimestriel de la Banque de France, 40면.
    〈http://gallica.bnf.fr/ark:/12148/bpt6k6422736c/f42.item〉 2020. 11. 25. 방문
86) 은행권 소지자에게 은행권에 기재된 금액을 지급하기로 한다는 약속과 같
    은 문구를 의미한다.
87) B. Krauskopf, How Euro Banknotes Acquire the Properties of Money, in
    European Central Bank (ed.), *Legal Aspects of the European System of Central
    Banks*, Liber Amicorum *Paolo Zamboni Garavelli* (2005), 247면.
88) 일반적인 법적 채무는 아니나 특유한(sui generis) 성질의 채무라는 입장으
    로, 이 논문 제3장 제1절 III. 2. 다.항에서 상술한다.

(natural obligation)'로 변환된 것으로써 일반적인 법적 채무와는 성질이 동일하지 않다고 해석된다.[89] 커먼로에서 가장 유사한 법리는 도덕적 채무(moral obligation)라 할 것이다.[90] 따라서 오늘날 일반적으로 은행권이 중앙은행에 대하여 구체적으로 집행 가능한 권리를 증명하는 것으로 간주되지 않는다.[91]

라. 화폐의 역사적 변천과 CBDC

CBDC는 종이에서 디지털로 법화의 '형태 변화'가 생긴 것이다. 형태의 변화는 분산원장기술의 발달에 기인한다. 국가가 해당 기술을 활용하여 법률로써 새로운 형태의 법화를 발행한다는 것은, 민간에서 생겨난 가상자산을 법화와 명확히 구분하고 규제의 대상으로 삼으면서, 동시에 중앙은행 내지 정부기관 그리고 이와 연계된 금융기관이 전자적 형태 화폐의 중심이 되도록 기류의 변화를 모색한다는 것을 의미한다. 이하에서 (i) 기술과 (ii) 국가의 역할 및 대응 측면에서 차례로 살펴본다.

역사적으로 민간에서 화폐 혁신이 시작되었던 것처럼, 민간은 분산원장기술을 금융서비스와 거래기록에 적용하여 다양한 가상자산을 발행하였다. 1985년 James Tobin이 CBDC의 개념을 제안한 바 있으나,[92] 2008년 사토시 나카모토(Satoshi Nakamoto)라는 정체불명의 인물[93]이 발표한 최초 가상자산인 비트코인의 블록체인 기술[94]에

---

89) Zellwegger-Gutknecht(2019), para 4.11, 61면.
90) 상동
91) Siekmann(2016), 508면: David V. Snyder, The Case of Natural Obligations, Louisiana Law Review 56(2) (1996), 423면.
92) 중앙은행이 휴대가 불편한 지폐 및 동전을 폐기하고 온라인 예금계좌를 개인에게 제공하는 방안을 주장한 견해로, Tobin J., Financial Innovation and Deregulation in Perspective, Cowles Foundation Papers, No. 635 (1985).
93) Izabella Kaminska, Bitcoin: Identity Crisis, 2016. 3. 7.자 Financial Times (2016) 〈https://www.ft.com/content/769cc516-1370-11e6-839f-2922947098f0〉

의하여 정부에 앞서 민간 영역 가상자산의 발행이 촉진되었다. 법화나 예금이 각각 국가(내지 중앙은행)와 상업은행에 대한 일반의 신뢰에 기반한다면, 가상자산은 블록체인 기술에 대한 신뢰에 기반하여 운용된다고 할 정도로, 블록체인 기술은 상당한 정도의 기술적 안정성을 이루었다. 화폐는 진짜인지 쉽게 구별할 수 있어야 하고 위조가 어려워야 하기 때문에 화폐에 있어 기술은 언제나 중심적인 역할을 수행하였고,[95] 블록체인의 불가역적 성질 때문에 위·변조가 어렵다는 점[96]은 화폐를 발행하기에 유리한 기술적 특성이다.

기술의 발달과 더불어, 디엠(Diem, 구 리브라(Libra))와 같은 글로벌 스테이블코인의 등장은 각국 중앙은행의 CBDC에 대한 연구를 촉발시켰다. 현대의 정부의 관심사는 (i) 민간경제의 안정화, (ii) 금융위기에 대응한 신용 발행(마지막 대부자로서의 역할), (iii) 국가부채의 부도를 막기 위해 긴급하게 물가수준을 올리는 등의 역할을 하기 위해 통화정책을 사용하는 능력과 관련되어 있다.[97] 이러한 목적을 효과적으로 달성하기 위하여, 계산단위와 대부분의 민간 계약들에 연동되어 있는 화폐를 통제하는 방법은 정부에게 매우 유용하다.[98] 특히 일반적으로 화폐의 계산단위에 대하여는 정부에게 자연스러운 독점현상이 나타나게 되는데, 이는 정부가 강력한 법적, 재정적 통제를 하기 때문이다.[99]

2020. 11. 27. 방문

94) Satoshi Nakamoto, Bitcoin: A Peer-to-Peer Electronic Cash System, (2008) 〈https://bitcoin.org/bitcoin.pdf〉 2020. 11. 27. 방문.

95) Rogoff(2016), 19면.

96) 블록체인은 각 거래가 하나의 블록에 저장되고 앞서 저장된 블록을 계속 이어가는 방식으로 여러 컴퓨터에 중복하여 기록되고 검·인증되는 절차를 거치므로, 불가역적 성질을 가진다. 따라서 그 거래기록에 대한 취소나 위·변조가 사실상 불가능하다는 특성을 가진다.

97) Rogoff(2016), 209면.

98) 상동

만약 민간 발행 화폐가 표준이 되었는데 뱅크런(bank run)이 발생한다면 누가 상업은행을 구제할 것인가?[100] 물론 역사적으로 민간이 간혹 조직적 구제를 수행하기는 했으나, 오늘날과 같이 금융이 세계적으로 연계된 상황에서는 효과가 낮을 것이고, 심각한 금융시스템 위기 상황에서는 더욱 그럴 것이다. 또한, 정부는 전쟁, 세계적 유행병, 또는 갑자기 단기 자금이 필요한 위기상황이 발생하였을 때 다량의 유동성을 사용할 수 있어야 한다. 이를 위해 계산단위를 통제하는 것은 매우 중요하고 유용한 안전판이다. 한 나라의 부채가 그 나라의 통화로 된 부채라면 정부에게 인플레이션을 통한 부분적 디폴트라는 선택권을 주는 것은 특히 유용하다. 자국 통화를 관리하지 않는 나라는 현대의 통화 안정화 정책을 사용할 수 없다.

이미 전 세계 정부들은 가상자산을 좀 더 공격적으로 규제하기 시작했다.[101] 각국 정부가 가장 큰 영향력을 발휘할 수 있는 방법은 금융기관들이 가상자산을 거래하는 방식을 규제하는 것이다.[102] 최근 개정된 특정금융정보법은 가상자산사업자에 대해 자금세탁행위 및 공중협박자금조달행위 방지 의무를 부과하고, 금융기관이 가상자산사업자와 금융거래를 수행할 때 준수할 사항을 규정한다.[103] 대표적 해외 사례는 중국이다. 중국은 비트코인이 통화고권에 의하여 발행된 것이 아니므로 법화의 성질을 가지지 않고, 진정한 의미의 화폐로 간주될 수 없으며, 시장에서 통화로서 유통되거나 사용되어서는 안 된다고 판단하고,[104] 2017년부터 가상자산 교환소 운영과

---

99) 상동
100) 이하 본 단락 Rogoff(2016), 209면 인용.
101) Rogoff(2016), 210면.
102) 상동
103) 시행 2021. 3. 25. 법률 제17113호, 2020. 3. 24. 개정, 금융위원회 및 법무부, 개정이유 참조; 이 논문 제3장 제3절 III.항, 제5장 제2절 II.항에서 상술한다.

발행(ICO), 교환소에서의 매매 내지 보증 등의 거래행위를 금지하여
왔다.105) 인민은행법 제22조 개정안은 국가 이외 디지털 화폐의 발
행 및 판매가 위법함을 명시한다.106)

각국 정부는 유사·대체 화폐가 금융시스템과 합법적인 경제권 내
로 편입되는 것을 통제함으로써, 규제를 회피하고자 하는 어떠한 유
사·대체 화폐라도 그 가치 및 유동성을 심각하게 훼손시킬 수 있는
영향력을 가지고 있다.107) 여러 종류의 화폐가 동시에 존재할 수 있
고, 자국 통화와 달러(또는 유로)가 함께 널리 수용되는 많은 소규모
경제를 발견할 수도 있다.108) 그러나 이처럼 정부에 의해 규제되는
유사·대체 화폐의 경우 사용 범위나 중요성, 유용성은 명확히 제한
된다.109)

2. 화폐이론과 CBDC

가. 화폐이론
역사상 민간에서 화폐의 기능을 하는 물건이 유통되면, 국가는

104) 中國人民銀行, 中國人民銀行等五部委发布《關于防范比特币風險的通知》,
    2013. 12. 5. 〈http://www.pbc.gov.cn/goutongjiaoliu/113456/113469/999049/
    index.html〉 2020. 11. 30. 방문
105) 中國人民銀行, 中國人民銀行 中央網信辦 工業和信息化部 工商總局 銀監
    會 證監會 保監會關于防范代币發行融資風險的公告, 2017. 10. 4.
    〈http://www.pbc.gov.cn/goutongjiaoliu/113456/113469/3374222/index.html〉
    2020. 11. 30. 방문
106) 中國人民銀行, 中國人民銀行關于《中華人民共和國中國人民銀行法(修訂草
    案征求意見稿)》公開征求意見的通知, 2020. 10. 23.
    〈http://www.pbc.gov.cn/goutongjiaoliu/113456/113469/4115077/index.html〉
    2020. 11. 25. 방문
107) Rogoff(2016), 210-211면.
108) Rogoff(2016), 209면.
109) Rogoff(2016), 211면.

이를 법으로 억제하거나 법으로 화폐로 지정한 통화의 사용을 강제하는 방식으로, 민간과 정부는 서로 경주하여왔다. 이는 화폐이론에서 정부의 통화고권에 따라 화폐로 '규정'된 것이 화폐라는 전통적 국가이론110)과 자연발생적으로 사회에서 화폐의 '기능'을 수행하는 것이 화폐라는 사회이론111)으로 투영된다. 나아가 1930년대 금본위체제가 붕괴되고 각국이 관리통화제도로 이행하게 된 이후, 불환지폐 제도 하에서 화폐 가치 안정은 중앙은행의 통화정책의 핵심이 되었는데, 이러한 통화시스템 체계에서 독립적 '중앙은행'의 역할을 강조하는 기관이론이 등장하였다.

전통적 국가이론(State theory of money)에 따르면, 한 국가 내 단일한 통화를 사용하는 경우, 화폐의 발행은 화폐를 발행하는 국가의 배타적이고 독점적인 권한이다.112) 이처럼 통화시스템 구축은 국가의 독점사항으로 여겨졌기 때문에, 국가가 법률로써 교환수단, 계산단위113), 가치저장을 통제하는 것이 이에 뒤따랐다.114)

사회이론(Societary theory of money)은 금전을 새로 만들거나 특정 대상을 금전으로 인식하게 하는 것은 상사거래에서의 사용이나 일반인들의 신뢰에 의한다는 견해이다.115) 사회이론은 금전이 사회 전반에 걸쳐 수행하는 기능에 초점을 맞춘다.116) 이 이론에 의하면 국가이론이 요구하는 화폐의 법적 요건을 충족하지 못하더라도, 실제로 교환수단 기능을 수행하는 어떤 것이라도 금전으로 여겨져야 한

---

110) F. A. Mann, The Legal Aspect of Money, 4th edn, Oxford University Press (1982), 13면.
111) Gleeson(2018), para 7.06, 118면.
112) Charles Proctor, *Mann on the Legal Aspect of Money*, 7th edn, Oxford University Press (2012), paras 1.17-29.
113) Proctor(2012), para 1.49, 32면.
114) 이러한 통화시스템의 특성에 관하여는, Proctor(2012), paras 1.49-60.
115) Proctor(2012), para 1.29, 24면.
116) Proctor(2019), para 3.07, 34면.

다.117) 사회는 특정 자산을 교환수단으로서 활용하여 이를 통해 스스로 고유의 지급수단을 창출해낼 수 있고, 이때 어떠한 법적 체계에 관련되어야만 하는 것은 아니라는 입장이다.118)

사회이론은 왜 법률로써 통화로 규정되어야만 하는지에 관하여나,119) 반드시 중앙은행이 포함되도록 통화에 대한 법적 체계가 구성되어야 한다거나, 통화정책 및 지급결제시스템으로 관리되는 통화만 화폐가 될 수 있는가120)에 대한 의문을 제기한다.121) 사회이론은 Mann의 전통적 국가이론이 실제 경제생활에서 가장 많이 사용되는 예금을 화폐의 개념에서 제외시키는 문제를 지적한다.122) 또한, 화폐의 개념에 중앙은행이 포함되도록 통화에 대한 법적 체계가 구성되거나, 통화정책 및 지급결제시스템으로 관리되는 요소를 넣는다면, 19세기 미국에 화폐란 아예 존재하지도 않았고, 순수한 민간 통화 이사회에 의해서 운영되는 오늘날의 홍콩 달러의 경우 화폐가 아니라는 결론에 이르기 때문에, 역사적 실제 사례를 찾아보더라도 타당하지 않다고 평가한다.123) 그리고 국가이론과는 달리, 모든 화폐에 공통적으로 적용되는 화폐의 법적 성질이란 있을 수 없다고 주장한다.124)

기관이론(Institutional theory of money)의 기본적 생각은, 화폐란 채무자에 대한 신용(credit)이고, 일반 대중의 화폐에 대한 가치저장 및 지급수단으로서의 수용 여부는 은행 스트레스(banking stress) 상

---

117) Proctor(2012), para 1.68, 41면.
118) Proctor(2019), para 3.07, 35면.
119) Mann(1982), 13면.
120) Proctor(2012), para 1.68, 41면.
121) Gleeson(2018), para 7.06-7.11, 118-120면 참조.
122) Brindle and Cox, *The Law of Bank Payments*, 4th edn, Sweet & Maxwell (2010), para 2.1.
123) Gleeson(2018), para 7.11, 120면.
124) Gleeson(2018), para 7.21, 124면.

황에도 효용이 있고 금전채무를 해소할 수 있어 화폐의 안정적인 구매력을 보장하는 종합적인 법체계에 좌우된다는 것이다.[125] 이 이론에 의하면 화폐는 (i) 중앙은행에 대한 직·간접적[126] 청구권이고, (ii) 일반 대중에 의해 교환수단과 가치저장수단으로 사용될 수 있는 청구권이며, (iii) 자금공급 능력, 기능성, 구매력을 보유하는 중앙은행에서 유래하고 이러한 중앙은행에 의해 관리되는 청구권을 의미한다.[127] 따라서 통화에 대한 공공의 신뢰는 여러 측면에서 중앙은행에 대한 신뢰와 동일시된다.[128]

나. 화폐이론에 대한 검토

화폐를 정의할 때에는 화폐의 기능과 해당 국가의 통화 법체계 모두를 고려하여야 한다.[129] 사회이론은 화폐의 기능 및 기원을 설명하는데, 국가이론은 근현대 통화체계 상황에 대한 설명에 더 적절하다. (i) 사회이론은 화폐에 대한 역사적 기원과 교환수단 수요에 관한 사회적 인식에 대하여 설득력 있는 설명을 제공하지만, (ii) 근현대 법제의 발달은 사회이론이 국가이론에 의해 보완되어 왔다는 점을 의미한다.[130] 국가이론은 통화제도 운영에 관한 권한이 국가나

---

125) Sáin de Vicuña, An Institutional Theory of Money, in Mario Giovanoli and Diego Devos (ed.), *International Money and Financial Law: The Global Crisis*, Oxford University Press (2010), para 25.01, 517면.

126) 기관이론은 은행예금도 화폐에 포함한다(Sáin de Vicuña(2010), paras 25. 17-25.18). 화폐는 일차적으로 이를 발행하는 중앙은행에 대한 청구권인데, 은행예금의 경우 이를 중앙은행이 발행한 은행권으로 전환하면 중앙은행에 대한 직접적 청구권이 된다(Sáin de Vicuña(2010), para 25.20). 기관이론에 따르면 은행예금은 중앙은행에 대한 간접적 청구권이다.

127) Sáin de Vicuña(2010), paras 25.24-25.33; Proctor(2012), para 1.36, 27면에서 재인용.

128) Proctor(2012), para 1.38, 28면.

129) Proctor(2012), para 1.12, 1.16, 14, 15면.

130) Proctor(2019), para 3.07, 35면.

중앙은행들 고유의 영역이라는 점을 확실히 한다.[131] 한편 기관이론은 중앙은행의 역할을 강조하는 점에서 국가이론과 구별되나, 궁극적으로 국가의 권한이나 역할에서 화폐의 법적 정의를 도출한다는 점에서 국가이론과 본질적으로 다르지 않다고 평가할 수 있다.

전통적 국가이론을 따르는 Mann은 지폐와 주화 발행 권한에 대한 국가의 역할을 고찰한 후 화폐는 동산의 형태로만 존재할 수 있다고 보았으나,[132] 오늘날 금융시장의 발달과 상거래의 방식을 고려하면 이러한 정의는 더 이상 유지될 수 없다.[133] 화폐의 법적 의의는 바로 금전채무에 대한 변제수단으로 기능하는 것인데, 오늘날 상거래에서 널리 통용되어 금전채무를 소멸시키는 효과를 가지는 기구(instrument)라면 어떠한 형태의 지급수단도 가능하다.[134] 오늘날 각국은 법화를 은행권 또는 주화로 규정하여 법화는 실물화폐의 형태이나, 이는 해당 국가의 통화시스템을 설계하는 법률이 그렇게 정한 결과일 뿐, 화폐의 개념을 정의하는데 필수적 요소는 아니다.[135]

사회이론의 입장에서, 통화시장에는 자율 조정(self-adjusting) 매커니즘이 있어 상업은행 시스템이 궁극적으로는 시장경제가 요구하는 정확한 양의 통화를 공급할 수 있다는 견해를 상정할 수 있다.[136] 그러나 리먼 브라더스(Lehman Brothers) 사태와 같이, 역사적으로 반복되는 시장실패 사례는 이러한 믿음의 위험성 또는 한계를 나타낸다. 외부로부터 시장경제로의 자금 투입(통상 중앙은행에 의한 새로운

---

131) 상동
132) Mann(1982), 8면.
133) Proctor(2012), para 1.47, 31면.
134) Proctor(2012), paras 1.47-1.48, 31-32면. Proctor는 이러한 측면에서 사회이론의 전통적 통화이론에 대한 비판을 수용하여, 국가이론에 반영하고 이를 수정한다.
135) Proctor(2012), paras 1.47-1.48, 31-32면, para 1.67, 40면.
136) Gleeson(2018), para 1.27, 1. 37, 19면.

통화 발행에 의한다)이 필수적일 정도로, 상업은행 시스템이 시장경제가 필요로 하는 것보다 매우 적은 자금만을 제공하는 경우들이 있었다.[137]

한편 사회이론을 지지하는 Gleemon은 경제 참여자들이 그들의 채무를 상업은행에 대한 채권의 이전으로 결제하고 상업은행은 그들의 채무를 중앙은행을 통하여 이전함으로써 결제하므로 모든 거래가 궁극적으로는 중앙은행을 통하여 최종 결제됨을 의미한다는 것은 실제와 다르고, 중앙은행은 화폐의 일반 사용자들의 지위에 어떠한 영향도 미치지 않아 얼마든지 위 거래에 대한 설명에서 제외될 수 있다고 본다.[138] 그러면서 19세기 중반부터 20세기 초까지 중앙은행이 존재하지 않았던 미국의 경우를 역사적 실증사례로 든다.[139] 그러나 기관이론은 1930년대 금본위체제가 붕괴되고 각국이 관리통화제도로 이행하게 된 이후 상황에 중점을 둔 법적 분석이라는 점에서 타당한 지적이라 하기 어렵다.

기관이론은 성공적인 통화정책을 지원하기 위해 국가가 건전한 재정정책을 추구할 것이라는 점을 시사한다.[140] 중앙은행의 발권력과 이에 기반을 둔 중앙은행의 역할 역시 궁극적으로 국가의 통화고권에서 유래한다.[141] 이러한 측면에서 기관이론은 국가이론과 본질적으로 다르다고 보기는 어렵다.

이상의 논의를 정리하면, 교환수단, 계산단위, 가치저장이라는 금

---

137) 상동
138) Gleeson(2018), para 6.10, 96면.
139) 상동
140) Proctor(2012), para 1.39, 28면.
141) 법률로써 국가 내 중앙은행의 기능 및 역할이 규정된다는 취지이다. 정치세력이 중앙은행의 물가안정을 위한 통화정책 결정에 영향을 미치지 않아야 한다는 중앙은행의 독립성·중립성 논의와 구분되며, 다른 맥락에서 서술하였다.

전의 본질적 기능을 확보하는데 있어 자국 영역 내 통일된 계산단위를 제공하는 국가의 역할[142]은 간과될 수 없다. 국가만이 실물화폐에 대하여 법화 지위를 부여하여 계산단위를 정의하고 변경할 수 있고, 이는 국가가 통화체제 형성에 중요한 역할을 유지하고 있음을 나타낸다.[143] 그러나 현재 널리 통용되는 예금이나 통화창출에 대한 민간기관의 역할을 고려할 때, 국가만이 화폐를 창출할 수 있는 것은 아니고, 오직 실물형태로만 화폐가 존재할 수 있는 것도 아니다.[144] 한편, 중앙은행의 화폐가치 유지·관리의 중요성은 불태환제 하에서 화폐에 대한 정의를 규정하는데 있어 간과할 수 없다. 금본위제 하에서는 국가가 화폐가치를 고정하거나 결정할 수 있었지만, 오늘날 화폐는 주로 중앙은행의 통화정책과 시장원리에 의해 그 가치가 결정[145]되기 때문이다.

이에 본 논문은 기본적으로 국가이론에 기반하여 Mann의 전통적 국가이론을 수정·보완한 Proctor가 제시하는 화폐의 개념을 취한다. Proctor에 의하면 화폐란 다음 본질적인 법적 특징을 가진다:[146]

(i) 화폐는 화폐라는 이름을 참고하여 표시되어야 하며, 해당 국가의 법률에 의해 규정된 계산단위를 참고하여 표시되어야 한다;

(ii) 그와 같이 규정된 통화 및 계산단위는 해당 국가 내에서 일반적으로 인정되는 가치와 교환의 척도의 역할을 하도록 의도되어야 한다; 그리고,

(iii) 통화에 대한 법체계는 통화의 발행에 책임이 있는 중앙은행 또는 통화 당국, 그리고 통화정책의 수행과 지급결제시스템의 감시

---

142) Lastra, *Legal Foundations of International Monetary Stability*, Oxford University Press (2006), 21면.
143) Proctor(2012), para 1.67, 40면.
144) 상동
145) Proctor(2012), para 1.31, 25-26면.
146) Proctor(2012), para 1.68, 41면.

를 통한 관리를 위한 적절한 제도적 규정을 포함해야 한다.

다. 화폐이론과 CBDC

(1) CBDC에 대한 적용

화폐이론에 따라 화폐 인정 여부를 검토하면 CBDC와 민간 가상자산은 서로 다른 결론을 도출하고, 여기서 CBDC 제도 도입의 의의를 찾을 수 있다. 화폐이론에 따르면, CBDC는 화폐의 법적 지위는 명확한 반면, 현행 가상자산은 화폐에 해당하지 않는다는 점에서 양자는 구분된다.

CBDC는 중앙은행이 법률로써 정한 계산단위에 따라 화폐로서 발행하고,[147] 중앙은행에 대한 청구권이다.[148] 또한 CBDC는 중앙은행에 의해 통화정책 수단으로 활용될 것이 예정되어 있다.[149] 나아가 일반 수용성을 갖추어 법률로 규정된 계산단위에 따른 가치저장 및 교환의 수단으로 기능한다면,[150] 어느 화폐이론에 따르더라도 화폐에 해당한다. 아래의 요건을 충족한다면, Proctor가 제안하는 화폐의 특징 역시 보유한다.:[151]

(i) CBDC는 화폐라는 이름을 참고하여 표시될 것으로 예상되고, 해당 국가의 법률에 의해 규정된 계산단위를 참고하여 표시될 것으로 예상된다;

(ii) 그와 같이 규정된 통화 및 계산단위는 해당 국가 내에서 일반적으로 인정되는 가치와 교환의 척도의 역할을 하도록 의도될 것이

---

147) 전통적 국가이론에 따른 화폐 개념요소이다.
148) 기관이론에 따른 화폐 개념요소이다.
149) 전통 및 수정 국가이론과 기관이론의 공통되는 화폐의 개념요소이다.
150) 수정 국가이론, 기관이론, 사회이론의 공통되는 화폐의 개념요소이다.
151) 이하 Proctor가 제안하는 화폐의 특징을 CBDC에 대입하였다. CBDC는 전자적 형태로 발행되어 실물이 존재하지 않으나, Proctor에 따르면 실물의 존재는 화폐를 정의하는데 필요한 개념요소는 아니다.

다; 그리고,

(iii) CBDC를 포함한 통화에 대한 법체계는 통화의 발행에 책임이 있는 중앙은행 또는 통화 당국, 그리고 통화정책의 수행과 지급결제 시스템의 감시를 통한 관리를 위한 적절한 제도적 규정을 포함할 것으로 예상된다.

(2) 가상자산과의 구별

국가이론에 의할 때 가상자산은 화폐성이 쉽게 부인된다. 예외적 경우를 제외하고[152] 국가 대부분이 가상자산에 대하여 법화의 지위를 인정하거나[153] 통화정책 관련 법제로 포섭하지 않기 때문이다.[154]

---

152) 중남미 국가인 엘살바도르는 2021. 9. 7. 세계 최초로 비트코인을 법정통화로 지정하여 사용하기 시작하였다; 도입 이유는 크게 세 가지로 정리된다. 첫째, 엘살바도르는 2020년 기준 국내총생산(GDP)의 4분의 1 가량이 해외 송금에서 발생하고 있는데, 비트코인으로 송금하는 경우 최대 20%까지 부과되는 수수료를 줄일 수 있다. 둘째, 엘살바도르 국민의 70% 정도는 예금계좌가 없는데, 비트코인 사용시 예금계좌가 불필요하다. 셋째, 엘살바도르는 미국 달러를 법정화폐로 인정하여 자국 내에서 유통시켜 왔는데, 최근 Covid-19 대유행의 경제적 효과를 둔화시키기 위하여 미국 연방준비제도(Fed)가 미국 달러 공급을 극적으로 확대하였고, 엘살바도르는 미국 통화의 인플레이션으로 인해 달러 구매력을 잃게 되었다. Avik Roy, El Salvador To Make Bitcoin Legal Tender: A Milestone In Monetary History, 2021. 6. 7.자 Forbes (2021). 〈https://www.forbes.com/sites/theapothecary/2021/06/07/el-salvador-to-make-bitcoin-legal-tender-a-milestone-in-monetary-history/?sh=4ca4c21375b9〉 2021. 9. 13. 방문; 비트코인의 법정화폐 채택에 대하여, 국제통화기금(IMF)은 2021년 6월 여러 거시경제·금융·법률 문제 발생 가능성 측면에서 부정적 입장을 밝혔다. IMF, 2021. 6. 10.자 Transcript of IMF Press Briefing (2021). 〈https://www.imf.org/en/News/Articles/2021/06/10/tr061021-transcript-of-imf-press-briefing〉 2021. 9. 13. 방문

153) Financial Action Task Force에 의하면 가상자산이란 '디지털 방식으로 거래될 수 있는 가치의 디지털 형태로서, 교환수단 및/또는 계산가치 및/또는는 가치저장의 기능을 수행할 수 있으나, 어느 국가에서도 법화로서의 지위를 가지지 못한 것'을 의미한다. 가상자산은 어느 국가에서도 발행

Proctor가 제시하는 화폐의 특징 또한 보유하지 않는다:[155] (i) 금전(money), 통화(currency) 또는 코인(coin) 등과 같은 화폐 이름을 참고하여 표시되더라도, 대부분 국가 법체계 내 계산단위를 참고하여 표시되지 않고 별도의 고유 계산단위로 표시되며, (ii) 스테이블코인을 제외하고 그와 같이 규정된 통화와 계산단위가 해당 국가 내에서 일반적으로 인정되는 가치와 교환의 척도의 역할을 하도록 의도되지 않고, 그러한 역할을 수행하기에 부족하며, (iii) 통화에 대한 법체계 내로 포섭되기 보다는 오히려 화폐에 해당하지 않음을 전제로 관련 업 및 거래행위에 대한 규제의 대상이 되기 때문이다.

　기관이론에 의하더라도 가상자산은 화폐로 볼 수 없다. 화폐에 대하여 '한 나라에서 공공의 신뢰를 향유하고 화폐 발행에 대한 책임을 부여받은 기관이 보증하는 필수불가결한 사회적 연결'[156]이라고 볼 수도 있다. 이 정의에 의할 때 기관에 의한 보증 형태는 가상자산의 경우 존재하지 않는다. 그리고 대부분의 가상자산은 중앙은행에 대한

되거나 지급이 보증되지 않고, 오직 가상자산 커뮤니티 사용자 간 합의에 의해 위 기능을 수행한다고 이해된다. Financial Action Task Force, Virtual Currencies: Key Definitions and Potential AmL/CTF Risks (2014). ⟨www.fatf-gafi.org/publications/methodsandtrends/documents/virtual-currency-definitions-aml-cft-risk.html⟩ 2020. 11. 20. 방문

154) 유럽중앙은행(ECB)은 가상자산에 대하여 '가치의 디지털 방식의 표상이나 중앙은행이나 신용기관 또는 e-money 기관에 의해 발행되지 않으며, 특정한 상황에서는 화폐의 대체재로 사용될 수 있는 것'으로 규정한다. 나아가 유럽중앙은행(ECB)은 법적 관점에서 가상자산이 화폐나 통화의 요건을 충족하지 못한다고 판단하였다. European Central Bank, Virtual Currency Schemes-A Further Analysis, European Central Bank 4 (2015), 30, 32면.⟨www.ecb.europa.eu/pub/pdf/other/virtualcurrencyschemesen.pdf⟩ 2020. 11. 20. 방문

155) 이하 Proctor가 제안하는 화폐의 특징을 가상자산에 대입하였다.

156) Ludwig von Mises, *The Theory of Money and Credit*, 1912년 초판 발행, Skyhorse (2013), Ch. 3, s. 1.

직·간접적 청구권으로 보기 어렵다.157) 가상자산은 중앙은행에 의해
통화정책 수단으로 활용될 것이 예정되어 있지도 않다.158)

나아가 (i) 전체 금융시장 규모를 고려할 때 가상자산 사용량이 적
고 (ii) 국가의 통화를 대체할 준비가 되지 않았으며 (iii) 결과적으로
가상자산 사이와 금융시장 사이에 제한된 상호연결성이 있을 뿐이
어서,159) 아직까지는 통화정책과 금융안정에 중대한 영향을 미친다
고 보기 어렵다.160)161) 영란은행 역시 마찬가지 입장인데, 그 이유로
(i) 영국에서 가상자산이 지급목적으로 사용되는 양이 매우 적고, (ii)
영국 금융기관은 가상자산 사업 분야에 제한적으로 노출되어 있으
며, (iii) 가상자산 영역과 영국 금융 시스템과의 연계성이 제한되어
있음을 든다.162)

---

157) 기관이론에 따른 화폐 개념요소이다. 다만, 디엠((Diem), 구 리브라(Libra))
의 경우 주요 각국의 법화와 1:1로 가치교환이 유지되도록 설계되어 중
앙은행에 대한 간접적 청구권으로 볼 여지는 있다(Libra Association,
2020). 그러나 중앙은행에 의한 통화정책 수단으로 활용되는 등 통화체
제 하에서 관리되는 화폐로 보기 어렵기 때문에 전통 및 수정 국가이론
과 기관이론에 따른 화폐의 개념요소를 충족하지 못한다.

158) 전통 및 수정 국가이론과 기관이론의 공통되는 화폐의 개념요소이다.

159) 2018년 G20 정상회의(재무장관 및 중앙은행 총재 회의) 준비의 일환으로 전
달된 금융안정 이사회 의장의 서한 요지이다. Mark Carney, To G20 Finance
Ministers and Central Bank Governors, Financial Stability Board, (2018).
〈www.fsb.org/wp-content/uploads/P180318.pdf〉 2020. 12. 1. 방문.

160) Communiqué of the First G20 Meeting of Finance Ministers and Central Bank
Governors of 2018, G20 Argentina, (2018), para 9. 다만 이 보도자료에 따르
더라도, 가상자산이 금융안정에 중대한 영향을 미치지 아니하는 상황은
바뀔 수 있고, 그 경우 중앙은행의 통화정책에 가상자산 사용량을 고려하
여야 한다고 본다. 〈www.g20.org/en/press-room/press-releases/communique
-first-g20-meeting-finance-ministers-and-cental-bank-0〉 2020. 12. 1. 방문.

161) 가상자산 사용량이 상당한 정도로 증가하면, 이는 필연적으로 금융시장
과 광범위하게 연결되는 결과를 발생시키기 때문에, 이러한 결론은 바뀔
수 있다는 지적으로, Proctor(2019), paras 3.48- 3.49, 51면.

162) Bank of England(이하 'BOE'), Financial Policy Committee Statement from its

사회이론에 의하더라도 화폐의 지위를 인정받지 못하는 것으로 보인다.163) 앞서 분석한 바와 같이 가상자산을 지급수단으로 사용하는 비중이 낮고, 아직까지는 사회 내에서 필요한 정도의 일반 수용성을 향유한다는 증거가 없기 때문이다.164)

3. 소결

역사상 화폐는 기술 발달을 반영하여 새로운 형태로 변화하여왔다. 동시에 국가가 화폐제도 운영의 일부이자 민간 발행 화폐 내지 유사화폐에 대한 규제의 주체가 되어 온 역사적 흐름을 고려하여야 할 것이다. 화폐이론에 의하면 CBDC는 화폐이나 현 시점에서 가상자산은 화폐로 볼 수 없어 양자는 명확히 구분된다. CBDC의 도입은 통화 관련 법체제 하에서 화폐가치가 유지·조정되는 새로운 형태의 화폐의 등장이다. 사용자 입장에서는 디지털 시대에 신기술을 활용한 신뢰성과 접근성이 높은 지급수단을 제공받는다는 점에서, 중앙은행 입장에서는 효율적 통화정책을 펼치는데, CBDC 제도 도입의 유인이 있다. 이하에서 기술 발달 측면, 화폐제도 및 지급결제제도에 대한 국가 및 중앙은행의 역할, 새로이 등장한 가상자산의 화폐 기능의 한계로 나누어 차례로 살핀다.

가. 기술 발달 측면: 자연스러운 화폐 형태의 변화
화폐는 시대에 따라 다양한 형태로 발전해 왔다. 역사상 초기 지

---

policy meeting, 12 March 2018 (2018).
〈www.bankofengland.co.uk/-/media/boe/files/statement/fpc/2018/financial-policy-committee-statement-march-2018.pdf〉 2020. 12. 1. 방문.
163) Proctor(2019), para 3.12, 37면.
164) Proctor(2019), para 3.46, 50면.

급수단은 신뢰할 수 있는 지인들과만 거래를 하면서 발생하는 '외상 채무(debt)'에서 출발하였으나, 상거래 대상이 낯선 이방인으로 확대 되면서 상대편의 거래 신용을 대체할 다양한 수단이 고안되었으며, 사회 내 미리 합의된 물리적 자산(조개껍질, 귀금속 등)의 이전을 통 해 채무를 소멸시키고 지급을 완결하는 형태로 발달하여 왔다.165) 또 한 화폐 이외 다양한 지급수단이 등장하였고, 최근 그 변화의 속도는 매우 빠르다. 실제 지급서비스는 수요의 변화, 기술의 발전, 그리고 새로운 시장참여자들의 등장에 가장 큰 영향을 받는 금융서비스166) 라 할 수 있다. 오늘날 가계와 기업들은 더욱 안전하고 빠른 지급서 비스를 요구하고, 지급서비스의 모바일화(mobile-first), 디지털화(fully digital), 신속성(near instant)에 대한 요구가 증가하는 추세이다.167) 특 히 신규 시장참가자들이 다양한 대안적 지급수단을 창출하려는 시 도가 활발한데, (i) 비트코인 등 암호자산의 등장과 쇠락, (ii) 페이스 북의 글로벌 스테이블코인 리브라(Libra) 출시 계획 발표, (iii) 빅테크 및 핀테크 기업들의 지급서비스 시장 진출 등이 두드러진다.168)

그런데 안전하고 효율적인 지급결제제도는 화폐에 대한 신뢰에 기반을 둔다.169) 통화제도의 도입 이후, 사회 지도층은 화폐 공급 권 한을 보유함으로써 막강한 이익을 얻을 수 있음을 깨닫고 주화에 지 도층의 얼굴을 인쇄하였고, 화폐의 가치가 화폐를 발행한 지도층의

---

165) BIS, Central banks and payments in the digital era, BIS Annual Economic Report (2020), 70면.
⟨https://www.bis.org/publ/arpdf/ar2020e3.pdf⟩ 2020. 8. 1. 방문.
166) K. Petralia, T. Philippon, T. Rice and N. Véron, Banking disrupted? Financial intermediation in an era of transformational technology, *Geneva Report 22* (2019)
167) BIS(2020), 68면.
168) 상동
169) A. Carstens, The future of money and the payment system: what role for central banks?, lecture at Princeton University, (2019), 2, 12면.

신뢰도와 직결되면서, 건전한 화폐 관리(governance)가 결여된 경우
화폐 가치의 하락이 수시로 발생하였다.[170] 나아가 금전의 가치가 금
과 같은 물리적 자산으로 뒷받침되지 않는 명목화폐체계(fiat money
system)에서, 화폐에 대한 신뢰는 궁극적으로 지폐에 대한 사회 전반
의 수용성(일반 수용성, general acceptance)에 의존한다.[171] 일반 수
용성은 화폐 제공이 상환의무를 완전히 소멸(finality)시킬 수 있다는
신뢰와 함께, 화폐를 가치 있게 만드는 요소이다.[172] 중앙은행은 상
환의무를 완전히 소멸시키면서 법률에 따라 강제통용력이 인정되는
화폐인 법화를 발행하고, 화폐 가치를 안정시켜 일반 수용성이 지속
되도록 하여, 이를 바탕으로 국가의 통화제도와 지급결제제도를 운
영·관리하는 역할을 수행하여 왔다.

이러한 역사적 흐름을 살펴보면, CBDC 도입은 디지털 시대의 자
연스러운 화폐 발달과정으로 볼 수 있다. 돈의 기본적 기능은 변하
지 않더라도, 돈의 형태는 항상 사용자의 요구에 맞게 진화하여왔
다.[173] 화폐는 화폐에 표창되는 금전적 가치가 중요하고, 그 소재(素
材)의 특성은 화폐 해당 여부나 본질을 파악함에 있어 중요한 문제
가 아니다. 역사적으로 화폐의 변화를 살피면 화폐의 형태는 부차적
역할을 할 뿐임을 알 수 있다.[174] 국가 내지 중앙은행은 당대의 혁신

---

170) BIS(2020), 70면.

171) BIS(2020), 68면.

172) 상동

173) Mancini-Griffoli, T. et al., Casting light on central bank digital currency, IMF
    Staff Discussion Note (2018), 30면.
    〈https://www.imf.org/en/Publications/Staff-Discussion-Notes/Issues/2018/11/
    13/Casting-Light-on-Central-Bank-Digital-Currencies-46233〉 2020. 6. 1. 방문.

174) Sveriges Riksbank, Petition to the Swedish Riksdag, The state's role on the
    payment market (2018b), 5면.
    〈https://www.riksbank.se/globalassets/media/betalningar/framstallan-till-riksd
    agen/petition-to-the-swedish-riksdag-the-states-role-on-the-payment-market.

적 기술에 대한 확신을 바탕으로, 그 기술을 활용하여 디지털화된 경제를 뒷받침하는 새로운 형태의 화폐를 발행할 수 있다. 무체물인 데이터 형태로 화폐를 발행하고 관련 법제를 정비하면, 유체물인 주화와 지폐의 존재를 전제로 이에 대해 특수한 동산으로 보는 금전 법리는 형태의 변화를 반영할 것이다. 물론 CBDC 발행 여부, 시기, 방법에 대한 결정은 각국별 제도 도입의 실익과 리스크, 파급력 등[175]을 신중하게 검토한 정책 판단 사안이다. 이는 기술 안정성 및 무결성(integrity)을 기반으로 한다. 국민들이 CBDC를 '돈'으로 받아들여 일반 수용성이 생기도록 설계하여야 할 것이다. 그리고 확정된 설계모델에 필요한 법제도 정비가 선행될 것을 전제로 한다.

이처럼 CBDC 도입은 디지털 시대에 기술의 변화에 따른 화폐의 변화로 평가할 수 있다: 변화에 개방적이고, 변화를 수용하며, 변화를 형성해 나가는 것이다.[176]

나. 사용자 측면: 안전한 지급수단의 사용

(1) 중앙은행 발행 화폐의 유형과 2단계 구조 체계

중앙은행은 두 가지 유형의 화폐를 발행하여 왔다. 하나는 일반 경제주체가 보유할 수 있는 지폐와 주화이고, 다른 하나는 금융기관만이 보유할 수 있는 지급준비금·결제예치금이다. 중앙은행이 발행하는 화폐는 신용 및 유동성 위험이 없어 금전채무의 '최종적 결제'

---

pdf〉 2020. 10. 1. 방문

175) 이와 더불어 CBDC에 추가할 수도 있는 다양한 기능(예를 들어 이자 부과, 인당 사용량 한도 부과 등)이 금융시스템과 통화정책, 재정적 안정성에 미치는 영향력과 기술적 구현방식에 대한 분석이 뒷받침되어야 할 것이다.

176) Christine Lagarde, Winds of Change: The Case for New Digital Currency, speech at Singapore Fintech Festival in Singapore on November 14 (2018), 7면. 〈https://www.imf.org/en/News/Articles/2018/11/13/sp111418-winds-of-change -the-case-for-new-digital-currency〉, 2020. 12. 1. 방문

역할을 수행한다.[177] 일반 경제주체의 상거래 시, 현금 지급으로 소액결제가 종결된다. 또한 금융기관 간 거액결제는 금융기관이 중앙은행에 개설한 계좌의 예치금을 통해 최종적으로 이루어진다.[178]

현행 통화제도는 중앙은행과 상업은행이 역할을 분담하는 2단계 구조(two-tier) 체계로 설계되어 있다. 중앙은행은 화폐를 발행하고, 이에 대한 신뢰를 토대로 상업은행은 일반 경제주체와 사이에 예금계좌를 개설하여 예금이 경제주체의 지급수단으로 사용되게 하는 방식으로 이루어진다. 이는 상업은행 사이 예금계좌의 결제시스템 이용뿐만 아니라, 예금과 연계된 신용카드 등 민간 지급수단을 통한 예금의 계좌이체를 아우른다. 예금은 중앙은행이 발행한 은행권으로 교환할 수 있는데, 이러한 교환 가능성은 역사적으로 예금에 대한 신뢰를 보장하는 근간으로 평가되어 왔다.[179]

(2) 현금과 예금의 차이

한편 일반 경제주체의 청구권 행사의 대상을 기준으로 지급수단을 구분하면 현금과 예금[180]으로 나눌 수 있고,[181] 양자는 신용위험

---

177) BIS(2020), 70면.
178) 거액결제시스템(wholesale payment system)에서 금융기관 사이 자금거래가 실시간으로 처리되어 청산·결제되는데, 대부분 중앙은행이 거액결제시스템을 운영하고 감시한다. 한국의 거액결제시스템은 한국은행이 운영하는 한국은행금융결제망(BOK-Wire+)이다. 한국은행금융결제망 참가기관들은 한국은행에 개설한 당좌계좌 또는 결제전용계좌에 예치된 지급준비금이나 결제예치금을 결제용 자금으로 사용한다.
179) Sveriges Riksbank, The Riksbank's E-Krona Project Report 2., In *E-krona reports*. Stockholm: Sveriges Riksbank (2018a), 10면.
180) 이 논문에서 예금이란 가입대상, 예치금액, 예치기간, 입출금 횟수 등에 제약이 없고 언제든지 자유롭게 입출금을 할 수 있는 결제성 예금을 의미한다.
181) 일반적으로 지급준비금에 대한 접근성은 금융기관에 한정된다; 한국은행법 제54조부터 제63조 참조.

의 측면에서 차이가 있다. 현금은 중앙은행에 의해 발행되고 중앙은
행, 궁극적으로 중앙정부에 대한 청구권[182]으로 여겨진다. 중앙은행
이 발행하는 화폐는 국가부도의 경우를 상정하지 않는 한 신용위험
이 없다. 반면, 예금은 상업은행에 대한 채권이다. 각국은 예금에 대
해 중앙은행 발행 화폐에 못지않게 사회 전체의 높은 신뢰를 유지하
기 위한 정책을 펼친다.[183] 그러나 2008년 금융위기 경험에서 드러
나듯, 상업은행은 부도 위험에서 자유로울 수 없다. 또한 대부분의
국가에서 예금자보험을 통해 예금 중 일부를 보호하나, 금액에 한도
가 있다.[184] 예금자보험에서 보호하는 금액의 한도를 초과하는 예금
은 신용위험에 노출된다. 이처럼 예금의 신용위험은 중앙은행이 발
행하는 화폐에 비하여 높다. 일반 대중의 상업은행 부문에 대한 불
충분한 신뢰는 전체 통화시스템에 대한 신뢰에도 부정적 영향을 미
칠 수 있다.[185]

(3) 사용자 측면: 중앙은행의 안전하고 접근성 높은 지급수단의 사용
CBDC는 현금 이용이 지속적으로 감소하는 상황에서, 중앙은행이
모든 경제주체에 안전한 지급수단을 제공하는데 의의가 있다.[186] 오
늘날 현금을 지급수단으로 사용하는 비중은 지속적으로 낮아지고
있다.[187] 이에 따라 현금 거래를 위한 인프라가 축소되어[188] 일반 경

---

182) Riksbank(2018b), 8면.
183) 중앙은행은 상업은행에 대한 최종대부자 역할을 하고, 지급결제시스템
    을 운영·감시한다. 나라에 따라서, 정부 또는 중앙은행이 금융 건전성 규
    제 및 감시·감독 역할을 수행한다.
184) 한국의 경우 예금자보호법에 따라 예금자는 예금보험공사로부터 원금과
    이자를 포함해서 1인당 5천만원까지 지급받을 수 있다(동법 제32조 제2
    항, 동법 시행령 제18조 제6항).
185) Riksbank(2018a), 12면.
186) Riksbank(2018a), 13면.
187) 우리나라의 경우 전체 지급거래에서 현금거래가 차지하는 비중은 건수

제주체의 현금에 대한 접근성이 낮아질 수 있다. 이러한 추세가 계속된다면 현금이 화폐로서 일반 수용성을 상실할 가능성을 배제할 수 없다. 그러나 이러한 상황에서도 현금과 같은 안전한 지급수단에 대한 수요는 계속하여 존재할 수 있다.[189] 금융위기 등의 상황에서 예금과 같은 민간 지급수단에 대한 신뢰가 낮아질 경우 이러한 수요는 증가할 가능성이 있다.[190] 예를 들어 유럽의 경우 2008년 글로벌 금융위기 후 현금 수요가 크게 증가한 바 있다.[191] 따라서 CBDC는

기준으로 2011년 47.3%였으나(김정규·이동규, Cashless Society 진전 현황 및 정책과제, 한국은행 (2012), 14면), 2019년의 경우 26.4%로 낮아졌다(한국은행, 2019년 지급수단 및 모바일금융서비스 이용행태 조사결과, 지급결제 조사자료 제2020-2호 (2020), iv면). 한편 신용카드 결제는 2011년 건수 기준으로 27.6%에서(김정규·이동규(2012), 14면), 43.7%로 상승하였다(한국은행(2020), iv면).

188) 스웨덴의 경우 2025년까지 소매업체의 과반이 현금 수령을 중단할 것으로 예상한다. Erlandsson, Frida and Gabriela Guibourg, Times are changing and so are payment patterns, Economic Commentary No. 6, Sveriges Riksbank (2018).

189) BIS는 현금과 전자 지급수단 사용에 관하여 분석하면서, 2008년 금융 위기 이후 현금이 안전한 가치저장 기능을 가지기 때문에 지속적으로 현금에 대한 수요가 있음을 설명한다. Bech, Morten, Umar Faruqui, Frederik Ougaard and Cristina Picillo, Payments are 'a-changing' but cash still rules, BIS Quarterly Review (2018).

190) 상동; 또한 일부 국가에서는 코로나-19로 상거래에서의 현금 이용은 감소한 반면, 코로나-19 유행 전인 2019. 12. 19.부터 코로나-19 유행 이후인 2020. 6. 20.까지 현금의 비축량(예비적 수요)이 증가하였다. 미국의 경우를 예로 들면 같은 기간 동안 7.2% 정도 상승하였다. BIS(2020), 76면.

191) 유럽의 경우 2008년 1월부터 9월까지 유로 지폐의 유통 가치(value in circulation) 연평균 성장률은 7.6%였으나, 2008. 9. 15. Lehman Brothers가 파산한 후 2008년 10월 유로 지폐의 순 발행이 435억 유로 증가했다. 2008년 10월부터 2009년 9월 말까지 유통되는 지폐의 가치는 연평균 13.0%의 성장률로 계속 상승했다. 이 기간 동안 유통 가치는 2007년 10월부터 2008년 9월 말까지 466억 유로에 불과했던 것에 비해 830억 유로 증가한 수치이다. 이로부터 금융위기로 인하여 유통 가치의 추가적 증가량

오늘날 디지털 사회에서 대중이 계속하여 신용위험이 낮은 중앙은행 발행 화폐에 접근할 수 있도록 기능한다.

한편, CBDC는 일종의 공공 인프라로서 국가 내지 중앙은행이 대중에 제공하기 때문에 민간 지급수단에 비하여 접근성이 높도록 제도를 설계할 수 있고, 이로써 경제주체에게 지급수단에 대한 선택권을 보장하는 방안으로 활용될 수 있다. 사용자의 지급서비스에 대한 접근성이 개선되고 있으나, 여전히 다수의 금융소외계층이 존재한다.[192] 전세계 성인 약 17억 명이 계좌 없이 현금만을 사용하고 있다.[193] 저소득층, 여성, 고령층은 여전히 예금계좌나 전자적 지급서비스 접근이 어려울 가능성이 높다.[194] 미국의 경우 아프리카 히스패닉계의 절반 가량이 은행 예금을 이용하지 않거나 이용할 수 없는 상황이고, 유로 지역은 저소득 가구의 10%가 은행을 이용하지 못하는 상황이다.[195] 코로나-19는 지급결제 부문에서의 혁신과 한계를 모두 드러냈다.[196] 온·오프라인에서의 비접촉 지급수단 사용이 확대되었지만, 모두가 디지털 지급방식을 편리하게 이용하는 것은 아니며 접근성도 제약된다.[197] 이러한 상황에서 중앙은행은 금융포용,

---

은 약 370 억 유로에 달하는 것으로 추론할 수 있다. 또한 50 유로, 100 유로 및 500 유로는 추가 증가분의 각각 18.4%, 17.5% 및 56.9%를 차지하는 것으로 분석된다. Laure Lalouette and Henk Esselink, Trends and developments in the use of euro cash over the past ten years, ECB Economic Bulletin, Issue 6/2018 (2018).

⟨https://www.ecb.europa.eu/pub/economic-bulletin/articles/2018/html/ecb.ebart201806_03.en.html#toc2⟩ 2020. 12. 30. 방문

192) BIS(2020), 72면.

193) 상동

194) World Bank, The Global Findex Database 2017: measuring financial inclusion and the fintech revolution (2018).

195) J. Coffinet and C. Jadeau, IFC-National Bank of Belgium Workshop, FDIC (2017).

196) BIS(2020), 75면.

공공 인프라 제공의 목적으로 디지털 시대에 효용이 높은 CBDC를 발행할 수 있다.[198] 이 경우 CBDC는 예금이나 기타 지급수단을 사용하기 어려운 금융소외계층에게 접근 가능한 디지털 지급수단으로 활용될 수 있다.

이처럼 오늘날 디지털 시대에 현금의 사용은 감소하고, 핀테크(fintech) 기업들은 새로운 형태의 지급수단을 제공하여 관련 시장을 바꾸고 있다. 이러한 상황에서 CBDC는 현금과 같이 중앙은행에 대한 접근성이 보장되어 신용 및 유동성 위험이 낮은 한편, 현금과 달리 전자 상거래에서 편리한 지급수단으로 사용될 수 있다. 또한, 금융소외계층까지 접근 가능한 지급수단으로 기능할 가능성이 있다. 이처럼 CBDC는 일반 경제주체에게 안전하고 편리하며 접근성이 용이한 지급수단에 관한 일종의 선택권을 제공한다.

다. 중앙은행 측면: 통화정책의 유효성 제고 등

중앙은행의 주요 과제는 화폐 가치의 안정, 즉 물가안정이다.[199] 역사상 반복되는 금융위기를 경험하면서, 금융안정 역시 상당수의 중앙은행이 중요하게 고려하는 정책 목적이다. 국가마다 처한 상황에 따라 CBDC 발행의 주된 동기가 있을 것이고 제도 설계 시 이러한 사정이 고려될 것이나, 기본적으로는 중앙은행의 이러한 정책 목적을 지원하도록 설계될 것이다. 이하에서는 CBDC 발행을 통한 (i) 통

---

197) 상동
198) 이는 앞서 3. 가항에서 설명한 바와 같이 안정성과 무결성을 토대로 하고, 간단한 사용방법, 금융취약계층에 전자 단말기 배포 등 금융소비자가 사용하기 용이하고 접근성이 높은 제도 설계를 필요로 한다.
199) 중앙은행의 기본적 목적에 해당하고, 국가별 고유한 사정에 따라 이외 다양한 목적을 둔다. 한국의 경우 한국은행법에서 한국은행이 통화신용정책 수행을 통해 물가안정을 도모하고 금융안정에 유의하도록 규정한다(제1조).

화정책의 유효성 제고, (ii) 통화제도에 대한 신뢰 유지, (iii) 금융시스템 안정을 위한 지급결제시스템 운영 및 관리 측면으로 나누어 CBDC 발행 의의를 살핀다.

첫째, 중앙은행이 발행하는 화폐는 중앙은행이 수행하는 통화정책 유효성의 근간이다. 오늘날 중앙은행이 발행하는 현금의 사용량이 감소하고 다양한 형태의 민간 지급수단이 점점 더 널리 사용되는 상황에서, CBDC 발행은 중앙은행의 새로운 지급수단 제공을 통한 통화제도의 유효성 유지 측면에서 의의가 있다. 나아가 중앙은행의 기준금리 결정이 가계와 기업에 보다 빠르고 완전히 효과를 발생시킬 수 있는 등[200] 중앙은행의 통화정책의 효율성을 제고하는 측면에서도 그 의의를 찾을 수 있다.[201] 한편, 글로벌 스테이블코인과 같은 가상자산은 현존하는 지급시스템과 관련한 일반적 위험을 넘어서는 잠재적 위험을 내포하고,[202] 이에 대한 국경을 초월하는 대규모 이용은 중앙은행 통화정책의 파급력에 부정적 영향을 미칠 수 있다.[203] CBDC는 이러한 상황에 대응하기 위한 새로운 형태의 중앙은행 화폐로서 예금 기타 민간 지급수단을 보완할 수 있고,[204] 위와 같은 잠재적 위험을 방지[205]하는 기능을 할 수 있다.[206]

---

200) Meaning, J, Dyson, B, Barker, J and Clayton, E, Broadening narrow money: monetary policy with a central bank digital currency, Bank of England Staff Working Paper No. 724. (2018).

201) 한편, CBDC 제도 도입이 통화정책에 얼마나 큰 영향을 미치는지는 CBDC 수요에 따라 달라지고, 수요는 CBDC의 구체적 설계방식에 영향을 받는다. 일반 이용자에게 더 매력적인 CBDC는 수요가 적을 것이고, 수요가 적은 경우 통화정책과 재정안정에 미치는 영향이 미미할 것이다. Riksbank (2018a), 33면.

202) BOE(2020), 16면; Adachi et al.(2020); G7 Working Group on Stablecoins, Investigating the impact of global stablecoins, CPMI (2019).

203) 아래 라항에서 상술한다.

204) BOE(2020), 16면.

205) BOE(2020), 37면.

둘째, CBDC는 통화제도 및 금융시스템에 대한 신뢰 유지를 위하여 발행될 수 있다. 앞서 살펴본 바와 같이 예금은 중앙은행이 발행한 화폐에 비하여 신용위험이 높으나 현금과의 교환이 보장되었고, 이러한 교환가능성은 역사적으로 예금에 대한 신뢰를 보장하는 기초가 되어왔다. 그런데 현금의 사용량이 감소함에 따라 예금과의 교환이 용이하지 않게 되는 상황에 처하게 되면, 예금에 대한 신뢰에 영향을 미칠 수 있다. 일반 대중의 상업은행 부문에 대한 불충분한 신뢰는 전체 통화 시스템에 대한 신뢰에도 부정적 영향을 미칠 수 있다.[207] CBDC 제도 도입은 현금 사용이 감소하더라도 계속하여 중앙은행이 경제주체에게 안전하고 편리한 지급수단을 제공하여 궁극적으로 통화제도 및 금융시스템 전체에 대한 신뢰를 유지하는데 의의가 있다.[208]

셋째, CBDC 제도 도입의 의의는 중앙은행의 지급결제시스템 운영 및 관리 관점에서 찾을 수도 있다. 우선 잘 설계된(well-designed) CBDC는 지급결제시스템의 복원력(resilience)을 제고하는데 활용될 수 있다.[209] Riksbank는 소액결제제도의 경우 그 운영을 주로 민간 부문에 의존하고 있어, 민간 시스템의 장애 발생 시 이를 대체할 수

---

206) 이외에도 CBDC를 발행하여 이에 대해 마이너스 금리를 부과하여 중앙은행의 마이너스 금리정책의 운용 범위나 효용을 확대할 수 있다는 견해(Rogoff (2016)), 경제주체에 직접 유동성을 공급하는 헬리콥터 머니(Helicopter money) 정책을 보다 효율적으로 수행하여 통화정책의 유효성을 제고할 수 있다는 견해(Dyson and Hodgson (2016)) 등이 있다.

207) Riksbank(2018a), 12면.

208) 한편, CBDC가 예금에 비해 매력적 지급수단이 되면 경제주체가 예금에서 CBDC로 가치저장수단을 전환하여 상업은행 부문의 중개기능 상실의 우려가 있고, 은행 대출 총액의 감소는 통화정책 실행의 통로(channel)로서의 은행 대출의 중요성을 약화할 수 있으므로, CBDC를 설계할 때에는 중앙은행의 통화정책 수행에 미치는 영향을 고려하여야 한다는 견해로, BOE(2020), 37면.

209) Riksbank(2018a), 13-14면; BOE(2020), 38면.

있는 공공 시스템을 구축함으로써 지급결제시스템 전체의 복원력을 향상시킬 수 있다고 본다[210]. 다음으로 중앙은행은 CBDC 발행을 통해 전체 지급서비스 시장의 혁신을 견인하고[211] 지급 지급서비스 시장의 경쟁을 촉진할 수 있다.[212] 모든 형태의 CBDC는 CBDC 거래기록을 유지하고 CBDC를 공급하고 보관하기 위하여 원장을 필요로 한다.[213] 따라서 CBDC 제도는 (i) 새로운 화폐 그 자체뿐만 아니라 (ii) 화폐의 유통을 위한 인프라까지 동시에 도입하는 결과를 낳는다.[214] 이러한 측면에서 CBDC 제도는 일종의 공공 인프라로서 중앙은행이 민간에 경쟁의 장을 제공한다고 볼 수 있다. 즉, 지급서비스 분야는 참가자 간 '네트워크 효과'가 있어, 특정 지급결제 네트워크 사용자가 많아질수록 더 많은 사람들이 해당 네트워크에 참여하는 경향이 강하다.[215] 그러나 '네트워크 효과'로 인해 경쟁의 공정성을 저해하고 사회적 비용을 유발하는 시장지배적 기업들이 출현할 위험 역시 존재한다.[216] 규모의 경제는 시너지 효과를 낳고 또한 금융의 네트워크 효과에 따라 자연적으로 독점으로 이어지는 경향이 있다. 중앙은행이 CBDC를 위한 시스템의 운영 토대를 제공하고, 지급결제제도의 안전성과 무결성을 유지하기 위해 다양한 리스크 요인을 관리하는 것이다.[217]

---

210) Riksbank(2018a), 13-14면.
211) BIS(2020), 88-89면.
212) Riksbank(2018a), 14면; BOE(2020), 38면.
213) BOE(2020), 44면.
214) 영란은행은 이를 CBDC의 2가지 주요 요소로 설명한다. BOE(2020), 25면.
215) M. Katz and C. Shapiro, Systems competition and network effects, Journal of Economic Perspectives, Vol. 8, No. 2 (1994), 93-115면; D. Klingebiel and L. Laeven, The growing importance of networks in finance and its effects on competition, in A. Nagurney (ed), *Innovations in financial and economic networks*, Elgar (2003), 110-135면; BIS(2020), 75면에서 재인용.
216) BIS(2020), 75면.

라. 가상자산 및 유사화폐의 한계

CBDC라는 용어에는 '디지털 통화(Digital Currency)'라는 단어가 포함되어 있으나, CBDC는 비트코인과 같은 '가상화폐(cryptocurrency)' 또는 '가상자산(cryptoasset)'과 근본적으로 다르다.[218] 가상자산은 화폐의 필수적 기능을 수행하지 못하여 화폐로 볼 수 없기 때문이다.[219] 유사화폐와 같은 민간 지급수단 역시 마찬가지 한계가 있다.

대부분의 민간 가상자산은 프로그램에 따라 설계되어 발행자 자체가 없거나 사인에 의하여 발행되고, 가상자산의 가치를 안정시키는 주체가 존재하지 않는다. 이에 따라 가치변동폭이 매우 커서 가치저장 수단으로 기능하기에 지나치게 불안정하다. 또한 거래비율의 대부분이 거래소 내부로 한정되어, 경제주체의 일반적 거래에서 교환수단으로서 널리 통용된다고 보기 어렵다(일반 수용성의 한계).[220]

한편, 기존 가상자산의 높은 가치변동성 문제를 해소하려는 목적으로 스테이블코인(stablecoin)이 등장하였고, 특히 2019년 6월 페이스북(Facebook)이 발표한 디엠((Diem), 구 리브라(Libra))[221]의 경우 규모 측면에서 화폐의 대안으로 부상할 가능성이 크다는 측면에서 '글로벌 스테이블코인'이라고 불리우며 주목을 받고 있다.[222] 디엠은

---

217) 정리하면, CBDC의 정책 목표에는 금융포용, 디지털 지급수단의 안전성과 무결성 보장, 복원력이 있으며 신속한 저비용의 지급결제서비스 제공, 지급결제시스템의 지속적인 혁신 촉진이 포함될 수 있다. BIS(2020), 87면.

218) BOE(2020), 9면.

219) 상동

220) BOE, Financial Policy Committee Statement from its policy meeting, 12 March 2018 (2018).

221) 페이스북이 주도하는 디엠 협회((Diem Association), 구 리브라 협회(Libra Association))에 의해 발행되고, 디엠 발행액에 상당하는 주요국 현금, 단기국채 등 유동성이 높은 지급준비자산을 보유하여 가치의 안정성을 도모하는 스테이블코인이다(Libra Association, White Paper, v2.0. 2020). 2019년 12월 리브라(Libra)에서 디엠(Diem)으로 명칭이 변경되었다.

222) Douglas Arner, Raphael Auer and Jon Frost, Stablecoins: risks, potential and

주요 통화별로 발행하여 통화별 발행액과 지급준비 자산의 통화 종류를 일치시키고자 한다.[223] 디엠은 안정자산과 1:1 가치교환이 보장되고 가치 안정성이 유지되어 가치저장의 수단으로서의 화폐 기능을 수행할 수 있다는 견해를 상정할 수 있다. 그러나 현존하는 스테이블코인에 대한 실증 연구에 의할 때 스테이블코인은 가격 변동성이 있어 왔으므로 가치가 안정적(stable)이지 않고 화폐(coin)도 아니라는 견해가 있다.[224] 디엠의 경우에도, 시장에서 디엠을 자본화할 때 투자자들의 구매와 상환에 따라 가치가 급변동할 가능성을 배제할 수 없다.[225] 또한, 디엠은 금융기관에 예치할 수도 있는데, 2020년 발간한 수정된 백서{Libra Association(2020)}에 의하면 디엠이 금융기관 등에 예치된 경우 이를 뒷받침하는 자산에 대한 언급이 없다. 금융기관에 예치된 디엠에 대하여 주요국의 유동성 자산이 아닌 위험하거나 불투명한 자산으로 뒷받침되는 경우, 심각한 가격 할인이나 가치 급변동, 디엠 인출사태(run)에 노출되어 금융 시스템에 부정적인 영향을 미칠 수 있다는 점에서,[226] 화폐로 평가하기에 한계가 있다. 그 외에도 디엠 협회가 디엠의 발권력을 가지고 디엠의 양을 통제[227]하는 중앙은행의 역할을 수행하는데, 페이스북 계정과 디엠 계정을 연계하여 디엠을 상업적 이윤 창출을 위해 사용할 가능성이 있는 점, 디엠 발행으로 생긴 이익은 결국 상업적 기관인 디엠 협회에 귀속될 것으로 예상된다는 점에서 해당 단체를 중앙은행과 동일

---

regulation, BIS Working Papers No. 905 (2020), 6면.

223) Libra Association(2020)

224) ECB, Stablecoins - no coins, but are they stable? Infocus No. 3 (2020).

225) Arner D., Auer R., and Frost J.(2020), 10면.

226) Adachi, M., M. Cominetta, C. Kaufmann and A. Van Der Kraaij, A regulatory and financial stability perspective on global stablecoins, Macroprudential Bulletin, Issue 10, ECB, Frankfurt am Main (2020).

227) Libra Association (2020).

한 정도로 신뢰하기 곤란하다.[228]

이와 관련하여, 국가이론의 입장에서 왜 각국이 디엠과 같은 민간의 글로벌 스테이블코인 발행에 대하여 우려를 표하는지에 대하여 고찰해 볼 수 있다. 이는 크게 통화주권에 대한 위협 및 통화정책 유효성에 대한 부정적 영향으로 정리된다. 가상자산의 존재와 교환가치로서의 가상자산 이용은 통화에 대한 국가의 독점적 권한에 대해 시험대에 오르게 한다.[229] 금융시스템과 이자율 및 화폐에 관한 중앙은행의 영향력은 부분적으로 중앙은행의 신용에 대한 접근을 넓히거나 제한할 수 있는 능력에 따른 것이고, 또한 그러한 신용 자체의 비용이기도 하다.[230] 만약 동일한 화폐가치가 중앙은행의 통제권 밖에서 가능하다면, 이 독점적 권한의 기반이 약화[231]되는 측면과 관련이 있다.

한편 전자금융거래법상 전자화폐 등 다른 전자적 지급수단의 경우, 유사화폐(near-money)의 리스크 우려가 있다. 유사화폐는 채무를

---

228) 1881년 스웨덴은 Riksbank에 화폐 발행의 독점권을 부여하는 근거에 대하여 연구하고, 다음과 같은 세 가지 이유를 들었다: (i) 은행권은 전적으로 위험이 없어야 하고(risk-free), (ii) 단기 수익에 관한 동기 없이 발행되어야 하며, 그리고 (iii) 화폐발행의 수입은 중앙은행의 사회적 기능을 수행하는데 사용되어 이윤창출 동기에 따라 행동할 필요가 없도록 하여야 한다(Riksbank(2018b), 9면). 이는 중앙은행의 화폐 발행의 독점권 부여 근거에 관한 조사이나, 화폐에 요구되는 필수적 성질·특성이나 화폐 발행자에 요구되는 태도에 대하여 시사하는 바가 있다. 이에 오늘날 리브라의 경우에도 적용하여 일정한 시사점을 도출할 수 있다. 즉, (i) 리브라가 전적으로 위험이 없다고 평가할 수 있는지, (ii) 리브라 발행의 이익이 단기 수익에 관한 동기 없이 발행되었다고 볼 수 있을지, (iii) 과연 리브라 발행 수입이 리브라 협회의 사회적 기능을 수행하는데 사용되고 이윤창출 동기에 따라 행동할 필요가 없도록 설계되었는지를 평가하면, 각각에 대한 결론은 회의적이다.

229) Proctor(2019), para 3. 24, 42면.

230) 상동

231) 상동

직접 소멸시키지 못하기 때문에 화폐는 아니다. 그러나 사실상 대체재로 쓰이는데, 이는 유사화폐가 확실하고도 쉽게 정해진 금액으로 교환될 수 있는 정도까지는 화폐의 역할을 한다는 것을 의미한다.[232] 유사화폐의 리스크는 유사화폐가 화폐로 사용되거나 화폐로 전환되지 못할 가능성에 대한 것이다.[233] 이러한 유사화폐가 현금과의 1:1 환금성이 유지되는 한 재화와의 교환비율 간 안정적 관계가 유지될 수는 있다. 그러나 전자화폐의 경우 이를 지급수단으로 허용하는 민간 내지 기업의 범위가 한정적이라는 점에서, 다른 유사화폐의 경우 근본적으로 사인간 계약관계에 기반하므로 모든 경제주체의 거래에서 일반적으로 통용된다고 보기에는 어려운 측면이 있다는 점에서 한계가 있다.

이미 민간이 발행하는 가상자산이 등장하였고 민간이 제공하는 편리한 전자적 형태의 지급결제수단이 널리 사용되고 있는 상황이므로, 국가가 또 다른 지급결제수단을 제공할 필요에 대한 회의적인 입장을 상정할 수 있다. 그러나 이들과 CBDC와의 근본적 차이는 법화 해당 여부에 있다. CBDC는 민간 가상자산·지급결제수단과 달리 신용위험이 없고, CBDC 제공으로 그 즉시 결제가 완결되며, 중앙은행의 통화정책수단으로서 가치가 안정된다. 중앙은행이 전자적 형태의 법화를 발행하여 이용자들에게 지급결제의 안정성과 편이성을 제공하는데 CBDC 제도 도입의 주된 취지를 찾을 수 있다.[234]

---

232) Gleeson(2018), para 4.55, 83면.
233) 상동
234) 유럽중앙은행(이하 'ECB')은 2020. 10. 2. 소액결제용 CBDC인 '디지털 유로'의 필요성과 설계요건, 핵심원칙 등을 발표하였다. ECB는 도입의 필요성에 대하여, 현금에 대한 보완재(complement)로 디지털 유로를 도입함으로써 지급수단의 다양화, 금융포용 제고, 디지털 혁신 촉진 등을 도모할 수 있음을 든다.

제2절 구현방식

CBDC는 다양한 방식으로 설계될 수 있는데, 본 연구에서의 논의를 위해 (i) 계좌형과 토큰형, (ii) 직접형과 하이브리드형, 간접형을 구분한다. CBDC 발행형태 또는 거래처리방식에 따라 계좌형과 토큰형으로 나뉘고, CBDC 공급방식 또는 일반 대중의 중앙은행에 대한 접근성에 따라 직접형과 하이브리드형, 간접형으로 나눌 수 있다. 유형별 법적성질 내지 이해관계자들 간 법률관계를 파악하는 것은 향후 적정한 CBDC 모델을 결정하는데 기초자료로 활용될 수 있다. 따라서 이 논문에서는 특정한 모델을 상정하지 않고, 쟁점마다 유형별로 법적 차이가 발생할 수 있는 경우에 대하여 검토한다.

I. 구현방식 분류

1. 계좌형과 토큰형[1]

가. 계좌형

계좌형(account-based)은 개별 보유자마다 계좌를 개설하고, 이 계좌에 CBDC가 발행되며, 거래 시 지급인인 계좌 보유자(account holder)

---

[1] 계좌형이 보다 단일원장에, 토큰형이 보다 분산원장에 각각 기술 친화적일 수 있으나, 계좌형과 토큰형 모두 분산원장기술에 따라 구현될 수 있다는 점을 전제로 한다. Auer R. and Böhme(2020), 88-93면; 한편, 각국 중앙은행이 향후 실제로 설계하는 CBDC 구조는 이후 기술하는 계좌형과 토큰형의 특성이 결합하거나 양자가 서로 연계되는 방식 등과 같이 다양하게 구현될 수 있다. 이하에서는 실제 구현 형태가 정하여지지 않은 상황에서 양 유형을 이론적으로 구분하고 유형에 따라 법적 성질이나 법률관계가 달라질 수 있다는 점에 대한 분석에 중점을 둔다.

의 신원 인증(identity verification)이 권리 확인에 필요한 방식이라는 견해가 있다.[2] CBDC 시스템상 데이터의 기록(record) 관리 방식을 기준으로 제시하여, 계좌형은 계좌 형태로 데이터를 관리하고 CBDC 이전 시 CBDC 보유액을 원장에 증감 기재함으로써 그 내역을 기재하는 방식으로 설명하는 견해도 있다.[3]

이 논문에서는 계좌형 CBDC가 전통적인 예금계좌와 동일한 방식으로 구현되는 것으로 상정한다.[4] 분산원장 관리자는 개인·기업에게 계좌를 발급한다. 경제주체가 계좌간 자금 이전을 분산원장 관리자에게 요청하면(지급지시), 분산원장 관리자는 이에 따라 계좌잔고를 갱신한다. CBDC의 이전은 CBDC 계좌간 이체로 이루어지고 원장에 CBDC 보유액의 증감 기장이 따르게 된다.[5]

나. 토큰형 CBDC

토큰형(token-based)은 원장에 CBDC의 발행 및 거래 내역을 기록

---

2) CPMI, and MC (2018), 4면; Auer R. and Böhme R.(2020), 93-95면.

3) BOE(2020), 47면.

4) 이하 본 단락, Riksbank (2018a), 21면; 中央銀行デジタル通貨に關する法律問題研究會,「中央銀行デジタル通貨に關する法律問題研究會」報告書, 日本銀行金融研究所金融研究 (2020), 6면.

5) 계좌형 CBDC 발행은 유럽중앙은행이 정책수단을 채택함에 있어 준수하여야 하는 EU 기능 조약(Treaty on the Functioning of the European Union, EU 조약(Tready on European Union, 'TEU')와 함께 EU의 헌법적 규범에 해당하는 조약이다. 이하 'TFEU')에 위배될 잠재적 위험이 있다는 견해가 있다 (Nabilou H., Central Bank Digital Currencies: Preliminary Legal Observations (2019), 24면}. TFEU 제127조에 의하면, 유럽중앙은행은 자원의 효율적 배분을 추구하면서 자유경쟁적 개방시장경제 원리에 따를 의무를 부담한다. 이 견해는 계좌형 CBDC 발행 시, EU 회원국 중앙은행들이 자유경쟁적 개방시장경제 원리에 반하여 직접 신용(credit)과 같은 희소한 금융자원을 배분할 수 있는 위치에 놓이게 되고, 이는 은행의 탈중개화를 초래하여, 결과적으로 헌법적 행위제약 규범에 반할 수 있다고 본다(Nabilou H.(2019), 24면}.

하나, 거래 시 계좌보유자의 신원 인증 대신 개인키에 의해 생성된 디지털 서명과 같은 방식으로 인증하는 방식이라는 견해가 있다.[6) 수취인에 의한 결제매체(payment object)의 진정성의 인증이 결제를 실시할 때에 필요한 방식이라고 설명하면서,[7) 이와 같은 유사한 방법으로 현금이나 비트코인과 같은 가상자산이 토큰형에 해당한다고 보는 견해도 있다.[8) 한편, 데이터의 기록 관리 방식을 기준으로 할 때, 토큰형은 개별 CBDC마다 소유자(owner)가 있고 개별 토큰의 발행 및 소유권 변동 내역이 해당 토큰 자체에 기록되는 방식이라고 설명하는 견해도 있다.[9)

이 논문에서는 토큰형 CBDC를 금전적 가치가 포함된 데이터 자체로 본다.[10) 토큰형 CBDC는 개인키 보유 등을 통하여 해당 데이터를 배타적으로 지배하는 자가 보유한다. (i) CBDC는 원장에 발행되어 거래 내역이 원장에 기록되는 방식으로 이전될 수 있고, (ii) 카드나 앱(application) 형태로 결제장치에 CBDC를 저장한 후 휴대전화 등에에 기록된 데이터의 수수 방식에 의해 이전될 수도 있다.[11) 이러한 데이터를 기록·관리하는 수단으로서 카드 등의 전용 매체나 스마트폰, PC 등의 범용성이 있는 단말기에 설치하여 이용하는 소프트웨어(이하 카드 등의 전용 매체와 CBDC 기록·관리용 소프트웨어를 총칭

---

6) Auer R. and Böhme R.(2020), 93-94면.

7) CPMI and MC (2018), 4면; Auer R. and Böhme R.(2020), 93-95면.

8) CPMI, and MC (2018), 5면.

9) BOE(2020), 47면.

10) 中央銀行デジタル通貨に關する法律問題研究會(2020), 5, 7면; 스웨덴 릭스뱅크의 CBDC인 e-krona 발행 구상안에 의하면, 토큰형 CBDC에 대응하는 유형이 가치 보장형(value-based)에 해당한다. Sveriges Riksbank, The Riksbank's E-Krona Project, Report 1., In *E-krona reports*. Stockholm: Sveriges Riksbank, September (2017), 21-22면; Riksbank(2018a), 15-16면.

11) Riksbank(2018a), 20면; 中央銀行デジタル通貨に關する法律問題研究會(2020), 7-8면.

하여 '전자지갑')가 제공된다.[12)]

한편, 토큰형과 계좌형 모두 디지털 형식으로 구현되므로 원장 등에 CBDC 발행과 권리 이전 내역에 대한 기재가 필요하다.[13)14)] 그러나 앞서 계좌형은 은행예금과 동일한 방식으로 구현되는 것으로 상정하였는데, 은행예금의 경우 관련 법률 및 일반 법원리가 적용되나 어디까지나 예금계좌 개설인과 금융기관 사이 이용약관, 즉 계약이 법률관계의 기초이다.[15)] 반면, 토큰형의 경우 CBDC 이용자는 자신의 전자지갑 등에 접속해 얼마가 있는지 확인할 수 있고 거래 내역을 확인할 수 있으나, 이는 일종의 회계상 기술(accounting technique)로 볼 수 있고 이를 두고 예금과 마찬가지 법률관계가 적용된다고 보기는 어렵다.[16)17)] 유형별 법적 성질에 대하여는 이 논문 제3장 제2절 III.에

---

12) 中央銀行デジタル通貨に關する法律問題研究會(2020), 7면.

13) 계좌형은 CBDC 거래 시 신원확인을 통해 권리가 이전되나, 토큰형은 CBDC 이전을 위해 신원확인이 필요하지 않다는 차이는 있다. 다만, AML/CFT 준수 또는 전자금융거래에서 요구되는 본인확인의무 준수를 위하여 양자 모두 계좌나 전자지갑 접속(access) 단계에서 신원확인(인증)을 거치도록 설계할 수 있다. 이에 대해서는 제5장 제2절 III. 1. 다항에서 상술한다.

14) 한편, 휴대전화나 단말기 등 전자작 기기에 토큰형 CBDC를 저장하고 휴대전화에 기록된 데이터의 수수 방식 등으로 이전하는 경우에도 CBDC 데이터 복제를 통한 이중지출(double spending) 문제를 방지하기 위하여 소유 관계를 기록할 수 있는 원격 원장(remote ledger)이 필요하다는 견해로, Hanna Armelius, Carl Andreas Claussen, Isaiah Hull, On the possibility of a cash-like CBDC, Sveriges Riksbank Staff Memo (2021), para 2.3, 8-10면.

15) Wouter Bossu, Masaru Itatani, Catalina Margulis, Arthur Rossi, Hans Weenink and Akihiro Yoshinaga, Legal Aspects of Central Bank Digital Currency: Central Bank and Monetary Law Considerations, IMF Working Paper WP/20.254 (2020), 9, 11면; 이 견해 역시 계좌형은 전통적 은행예금과 동일하게 구현되는 것을 전제로 한 후 이와 같이 기술한다(상동).

16) Bossu W. et. al(2020), 12면; 이 견해는 토큰형 CBDC가 예금과 같이 계약적 법률관계에 기초한다고 보기 어려우므로 토큰형 CBDC 발행을 위해서는 중앙은행 및 화폐에 관한 법률 개정 등을 통하여 법적 명확성을 확보하는 것이 필요하다고 본다(상동).

서 상술한다.

2. 직접형, 하이브리드형, 간접형

가. 직접형

직접형(direct)은 중앙은행이 CBDC 발행 및 유통을 담당하는 형태를 의미한다. 직접형에서는 중앙은행이 직접 일반 이용자와의 사이에 CBDC 계좌 또는 전자지갑 개설에 관한 계약을 체결하고, CBDC를 발행하며, CBDC 이전과 관련하여 필요한 업무를 수행한다. 그리고 중앙은행이 모든 경제주체의 CBDC 거래에 관한 기록을 관리한다.[18]

나. 하이브리드형

하이브리드형(혼합형, hybrid)은 중앙은행이 CBDC를 발행하고, 상업은행 및 민간 지급서비스 제공기관 등 민간기관(이하 '중개기관')[19]이 유통을 담당하는 형태를 의미한다. 다양한 유형을 상정할 수 있겠으나, 이 논문에서는 중앙은행이 프라이빗 블록체인 기술을 기반으로 한 CBDC 거래를 위한 플랫폼을 제공하고 CBDC를 발행하고 환수하며, 중개기관은 CBDC를 유통시키는 경우를 상정한다.[20] 중앙은

---

17) 토큰형은 CBDC에 대한 권리 이전 시 CBDC 보유자가 개인키를 입력하는 행위가 필요하고 개인키 입력 후에는 프로그래밍된 조건에 따른 자동화된 거래 검증이 이루어지며, 권리 이전을 위해 신원 확인 절차와 같은 중개기관의 개입이 필요하지 않다. 이 점은 논문 제3장 제2절 III.에서 살펴보는 바와 같이 토큰형 CBDC 보유자의 CBDC에 대한 배타적 권리를 인정하기 용이하게 한다.

18) Auer R. and Böhme R.(2020), 88면.

19) 중개기관은 반드시 예금을 취급하는 금융기관 또는 중앙은행 당좌예금 거래처일 필요가 없고 예금취급 금융기관 등이 파산했을 경우의 위험이나 영향 등을 고려한 후 중개기관이 될 수 있는 민간사업자의 범위를 검토할 필요가 있다. 中央銀行デジタル通貨に關する法律問題研究會(2020), 13-14면.

행과 상업은행, 그리고 상업은행과 일반고객으로 이원적 관계를 형성하는 현재 통화제도와 유사한 구조를 유지한다.

하이브리드형은 후술하는 간접형과 일견 유사해 보이나, 중앙은행이 발행한 CBDC가 중앙은행이 제공한 플랫폼인 분산원장에 기재됨으로써, CBDC는 CBDC 이용자에 대한 중앙은행의 직접적인 부채가 된다.[21] CBDC는 중앙은행의 대차대조표(B/S)에서 부채로 기재된다. CBDC가 중개기관의 신용위험 등에 노출되지 않도록 하고, 현금과 동등한 수준의 이용자의 신뢰를 얻기 위하여 중앙은행의 직접적 부채가 되는 방식을 채택한 것으로 생각된다.

다. 간접형(합성 CBDC)

간접형(indirect)은 합성형(synthetic)과 함께 분류된다.[22] 간접형은 중앙은행이 중개기관에 CBDC를 발행하고, 중개기관이 일반 이용자에게 CBDC를 공급하는 형태이다.[23] 합성형은 중개기관이 중앙은행에 예치한 중앙은행 지급준비금 등을 기초로 디지털화폐를 발행하

---

20) 이 유형은 중앙은행이 개별 CBDC 이용자의 CBDC 보유 및 거래내역을 기록하는가에 따라 다시 하위 유형으로 하이브리드형(Hybrid)과 중개형(Intermediated)으로 나눌 수 있다(Raphael Auer, Jon Frost, Leonardo Gambacorta, Cyril Monnet, Tara Rice and Hyun Song Shin, Central Bank Digital Currencies: Motives, Economic Implications and the Research Frontier, BIS Working Paper No. 976 (2021), 12면). 중앙은행의 CBDC 발행 및 유통과정에서의 개인정보 수집·이용 여부와 관련되므로, 하위 유형에 대하여는 이 논문 제5장 제2절 III. 2. 나항에서 상술한다.

21) Auer R., Cornelli G. and Frost J.(2020b), 18면.

22) Raphael Auer and Rainer Böhme, The technology of retail central bank digital currency, BIS Quaterly Review (2020), 88면; Auer R., Cornelli G. and Frost J.(2020b), 18면.

23) Skingsley C., Should the Riksbank issue e-krona?, speech at FinTech Stockholm (2016), 8면; Kahn, Rivadeneyra, and Wong (2018), 13-15면에서도 간접형 공급방식에 대해 다루고 있다.

면, 이를 CBDC로 인정하고 적절히 감독하자는 제안에 기초한다.24) 이 형태는 현행 2단계 금융시스템을 유지한다. 또한 하이브리드형과 마찬가지로, 중앙은행의 업무 부담 완화 또는 상업은행의 금융 중개기능 감소 최소화 측면에서 고안되었다.

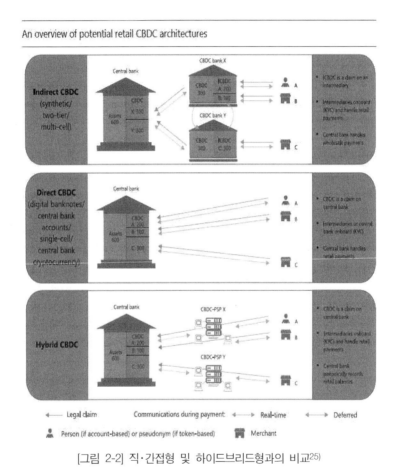

[그림 2-2] 직·간접형 및 하이드브리드형과의 비교25)

24) Tobias Adrian and Tommaso Mancini-Griffoli, The Rise of Digital Money, IMF Fintech Note No. 19/01 (2019) 13-15면.
25) Auer R., Böhme R.(2020), 89면.

그러나 하이브리드형과는 달리, 이 유형은 중개기관이 이용자에 대한 채무를 부담한다는 점에서 중요한 차이가 있다. 이 유형의 경우 CBDC는 중개기관의 B/S에서 부채로 기재된다. 이처럼 간접형 또는 합성형은 발행주체가 중앙은행이라는 CBDC의 개념요소를 충족하지 못하고, CBDC 최종 사용자(end user)가 중앙은행에 대한 어떠한 청구권(claim)도 보유하지 않아 민간기관의 신용위험에 노출될 가능성이 있다는 점 등을 고려할 때, 예금과 마찬가지로 금융규제 및 감독의 대상이지 CBDC가 아니라고 평가된다.26) 이 논문에서도 이 유형에 대하여 상술하지 않는다.27)

II. 주요 연구사례

1. 각국별 CBDC 연구 및 개발 경과

각국 중앙은행은 민간의 전자화폐 도입에 따라 이미 1990년대와 2000년대에 화폐의 전자화에 대하여 연구한 바 있으나, 당시에는 기술적 한계 등의 이유로 실용화되지 않았다.28) 2014년에는 에콰도르 중앙은행이 중앙은행 운영 시스템을 통한 개인의 모바일 결제를 위

---

26) Bank of Canada, European Central Bank, Bank of Japan, Sveriges Riksbank, Swiss National Bank, BOE, Board of Governors of the Federal Reserve and BIS(2020) 4면; ECB(2020), 48면; BOE(2020), 31면.

27) 다만 이 논문 제5장 제2절 III. 2. 나항에서 개인정보 수집기관을 제한하는 설계방식의 채택에 대하여 검토할 때, 다른 유형들과의 비교를 위하여 함께 살펴본다.

28) 1990년대 연구의 예로 일본은행 금융연구소 '전자현금 프로젝트'를, 2000년대 연구의 예로 당시 싱가포르의 통화 발행 주체였던 싱가포르통화이사회(Board of Commissioners of Currency, Singapore)가 추진한 '싱가포르 전자 법화 프로젝트(Singapore Electronic Legal Tender)'를 들 수 있다. 中島 眞志, 이용택 역(2018).

해 "Dinero electrónico(전자 화폐)"라는 프로젝트를 시작한 바 있으나, 상당수의 사용자를 유치하지 못하여 2016년 중단된 바 있다.[29)]

한편, 2010년대 블록체인 등 기술적 발전이 뒷받침되고, 현금 사용량이 줄어드는 반면 민간 지급수단 사용량이 크게 증가하는 상황에서, 디엠과 같은 글로벌 스테이블코인까지 등장하여 화폐제도에 중요한 변화 요인으로 작용하고 있다.[30)] 이에 각국 주요 중앙은행은 CBDC에 관한 연구를 수행하고 있고, 일부는 적극적으로 발행을 고려하여 이를 위한 실증실험까지 수행하고 있다.[31)]

CBDC의 구체적 설계모델은 각국별 CBDC 도입의 동인(incentive), 각국이 비중을 두는 제도 도입의 취지, 경제적 및 제도적 특성을 반영하여 형성된다.[32)] 이하에서는 최근 활발히 논의되는 세 가지 소액결제용 CBDC 프로젝트를 중심으로 각각의 정책 접근 방식을 살피고 이를 통한 시사점을 검토한다: 영국의 플랫폼(platform) 프로젝트, 중국의 전자결제(DC/EP) 프로젝트, 스웨덴의 e-krona 프로젝트를 차례로 살핀다.

---

29) White, L., The world's first central bank electronic money has come – and gone: Ecuador, 2014-2018, Cato Institute (2018).

30) 상세한 내용은 이 논문 제1장 제1절 참조.

31) Boar, C, H Holden and A Wadsworth(2020). 이 설문조사에 의하면, 각국 중앙은행의 80% 이상이 CBDC 관련 연구를 수행하고 있고, 그중 40%는 실험, 개념 증명(proof-of-concept), 10%는 개발, 테스트(pilot arrangement) 단계를 진행 중인 것으로 응답했다. 한편 대다수 중앙은행은 중단기적으로 CBDC 발행을 할 계획은 없다고 하였으나, 10%는 단기(3년 이내), 20%는 중기(4-6년 이내) 발행 가능성이 있다고 응답하여 2018년 설문조사에 비해 증가한 수치를 보였다.

32) 이에 대한 CBDC 연구 경과, 국가별 동인(incentive)에 관한 설명으로, Auer R., Cornelli G. and Frost J.(2020b), 5-15면; 제도 도입의 의의에 대하여는 이 논문 제2장 제1절 3. 소결 참조.

2. 대표 사례

가. 영국

(1) 경과

영국의 중앙은행인 영란은행(Bank of England)은 2015년부터 중앙은행의 디지털 화폐 발행에 관한 연구를 수행하고 있다.[33] 2020년 BIS에서 발표한 중앙은행 대상 설문조사에 의하면, 영란은행은 최근 2-3년 내에 소액결제용 CBDC를 발행할 계획은 없다고 회신하였으나 이에 관한 연구는 지속하고 있다.[34]

(2) 발행 및 운용방식

영란은행은 2020년에 발표한 보고서에서 중앙은행이 민간 중개기관에 CBDC 플랫폼을 제공하는 플랫폼 모델을 제시한다.[35] 플랫폼의

---

33) BOE, One Bank Ageda (2015).
34) Boar, C, H Holden and A Wadsworth(2020).
35) BOE(2020); '플랫폼 모델' 제시 이전에는 'RS코인'이라는 이름의 소액결제용 CBDC를 구상한 바 있다. RS 모델 역시 중앙은행이 CBDC 발행을, 중개기관은 유통을 각 담당하는 형태를 취한다. RS 모델에서는 블록체인을 두 계층으로 나눈 2단계(two-tier) 접근법을 채용한다. 중개기관은 분산 환경에 의해 이용자의 거래를 기록하는 하위 레벨 블록체인을 공동으로 관리하고, 중앙은행은 중개기관으로부터 하위 레벨 블록을 넘겨받아 상위 레벨 블록체인에 넣음으로써 전체를 관리한다. 이러한 2단계 구조에 따라 양쪽의 역할을 구분한다. 중앙은행은 RS코인을 발행하고, 중개기관은 허가(인가)거래용 장부(transaction ledger)를 관리한다. 송금인은 중개기관에서 RS코인의 '미사용 증명서'를 받아 RS코인으로 지불한다. 이용자 사이의 거래는 중개기관간 합의에 따라 승인되고 하위 레벨 블록체인에 들어간다. 중개기관은 일정 시간마다 하위 레벨 블록을 중앙은행으로 보내고, 중앙은행은 그것을 토대로 상위 레벨 블록을 형성한다. 그리고 이것이 메인 블록체인이 된다. Danezis, G. & Meiklejohn, S., *Centrally Banked Cyptocurrencies*, University College London (2016).

핵심 요소는 (i) 중앙은행이 제공하는 핵심원장(core ledger)과 (ii) 민간부문 지급서비스 제공기관(PIP, Payment Interface Providers, 이하 'PIP')이 수행하는 대고객 업무이다.36) 중앙은행은 CBDC 발행 및 민간부문에 CBDC 거래를 위한 플랫폼을 제공하는 역할을 담당하고, 민간부문은 핵심 원장을 기반으로 일반 사용자에 대한 지급서비스를 제공하는 역할을 수행하는 것이다.

핵심원장은 CBDC의 금전적 가치 그 자체를 기록함과 동시에 CBCD를 사용하는 지급(거래)을 처리하여 CBDC 결제시스템의 중심에 놓인다.37) 핵심원장은 CBDC 발행 및 단순 지급거래라는 필수 기능으로 제한되어 운영될 수 있다. 이 모델에서 핵심원장은 API(Application Programming Interface)와 함께 제공되어 제3자인 결제 인터페이스 제공업체가 안전하게 원장에 결제 지시를 전송할 수 있도록 한다. 중앙은행만이 핵심원장에 CBDC를 '생성'하고 '소멸'할 수 있으나, 원장 유지·관리 및 거래 처리의 경우에는 복수의 기관이 분산하여 관리할 수도 있다.38)

PIP는 중앙은행의 허가(승인)을 받은 민간기관으로써, 이들만이 핵심원장에 대한 접근권한을 부여받고, PIP가 모든 사용자에 대한 개별 계정을 유지하고 사용자 간 CBDC 결제를 처리한다.39) PIP는 사용자가 CBDC를 사용하기 위해 모바일 어플리케이션 또는 웹 사이트와 같은 사용자 친화적인 인터페이스(interface)를 제공하고, 최초 고객 신원인증 업무를 수행한다. 또한 AML(Anti-Money Laundering) 등 고객 관리 업무와 함께 가맹점 관리 업무를 수행한다. 또한 핵심원

---

36) BOE(2020), 26-27면.
37) 이하 본 단락, BOE(2020), 27면.
38) RS 모델과는 달리, 핵심원장을 블록체인 기술로 구현하는 것을 논의의 전제로 확정하지 않고, 블록체인 기술로 핵심원장을 구현할 경우의 장단점에 대하여 각각 기술하고 있다.
39) 이하 본 단락, BOE(2020), 28면.

장은 단순 지급기능만을 제공하므로, PIP는 핵심원장을 기반으로 하여 지급서비스 이외에도 다양한 부가 서비스(overlay service)를 제공할 수 있다.

　이 모델에서 모든 CBDC 지급은 중앙은행 화폐로서 실시간으로 총액(gross) 결제된다.[40] 이는 CBDC 지급이 결제의 완결성을 제공하는 것을 의미한다. 한편, 대부분의 CBDC 지급거래는 지급인, 수취인 및 핵심원장 간의 데이터 연결 작업을 통해 이루어지나, 통신 기능이 취약한 경우에 대비하기 위하여 오프라인에서도 이용할 수 있도록 구현한다. 이때 오프라인 결제 시에도 CBDC 지급이 결제의 완결성을 보장하고, 지급인이 실제 거래 이행에 필요한 자금이 없음에도 카드로 지급[41]하는 등의 신용위험을 유발하지 않는 방식으로 설계하는 과제에 놓인다.

나. 스웨덴

⑴ 경과

　스웨덴의 중앙은행인 릭스방크(Sveriges Riksbank)는 2016년 11월 디지털 화폐인 e-krona를 연구할 프로젝트를 진행하겠다고 발표하였다.[42] 이는 'e-krona 프로젝트'라 불린다. 릭스방크는 e-krona의 이론적 구상을 위한 1단계(2017년), 이를 구체화하고 기술, 법률, 정책 측면의 쟁점을 분석하는 2단계(2018년), 개발 및 실험 중심의 3단계 (2019년 이후)로 나누어 단계적으로 추진하고 있다. e-krona 발행 여부나 구체적 설계모델은 확정하지 않은 상태이고, 2020년 2월부터는

---

40) 이하 본 단락, BOE(2020), 29면.
41) BOE(2020), 29면에 의하면, 예를 들어 카드를 이용하여 대중교통 비용을 지불하는 경우 이러한 문제가 발생할 수 있고, 따라서 이러한 지불은 일반적으로 일정 금액 이하로만 허용된다.
42) Skingsley(2016).

Accenture와 함께 기술 솔루션을 개발하여 격리된(isolated) 테스트 환경 내에서 e-krona의 설계와 기능을 평가하는 파일럿(pilot) 프로젝트를 진행하고 있다.[43]

스웨덴은 현금 없는 사회(cashless society)로 이행하는 단계에 있어, 경제주체가 현금을 지급수단으로 사용하는 비중이 매우 낮다.[44] 2015년 말 기준으로 명목 GDP 대비 현금 발행 비중을 살펴보면, 한국이 5.41%, 미국이 7.38%, 유로권이 10.09%, 일본이 18.61%인데 비해, 스웨덴은 1.8%에 불과하다.[45] 사람들이 현금을 사용하지 않는 상황을 고려하여 스웨덴 상업은행 상당수 지점이 현금을 취급하지 않아 은행 창구에서도 현금 거래를 할 수 없는 지점이 많다.[46] 이에 릭스방크는 e-krona 연구를 추진하는 배경으로 자국민이 현금을 사용하지 않는 상황에 큰 비중을 둔다.[47]

(2) 발행 및 운용방식

릭스방크는 릭스방크가 은행과 같은 e-krona 네트워크 참가기관을 대상으로 e-krona를 발행하고, 참가기관들이 일반 사용자에게 이를 유통시키는 2 단계(two-tier) 구조에 대하여 연구하고 있다.[48] e-krona는 현금을 보완하는 것이지 현금을 완전히 대체하는 것이 아니다.[49] 한편, 기존에는 토큰형(가치기반, value-based)과 계좌형 모두 염두에 두고 연구를 진행하여 왔으나,[50] 2020년 e-krona 파일럿 연구에서는 분산

43) Riksbank, The Riksbank's e-krona pilot (2020), 3면.
44) Riksbank(2018a); Riksbank(2018b); Riksbank, A digital complement to cash (2019).
45) Rogoff(2016), 36면의 2015년 통화 대비 국내총생산 비율 그래프 참조.
46) 中島眞志, 이용택 역(2018), 200-201면.
47) Skingsley(2016); Riksbank(2017); Riksbank(2018a); Riksbank(2018b).
48) Riksbank(2020), 4-5면; Riksbank(2018a), 19면.
49) Riksbank(2020); Riksbank(2019); Riksbank(2018a), 3면.
50) Riksbank(2018a), 15면.

원장기술을 사용하고 디지털 토큰(digital token)을 기반으로 한다.[51)]

릭스방크만이 CBDC를 공급하고 환수할 수 있으며, 릭스방크가 운영하는 거액결제시스템인 RIX를 통하여 이루어진다.[52)] e-krona 네트워크 참가기관은 e-krona 발행을 위하여 RIX 계정의 지급준비금을 제공하고, 릭스방크는 참가기관의 노드에 동일한 금액의 CBDC를 제공한다.[53)] e-krona 네트워크는 중앙은행이 허가(승인)한 참가기관만 접근이 가능하도록 설계한다.[54)] 릭스방크는 개인 또는 법인 명의 계정의 잔액에 대한 정보만 수신하며, 누가 각 계정을 보유하거나 또는 지급결제를 하였는지에 대한 정보는 보유하지 않는다.[55)]

e-krona 네트워크 참가기관은 일반 사용자에게 토큰형인 CBDC를 배포한다. 일반 사용자는 e-krona 네트워크 참가기관과 사이에 전자지갑을 개설한 후, 휴대전화, 스마트 시계, 카드, 단말기 등에 앱으로 설치된 전자지갑을 통해 CBDC을 사용할 수 있다.[56)] 나아가 e-krona 는 실시간 Peer-to-Peer 지급이 가능하고, 언제든 지급이 가능한 무중단 시스템으로 운영한다.[57)]

---

51) Riksbank(2020), 4면.
52) Riksbank(2020), 5면; e-krona 네트워크는 기존의 지급결제시스템과 별도인 독립형 시스템으로, 기존 시스템에 문제가 생기더라도 지급 인프라의 강건성(robustness)을 유지한다. 다만 e-krona 네트워크와 RIX는 연결(link)되어 있다. e-krona 공급과 상환은 RIX를 통하여 이루어지고, 일단 발행된 e-krona의 지급거래는 e-krona 네트워크를 통하여 이루어진다(상동).
53) Riksbank(2020), 5면; e-krona 네트워크 참가기관이 RIX에도 참가한 기관인 경우 자신이 보유한 RIX 계좌의 지급준비금을 지급하고, RIX의 참가기관이 아닌 경우 제3의 RIX 참가기관이 대리하여 지급준비금을 지급한다(상동).
54) Riksbank(2020), 5면; 인가받은 기관만 블록체인 기반 e-krona 네트워크에 참여할 수 있다는 점에서, 프라이빗 블록체인 형태이다.
55) Auer R., Cornelli G. and Frost J.(2020b), 25면.
56) Riksbank(2020), 5면; Riksbank(2018a), 18면.
57) Riksbank(2020), 3면; Riksbank(2018a), 14면.

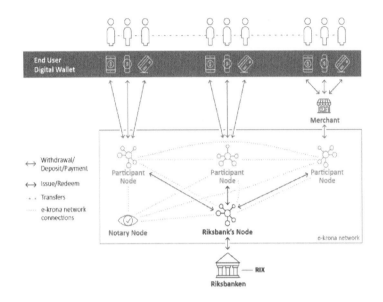

[그림 2-3] e-krona 파일럿의 CBDC 발행 구조[58]

다. 중국[59]

(1) 경과 및 인민은행법 개정안

(가) 경과

중국의 중앙은행인 인민은행은 2014년부터 화폐 관리비용 절감, 위
조 및 자금세탁방지, 민간 지급결제사업자에 대한 과도한 의존도 축소

---

58) Riksbank(2020), 4면.
   〈https://www.riksbank.se/globalassets/media/rapporter/e-krona/2019/the-riks
   banks-e-krona-pilot.pdf〉 2020. 6. 1. 방문.
59) 현재 공개된 자료만으로는 중국 CBDC의 구체적 설계방식을 파악하기 어
   려워, 중국 CBDC가 간접형/합성형에 해당하는지 아니면 하이브리드형
   CBDC에 속하는지에 대한 이견이 발생할 수 있다. 중국의 CBDC 상용화를
   위한 정책 추진 속도가 빠르고, 중국 CBDC 발행 시의 영향력 등을 고려하
   여 어느 유형에 속하는지를 불문하고 이 논문에서 소개한다.

등을 위해 CBDC 관련 연구를 진행하여 왔다.[60] 인민은행은 2019년 8월 위안화에 기반하는 디지털화폐(數字貨幣, Digital Currency Electronic Payment, 'DC/EP')를 2단계 방식으로 발행하겠다고 발표하였다.[61] 2020년 4월에는 특정 지역{선전(深圳), 쑤저우(蘇州), 청두(成都), 슝안특구(雄安特區) 및 2022년 동계올림픽 개최 지역}에서 CBDC 발행을 위한 비공개 파일럿 테스트를 진행하였고,[62] 2020년 10월 선전(深圳)에서 5만 명, 이어 쑤저우(蘇州)에서 10만 명을 대상으로 공개 테스트를 진행하는 등, 늦어도 2022년 2월 개최되는 베이징 동계올림픽 전까지 법화인 디지털 화폐를 정식 도입할 것으로 관측된다.[63]

(나) 인민은행법 개정안
인민은행은 2020년 10월 인민은행법 개정안을 발표하였는데,[64] 개

---

60) 김보영, 중국의 법정 디지털화폐(CBDC) 발행 추진과 주요국의 입장 변화, 자본시장연구원 2020-12호 (2020), 2면; 이 보고서에 의하면, 중국은 지급결제 인프라가 구축되지 않은 상황에서, 알리페이, 위챗페이 등 민간 지급결제사업자가 제공하는 전자상거래 결제수단이 현재 모바일 결제의 90% 이상을 점유하는 상황이었다. 한편, 위안화 국제화의 수단으로 디지털화폐를 적극적으로 활용하여, 미국의 달러 패권에 도전하고자 하는 의도가 관찰된다는 분석도 있다. 김보영(2020), 2-3면.

61) Reuters, China's sovereign digital currency is 'almost ready': PBOC official, 2019. 8. 12. Reuters. ⟨https://www.reuters.com/article/us-china-cryptocurrency-cenbank/chinas-sovereign-digital-currency-is-almost-ready-pboc-official-idUSKCN1V20RD⟩ 2020. 10. 1. 방문.

62) 김보영(2020), 1면.

63) 김명룡, 베이징·선전서 잇단 테스트…눈앞에 다가온 디지털 위안화, 2021. 1. 4.자 머니투데이 (2021) ⟨https://news.mt.co.kr/mtview.php?no=2021010415090146597⟩ 2021. 1. 4. 방문.

64) 中國人民銀行, 中國人民銀行關于《中華人民共和國中國人民銀行法（修訂草案征求意見稿）》公開征求意見的通知, 2020. 10. 23.
⟨http://www.pbc.gov.cn/goutongjiaoliu/113456/113469/4115077/index.html⟩ 2020. 11. 24. 방문.

[그림 2-4] 언론에 공개된
인민은행의 디지털위안화[65][66]

정안 제19조에서 CBDC 발행에 대한 법적 근거를 마련하였다. 현행 인민은행법 제18조는 인민폐가 법정화폐라는 점과 이에 대한 강제통용력에 대하여, 제19조는 인민폐의 단위는 위안이라는 점에 대하여 규정하고 있다.[67] 이번 개정안 제19조는 '인민폐는 물리적 형태와 디지털 형태를 포함한다'는 조항을 신설하였다.[68]

한편, 중국은 이미 2017년부터 가상자산의 IPO를 금지하여 왔는데, 이번 개정안 제22조에서 중앙은행이 아닌 어떤 기업이나 개인도 디지털 화폐(토큰)을 발행하거나 유통할 수 없다고 규정하여 이를 명확히 하였고, 제24조에서 인민은행이 필요에 따라 대리인을 두어 발행고나 발행 기금을 위탁 관리할 수 있도록 하였다.[69]

(2) 발행 및 운용방식

인민은행의 CBDC는 위안화와 동일한 법정통화이다.[70] 법화로서의 신뢰성을 보장하기 위해 인민은행은 CBDC를 발행 및 환수(상업

---

65) 오원석, 中 '디지털 위안화' 빨라지나…베이징 등 28개 도시로 확대, 2020. 8. 15.자 중앙일보 (2020) 〈https://news.joins. com/article/23849591〉 2021. 1. 4. 방문.
66) 지폐와 마찬가지로 일련번호가 있고, 송금, 입출금, 스캔코드나 터치방식 지불 등 다양한 기능을 가진 것으로 보인다.
67) 인민은행법 제18조, 제19조.
68) 인민은행법 개정안 제19조.
69) 인민은행법 개정안 제22조, 제24조.
70) 김보영(2020), 1면.

은행 한도배정 및 지준적립 등)하고, 민간으로의 공급은 민간 상업은행과 이동통신사 등이 담당하는 2단계 방식을 취한다.[71]

상업은행은 인민은행으로부터 CBDC를 공급받을 때 인민은행에 동액의 자금을 준비금으로 예치하며, 인민은행이 해당 과정을 승인·관리할 것으로 보인다.[72] 상업은행은 일반 이용자에 대해 CBDC의 예치와 지급에 대한 서비스를 제공한다. 한편, 시범 운용 단계를 넘어서기로 결정하면 현행 은행권과 동전, 중앙은행 당좌예금과 함께 CBDC가 본원통화에 포함되므로, CBDC가 기존 실물화폐(위안화)를 완전히 대체하는 것은 아니다.[73]

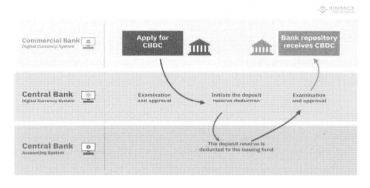

Sources: Digital Currency Research Institute of PBoC, Binance Research.

[그림 2-5] 인민은행의 CBDC 2단계 운영구조[74]

---

71) 김보영(2020), 2면.
72) 인민은행법 개정안 제24조에 의하면, 중국 인민은행이 인민폐 발행고나 발행 기금을 위탁 관리할 수 있도록 규정하고, 인민폐 발행 기금 조달에 대하여 상급 발행고의 명령에 따라 처리하도록 규정한다; [그림2-5] 인민은행의 CBDC 2단계 운영구조 참조.
73) Auer R., Cornelli G. and Frost J.(2020b), 22면.
74) Jinze, Etienne, First Look: China's Central Bank Digital Currency, Overview of the expected characteristics from China's CBDC, Binance Research (2019) 〈https://researCh.binance.com/analysis./china-cbdc〉 2020. 6. 1. 방문.

일반 이용자는 CBDC 이용을 위하여 전자지갑을 휴대전화 등의 앱에 다운로드하여 설치하여야 하는데, 인민은행은 기존의 전자 지급수단, 즉 예금 계좌이체나 신용카드와는 달리, CBDC는 계좌와 느슨한 연결관계(loose-coupling with bank account)를 유지한다고 설명한다.[75] 한편, 중국은 CBDC 제도 도입 시 익명성에도 어느 정도 제한을 가할 것으로 보이는데, 익명성이 보장되지 않을 경우에는 개인정보 유출에 대한 우려가 있는 반면, 익명성이 완전히 보장될 경우에는 탈세와 자금세탁 등과 같은 부작용이 발생할 우려가 있기 때문이다.[76] 따라서 거래가 이루어지는 단계(front-end)에서는 거래상대방이 자발적으로 공개한 정보 이외에는 익명성이 보장되고, 거래 및 이전등록 업무 등을 처리하는 단계(back-end)에서는 중앙은행은 사용자 신원정보, 거래상대방 및 거래금액 등 모든 정보에 접근할 수 있고, 상업은행은 사용자 신원정보에 대한 접근만 가능하도록 차별화된 정보 접근을 허용할 것으로 예상된다.[77]

한편 중국은 기존의 중앙집중적 원장 기술과 분산원장기술을 혼합하는 시스템[78]을 사용한다. 거래 정산을 위해 초당 30만 개에 달하는 대규모의 소액결제용 거래를 처리할 수 있어야 하는데, 현재 분산원장기술이 충분히 발달하지 않았기 때문이다.[79] 다만 거래기록 및 이에 대한 조정(reconciliation)의 경우 분산원장기술을 사용할 수 있을 것이다.[80]

---

75) Auer R., Cornelli G. and Frost J.(2020b), 21면.
76) 이명활, 중국의 CBDC 발행 관련 논의 및 시사점, 한국금융연구원 (2019), 2면.
77) 상동
78) Auer R., Cornelli G. and Frost J.(2020b), 21면.
79) 상동
80) Auer R., Cornelli G. and Frost J.(2020b), 23면.

3. 대응되는 구현방식과 시사점

가. 대응되는 구현방식 모델

우선 영국 플랫폼 모델은 중앙은행이 CBDC에 대한 일반 이용자의 지급거래 처리 및 기록 등을 위하여 핵심원장을 설치하고 운영하는 역할을 담당한다는 점에서 하이브리드형에 해당한다. 한편, 플랫폼 모델에서 계좌형 또는 토큰형 모두 구현할 수 있고, 현 단계에서 특정 방식으로 한정할 필요는 없다고 하여[81] 계좌형과 토큰형 중 구현방식 모델을 정하지 않았다.

다음으로 스웨덴의 2단계 구조 모델 역시 하이브리드형 방식을 취한 것이라 평가된다.[82] CBDC는 릭스방크가 발행하고 릭스방크에 대한 직접 청구이며, CBDC에 대한 지급결제는 지급결제 서비스 사업자를 통해 수행[83]되기 때문이다. 또한 e-krona는 분산원장기술을 사용하고, 일반 이용자들이 전자지갑에 보유하여 모바일 앱 등을 통해 이를 지급, 입출금, 송금할 수 있도록 '전자토큰'으로 설계하여[84] 분산원장기술을 기반으로 한 토큰형을 연구대상으로 삼고 있음을 알 수 있다.

마지막으로 중국의 2단계 구조 모델에 대하여 하이브리드형이라고 분석하는 견해가 있다.[85] 중개기관이 대고객업무를 수행하더라도 CBDC는 중앙은행에 대한 직접적 청구라는 점에 주목한 것으로 보인다.[86] 2020. 10. 발표된 인민은행법 제24조 개정안에서 인민은행이 필요에 따라 대리인을 두어 발행이나 발행 기금을 위탁 관리할

---

81) BOE(2020), 47면.
82) Auer R., Cornelli G. and Frost J.(2020b), 24면.
83) Riksbank(2020), 5면; Riksbank(2018a), 18면.
84) Riksbank(2020), 3면.
85) Auer R., Cornelli G. and Frost J.(2020b), 22면.
86) 상동

수 있도록 하였는데, 상업은행에 의한 대리행위의 효과는 중앙은행
에 미친다는 점에서도 하이브리드형으로 분류할 여지가 있다.

나. 시사점

이처럼 주요 선행 연구 사례들이 하이브리드형을 선호한다는 것
의 의미는 무엇인가. 구체적 CBDC 설계에 따라 상업은행에 미치는
영향력에 차이가 발생할 수는 있겠으나, 이 모델은 현행 2단계(two-
tiered) 구조를 유지하여 기본적으로 상업은행이 중개기관의 기능을
수행하므로 CBDC 제도에서 완전히 배제되는 문제는 발생하지 않는
다. 또한, 하이브리드형은 중앙은행 및 민간부문 각자의 비교 우위를
활용하여 각자의 역할을 나눈다는 장점이 있다. 중앙은행은 고객과
직접 거래를 하거나 자금세탁방지 관련 규정 준수, 신원인증 등 고
객 관리를 할 필요도 없다. 이러한 설계에서 추론할 수 있는 것은,
금융불안 상황에 특히 유의하여 은행 자금이 CBDC로 유출될 리스크
를 완화할 수 있도록 CBDC를 설계하여야 한다는 점이다.[87]

한편, 영국과 스웨덴의 경우 CBDC는 현금에 대한 보완재(complement)
임을 명확히 하였는데,[88] CBDC 도입이 성공하기 위해서는 현금과
같은 복원력(resilience)을 제공할 수 있고 동시에 현금의 기능을 보완
할 수 있도록 설계하는 것이 필요함을 시사한다.[89] CBDC는 현금이
가지는 장점을 갖추어야 하는데, 가장 기본적인 요소는 발행기관에
대한 신뢰, 법정화폐의 지위, 결제의 실시간 완결성 보장, 그리고 범
용성 등의 기본적인 기능이 그것이다.[90]

---

87) BIS(2020), 88면; 이를 위해 CBDC에 대해 상업은행의 중앙은행 예치금보다
    낮은 금리를 지급하는 방법 등을 생각해 볼 수 있다(상동).
88) BOE(2020), 5면; Riksbank(2018a), 3면.
89) BIS(2020), 87면.
90) 상동

나아가 CBDC는 다음과 같은 측면에서도 현금과 유사한 정도로 기능해야 할 것임을 시사한다.[91] 첫째, CBDC는 사용자 편의성이 있어야 할 것이다. 전 연령층이 은행권과 주화를 쉽게 사용할 수 있고, 일부 중앙은행의 경우 시각장애인들도 은행권을 사용할 수 있도록 디자인하였듯이, CBDC 역시 이용 편의성을 갖추어야 할 것이다. 둘째, CBDC는 시스템 인프라 중단 및 사이버 공격에 대한 뛰어난 복원력을 가져야 할 것이다. 현금이 더 이상 보편적으로 사용되지 않는 상황에서 민간 전자 지급수단에 장애가 발생하는 경우 사회경제에 엄청난 혼란이 초래될 수 있기 때문이다. 셋째, CBDC는 안전성과 무결성을 보장해야 한다. 현금의 경우와 마찬가지로 위조방지 장치를 갖춰야 하고, 다른 디지털 지급수단과 같이 효과적인 법 집행을 가능하게 하면서도 이용자의 사생활을 보호하기 위한 안전장치를 갖추어야 할 것이다. 또한, CBDC는 기술적으로 거래 추적 가능성이 있어 CBDC 제도 도입은 자금세탁방지 규정 준수에 잠재적으로 도움이 될 수 있는데, 이러한 기능의 활용과 사생활 보호 사이의 균형 설정 방안은 사회적 선호에 따라 달라질 수 있을 것이다.

또한, 중앙은행이 일종의 CBDC 플랫폼, 또는 인프라를 제공한다는 관점에서 살펴볼 수 있다. 이는 중앙은행이 민간에 CBDC 유통에 관한 권한을 부여할 때, 신규 진입자 및 기술에 대해 표준적 기준을 준수하도록 하고, 동시에 열린 경쟁을 보장하고 혁신을 촉진할 수 있는 인프라를 제공할 필요가 있음을 시사한다.[92] 그리고 폐쇄적인 지급결제시스템이 생겨나거나 이용자가 중개기관 변경에 어려움을 겪는 일이 없도록 하는 등 기술적 설계 및 관련 법률 체계가 다양한 민간기관 간 열린 경쟁을 보장하도록 하여야 할 것이다. 나아가 데

---

91) 이하 이 단락은 BIS(2020), 87면; 제3장 제1절 III. 5.에서 후술하는 일반 수용성 문제와 관련된다.
92) 이하 이 단락은 BIS(2020), 88면.

이터 수집·이용·공유와 관련하여서도 열린 경쟁이 보장되어야 하고, 특히 CBDC 설계 시 중앙은행이 데이터를 독점하지 않고 정보 이전 (data portability)을 허용하면서, 개인정보 보호와 자금세탁방지 규제 법익 간 균형을 찾아야 할 것임을 시사한다.

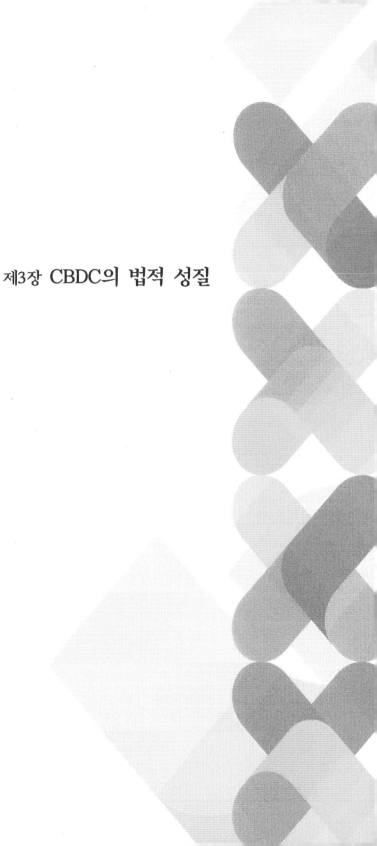

제3장 CBDC의 법적 성질

화폐란 법률로 규정된 계산단위로 표시되는 재산적 가치의 일반적 교환수단이고, 오늘날 관리통화제도 하에서 일정한 법제도의 뒷받침이 따른다.[1] 화폐는 가치의 척도이자 교환수단, 저장수단의 기능을 하여, 그 소재에 표시된 재산가치를 화체(化體), 즉 '표창(表彰)'하고 있다.[2] 이에 따라 화폐는 화폐 이외 물건과 구별되는 법적 특성을 지닌다. 특정 물건이나 재산, 유가증권이나 무형의 데이터 등(이하 '물건 등')이 법률이나 상관습, 계약 기타 방식에 의하여 화폐로서 사용되면, 원래 해당 물건 등이 보유하던 법적 성질보다 화폐로서의 특성이 강조된다.[3] 따라서 CBDC를 법화로서 발행하는 경우, 화폐 및 법화의 법적 성질 검토가 필요하다. 이를 통해 장차 CBDC가 실생활에서 사용될 때 법적 성질을 파악할 수 있다.

한편, 통화법[4]에서 규율하지 않는 영역에 대하여는 보충적으로 화폐의 소재(素材)에 적용되는 법리를 적용할 필요가 있다. 주화를

---

1) 본 논문의 제2장 제1절 II. 2. 참조.
2) 주석 민법, 채권총칙(1) 제4판(2014), 237면.
3) Zellwegger-Gutknecht(2019), para 4.60, 77면.
4) 통화법(lex monetae, law of currency)은 '통화소속국법', '화폐소속국의 화폐법규', '통화의 준거법', '화폐법' 등으로 번역되고 있지만, 본고에서는 '통화법'이라는 용어를 사용한다. 통화법은 넓게 통화의 발행, 통화의 가치 그리고 통화의 사용에 관한 규제를 내용으로 한다. 협의의 통화법은 통화의 정의에 관한 법을 말하는 것으로 화폐법 또는 법화법(legal tender law)이라고 할 수 있다. 광의의 통화법은 통화의 정의와 사용에 관한 법을 말한다. 통화의 정의에 관한 규제는 법화의 종류와 조직을 지정하고 계산단위를 정하는 법을 말한다. 통화의 사용에 관한 규제는 자국통화의 사용을 규제하는 것으로서 예컨대 자국통화사용의 강제, 명목주의와 가치유지조항의 금지, 명목주의, 대용급부청구권의 인정 등을 통하여 이루어지는 것이다. 최광의의 통화법은 지급결제관계 규제법 일반을 의미한다. 정순섭, 금전의 법적 측면에 관한 연구 - 지급결제수단의 다양화에 대한 법적 대응을 중심으로, 상사판례연구 제22집 제2권 (2009), 256-257면.

예로 들면 민법은 이를 동산으로 파악하여 소유권을 인정하는데, 이는 집행법에서 제3자 이의의 소[5]나 회생·파산절차에서의 환취권[6] 행사의 전제가 된다. 그런데 CBDC는 실물 없이 전자장부 상의 기록 내지 데이터 형태로 구현되므로, 기존 실물화폐에서 확립된 법리가 그대로 적용될 수 있는지에 대한 검토가 필요하다. 또한 CBDC의 구현방식에 따라 CBDC 보유자가 CBDC에 대해 가지는 권리의 성격이 달라질 수 있으므로 이를 함께 검토하여야 한다. CBDC의 사법적 성질 및 CBDC 보유자가 행사할 수 있는 권리의 성격에 대한 논의는, CBDC의 법적 성질에서 파생되는 추가 법률 쟁점에 대한 분석을 명확하게 하고, 기존 법리로 포섭하지 못하는 부분에 대한 입법의 필요성을 살피는데 그 실익이 있다.

이에 본 장은 제1절에서 CBDC의 화폐 및 법화로서의 법적 성질을 살피고, 제2절에서 CBDC가 민법상 물건에 해당하는지를 검토한 후 CBDC에 대한 사법상 성질을 살펴본다. 그리고 제3절에서 CBDC 다른 지급수단과 CBDC를 비교하여 CBDC의 특성을 선명히 한다.

제1절 법화로서의 법적 성질

I. 금전에 대한 특별한 법적 취급

1. 영미법계

금전은 특별한 성질을 가진 재산(property)의 일종[7]이다. 금전에

---

5) 민사집행법 제48조
6) 채무자 회생 및 파산에 관한 법률 제70조 내지 제73조, 제407조 내지 제410조

대한 권리행사와 물건에 대한 권리행사에 대하여 근본적으로 다르게 다루는 이유는, 실제 사람들이 권리행사에 대해 생각하는 방식을 반영하기 때문이다.[8] 영미법의 경우 금전과 비금전에 대한 권리행사 방식 내지 구성 법리가 다르다. 금전소비대차에서, 채무자가 금전을 갚지 않으면 채권자는 금전채무(debt) 이행 소송을 제기할 수 있고 이때 채권자가 법원에 구하는 것은 채무액 및 이자 지급이다.[9] 반면 물건의 경우, 채권자는 채무자의 채무불이행에 대하여 손해배상(damages) 청구 소송을 제기한다. 이때 손해배상액은 채무불이행의 결과로 발생한 피해에 대한 보상(compensation)이다.[10] 손해배상액은 예상 가능한 손실의 유무 등에 따라 물건의 가치와 매우 다를 수도 있다.[11] 정리하면, 금전은 금전 이외의 물건과는 달리, 원칙적으로 손해의 경감이나 손해의 예상 가능성 등과 무관하고[12], 금전채무액만큼의 금전(및 이자)만 제공하면 된다.

또한, 금전은 일반적으로 일단 '이전되고 난 이후에는 다시 되찾을(be recovered) 수 없다'[13]는 점에서 다른 재산과 구별된다. 달리 말해, 금전을 가치로서 선의로 취득하면, 이에 반대되는 권리행사로부터 자유로운 금전을 취득하는 것이다.[14] 또한 금전은 영국의 동산매매법(Sale of Goods Act)[15]이나 환어음법(Bills of Exchage Act)[16]과

---

7) Gleeson(2018), para 7.01, 116면.
8) 상동
9) 상동
10) *Johnson v Agnew* [1980] AC 367, *The Golden Victory* [2007] UKHL 12.
11) Gleeson(2018), para 7.01, 116면.
12) 상동; 그러나 예외적으로 *Hadley v Baxedale* [1854] 9 Exch 341에서의 법리가 적용되어 예상 가능한 금전손해배상이 인정되는 경우도 있다(Gleeson (2018), para 7.01, 116면 재인용}.
13) *Miller v Race* [1758], 1 Burr 452, 457; 97 ER 398, 401.
14) Geva B. and Geva D.(2019), para 11.08, 284면.
15) Sale of Act 1979 (SGA 1979).
16) Bills of Exchage Act 1882 (BEA 1882).

같은 법률의 적용대상이다.[17] 금전 이외의 것으로 지급하는 상품거래는 교환에 해당하고 동산 매매법(Sale of Goods Act)이 적용되지 않아서, 교환의 상대방에 대해서는 상품에 관한 조건에 대해 규정한 법조문이 적용되지 않는다.[18] 금전 이외 지급수단은 협상 가능성이 있는 수단(instrument)이 아니어서 환어음법(Bills of Exchange Act)이 적용되지 않는다.

2. 우리 민법

금전 역시 동산이지만, '특수한 동산'으로 취급된다. 보통 물건이 가지는 개성을 가지고 있지 않고, 일정액의 가치를 표상하는 것이므로 다른 동산과 다른 특수성[19]이 있다고 평가된다. 특수한 동산으로서 금전은 재화와 용역에 대한 가치척도인 동시에 법률적 지급수단이다.[20] 원칙적으로 금전채권은 일정액의 금전의 인도를 목적으로 하는 가치채권(금액채권)[21]이다.[22] 우리 민법 역시 금전에 관한 특칙을 두고 있다(민법 제250조 단서, 제397조 등).

첫째, 일정 권역에서 통화제도가 유지되어 금전이 강제통용력을 가지는 한, 금전채권의 이행불능의 상태가 발생하지 않는다.[23] 단지 이

---

17) Geva B. and Geva D.(2019), para 11.08, 284면.
18) SGA 1979, ss 12-15.
19) 곽윤직·김재형, 민법총칙(2013), 236면; 지원림, 민법강의 제14판, 박영사, (2016), 155면.
20) 지원림(2016), 893면.
21) 곽윤직, 채권총론(1995), 58면; 김형배, 민법학강의 제8판(2009), 738면; 편집대표 김용담, 주석 민법, 채권총칙(1) 제4판(2014), 197면; 이공현 집필, 민법주해 Ⅷ(1997), 165면.
22) 예외적으로 당사자간 특약으로 특정 종류의 통화로써 지급하기로 약정한 금전채권(금종채권) 또는 소장용으로 특정 화폐를 인도하는 채권(특정금전채권)을 들 수 있다.

행지체가 문제될 뿐인데, 금전채무의 불이행에 대해서는 제397조의 특별규정이 있다. 즉, 금전채무의 불이행에 대해서는 채권자가 손해를 증명하지 않더라도 손해배상을 청구할 수 있다(동조 제2항 전단). 또한 금전채무의 불이행시에는 언제나 채무자의 귀책사유가 인정된다. 즉, 채무자는 과실 없음을 이유로 항변할 수 없다(동조 제2항 후단).

둘째, 다수의 견해는 가치의 표상으로 유통되는 금전은 선의취득의 대상이 아니라고 본다.[24] 금전에 대해서는 점유 있는 곳에 소유권도 있다고 보아야 하므로, 타인의 금전을 점유·소비한 경우에는 원칙적으로 부당이득반환청구권의 문제로 처리될 뿐이고 선의취득의 규정은 적용될 여지가 없다[25]는 것이다.

II. 금전의 법적 속성 및 성질

1. 화폐이론과 금전의 법적 성질

가. 견해의 대립

전통적 국가이론에 의하면, 유통되는 교환수단 중 (i) 국가의 입법권한에 따라 발행되고 (ii) 종이나 금속 그 자체에 내재된 가치와 무

---

23) 곽윤직, 채권총론(1995), 58면; 김형배, 민법학강의(2009), 738면; 편집대표 김용담, 주석 민법, 채권총칙(1) 제4판(2014), 198면; 이공현 집필, 민법주해 VIII(1997), 165면.

24) 곽윤직, 물권법(1992), 216면; 이영준, 물권법(1996), 261면; 김형배, 민법학강의(2009), 738면; 편집대표 김용덕, 김진우 저술부분, 주석 민법, 물권법 제5판(2019), 961면; 이러한 다수설과는 반대로, 금전이 양도에 의해 소유권이 이전되는 유체의 동산이므로 원칙적으로는 선의취득을 인정하여야 하고, 이는 현행 민법 제249조가 '동산'을 요건으로 하고 제250조가 '전조의 경우에'라고 규정하고 있는 문언에도 상응한다는 견해로, 이인재 집필, 민법주해 V(1992), 435면; 주석 민법, 물권법 제4판(2014), 245면.

25) 김형배, 민법학강의(2009), 738면.

관하게 법률로서 그 교환수단의 명목가치를 부여받은 것만이 화폐에 해당한다.26) 그리고 화폐는 법률로써 공식적으로 폐화(廢貨)되지 않는 한, 계속하여 화폐의 성질을 유지한다.27) 이는 관습이나 다른 수단으로 화폐가 그 법적 성질을 잃어버리지 않는다는 의미이다.28)

사회이론은 사적 당사자 사이 사적 계약을 체결할 때 어느 한 나라의 통화를 지급수단으로 하는 것으로 약정하면, 해당 국가가 정하는 통화에 관한 규정이 양 당사자 사이의 합의에 의해 적용되는 것이고, 국가 권한의 실행으로 통화가 발행된다는 생각은 일반에 널리 알려진 환상에 불과하며, 실제로는 통화란 일반 사인의 사용을 위해 국가가 제공하는 편의성이라고 본다.29) 유로화 발행 직전에 미국 은행에 프랑스 프랑(Frac)을 예금한 사람이 유로화 발행 이후 은행에 가서 프랑스 프랑으로 예금을 인출하려는 상황을 상정해보자.30) 양자 사이 계약상 은행은 프랑스 프랑으로 '계산되는(counted)' 것을 지급해야 할 의무가 있다고 규정되어 있고, 프랑스 정부가 이제부터 프랑은 유로로 된다고 선언하면, 은행은 유로로만 지급하여야 할 의무를 부담한다. 무엇이 '프랑스 프랑'인가는 프랑스 정부가 정하는 것임을 당사자 사이 약정의 일부로 받아들였기 때문이다.

마찬가지로 Duff CJ는 *Reference Re Alberta Statutes* (1938)에서, 금전이라고 일반적으로 이해되는 것이 필연적으로 법화인 것은 아니고, 실제 금전의 기능을 수행하고 모든 사람이 금전채무의 지급으로서 받아들이는 어떠한 매체라도 단어의 통상적 의미에 따른 금전이 된다31)고 보았다. Duff CJ는 논의의 초점을 금전란 무엇인가에서 금

---

26) Proctor(2012), para 1.24, 21면.
27) Proctor(2012), para 1.27, 22면.
28) 상동
29) Gleeson(2018), para 7.09, 119면 참조.
30) 이하 사례는 Gleeson(2018), para 7.09, 119면 인용.
31) *Reference Re Alberta Statutes* [1938] SCR 100, 116.

전이 무엇을 하느냐 또는 금전에 의해 수행되는 기능, 즉 금전채무의 지급으로 이전시켰다.[32] 미국 판례법상 금전에 관하여 판시한 사례를 살펴봐도, 포괄적 의미에서 금전이란 '일반적으로 가치표상으로 사용되는 여하한 통용되는 매체'[33] 또는 '재산의 구매나 판매에 있어 일반적 교환매체로 통용되는 모든 것'[34]을 의미한다. 또한 법원이 특정 지급수단이 금전에 해당하는지를 판단함에 있어, 양자간 합의만으로 금전 해당 여부를 결정하는 것이 아니라 사회 공동체가 지급인의 신용에 대한 확인을 하지 않고도 해당 특정물을 수령하기로 하는 '합의'가 있다고 판단될 정도로 '수용성'이 있어야 한다[35]고 판시한 바 있다.

한편 기관이론에 의하면 금전은 (i) 중앙은행에 대한 직·간접적 청구권이고, (ii) 일반 대중에 의해 교환수단과 가치저장수단으로 사용될 수 있는 청구권이며, (iii) 자금공급 능력, 기능성, 구매력을 보유하는 중앙은행에서 유래하고 이러한 중앙은행에 의해 관리되는 청구권을 의미한다.[36] 일반 대중에 의해 교환수단과 가치저장수단으로 널리 사용될 수 있어야 한다는 점에서 사회이론과 부분적으로 일치한다. 그러나 사회이론은 사회적 합의 또는 수용성으로 금전 해당 여부가 결정된다고 보나, 기관이론은 금전이란 중앙은행에서 유래되고 관리되는 청구권으로서 중앙은행에 대한 청구권일 것을 요한다는 점에서 양자는 구별된다.

---

32) Geva B. and Geva D.(2019), para 11.14, 287면.
33) *Johnson v State*, 52 So 652, 167 Ala 82 (Ala, 1 January 1910).
34) *State v Finnegan, Peter* 103 NW 155, 127 Iowa 286 (Iowa, 1905).
35) *London Joint Stock Bank v Simmon* [1892] AC 201 (HL).
36) 이 논문 제2장 제1절 II. 2. 가. 참조.

나. 검토[37]

사회이론은 양 당사자가 무엇을 화폐로 다루기로 계약을 통해 의도하였는지에 따라야 한다고 본다. 그러나 화폐는 모든 이들에게 동일한 방식으로 통용되는 것이 타당하다는 점에서 위 주장은 수용되기 어려운 측면이 있다. 모든 개별 거래마다 화폐인지 아닌지가 달리 적용되면, 예측 가능성이 없기 때문이다. 즉, '당사자들의 의사'는 법적 불확실성을 초래하고, 따라서 당사자들이 그들이 체결한 거래에 대해 서로 다른 이해도를 가지는 경우 경제 활동을 해치고 부정의를 유도[38]할 수 있다. 또한 특정 매체가 화폐에 해당하는지를 사회 일반 구성원의 수용성 개념으로만 판단한다면, 궁극적으로 이에 대한 법원의 판단에 의하여 화폐의 해당 여부가 결정된다. 이는 화폐제도의 법적 확실성 측면에서 바람직하지 않다.

이 논문 제2장 제1절 II. 2. 다.에서 살펴본 바와 같이 전통적 국가이론에 대한 수정·보완은 필요하다.[39] 오늘날 중앙은행의 화폐가치 유지·관리 역할과 시장기능을 고려하여야 하고, 통화시스템 구축을 국가의 독점적 영역으로 볼 수도 없기 때문이다. 한편 어느 견해에 따르더라도 국가가 기본적 계산단위를 제공한다는 인식은 공통된다. 오늘날 관리통화제 하에서 통화 관련 법제도가 뒷받침될 때 화폐는 화폐로서의 기능을 보다 원활히 수행할 수 있다는 점 역시 고려하여야 한다.

이에 따라 전통적 국가이론을 수정·보완한 Proctor의 견해에 의하면, (i) 화폐는 화폐라는 이름 및 법률에 따른 계산단위를 참고하여 표

---

37) 이 논문 제2장 제1절 II. 2. 나.에서 화폐의 개념을 살피면서 이미 검토한 바 있으므로, 이하에서는 위 검토와 중복되지 않는 범위 내에서 화폐의 법적 특성·성질에 주로 관련되는 논의에 대하여 검토한다.

38) Gleeson(2018), para 7.25, 125면. 한편, 저자는 이러한 주장은 논쟁의 여지가 있다고 보면서 사회이론을 옹호한다.

39) 기관이론에 대한 검토는 이 논문 제2장 제1절 II. 2. 나. 참조.

시되며, (ii) 해당 국가 내에서 일반적으로 인정되는 가치와 교환의 척도의 역할을 하도록 의도된다.[40] 그리고 (iii) 통화에 대한 법체계는 통화의 발행에 책임이 있는 중앙은행 또는 통화 당국 및 관련 정책수행에 필요한 적절한 제도적 규정을 포함하는 법적 속성을 가진다.[41]

2. 금전의 법적 속성·특징

CBDC는 수정 국가이론[42]에 따라 화폐로서의 법적 속성을 가질 것으로 생각된다. 그렇다면 사법적 측면에서의 법적 속성이나 특징은 무엇이 있을까. David Fox는 사법적 측면에서 금전의 3가지 법적 특징에 대하여 다음과 같이 서술한다: 첫째, 통용성(currency) 또는 유통성(negotiability)[43], 따라서 가치에 대해 선의로 취득한 사람은 새롭고 무효로 될 수 없는 소유권을 가진다; 둘째, 무인성(無因性, abstraction) 원칙, 금전 제공의 배경이 된 거래의 유효 여부와 관계없이 금전에 대한 법적 소유권은 금전의 이전이나 제공으로 이전된다; 셋째, 법적 측면에서 추적의 어려움, 따라서 일단 금전이 다른 금전과 혼합되면 해당 금전에 대한 법적 소유권은 실질적으로 소멸한다.[44] 이러한 특

---

40) Proctor(2012), para 1.68, 41면.
41) 상동
42) 이 논문 제2장 제1절 II. 2. 다. 참조.
43) Fox는 금전의 '통용성(currency)'으로 기술한다(Fox(2008), para 2.01). 그리고 통용성과 유통성을 동일한 의미로 이해하는 견해가 있다(Gleeson(2018), para 7.30, 127면). 그런데 우리 형법은 '통용'과 '유통'을 구분하고(제207조, 제211조), '유통'은 강제통용력이 없이 사실상 거래 대가의 지급수단이 되는 상태를 의미하는 것으로 '통용'과 구분한다(대법원 2003. 1. 10. 선고 2002도3340 판결 등). 이 논문에서는 금전의 개념 및 국내법상 용어 사용례를 고려하여 '유통성'으로 기술한다.
44) David Fox, *Property Rights in Money*, Oxford University Press (2008), para 2.01.

징들은 금전 제공자의 금전에 대한 소유권이나 금전과 관련된 거래의 유효성을 확인할 필요가 없도록 함으로써 금전의 경제적 기능을 보호하기 위하여 존재한다.[45]

가. 유통성

(1) 의미

금전의 유통성은 실물 주화의 특성에서 유래되었는데, 금전의 이전에 대해서는 *nemo dat quod non habet* 법리[46]가 적용되지 않는다는 점을 의미한다.[47] 따라서 금전에 대한 진정한 권리가 없는 자, 예를 들어 도둑으로부터 매매 등의 거래로 금전을 취득한 자는 그것이 도품이든 아니든 상관없이 소유권을 취득한다. 확립된 영국 판례[48]상, 도품인 주화가 선의로 점유를 취득한 특정인에게 이전되는 방식으로 소비되면, *nemo dat quod non habet* 법리는 적용되지 않고, 따라서 원소유자는 주화를 취득한 자를 상대로 해당 주화 또는 그 가치에 대하여 반환 청구(recover)할 수 없다.[49]

Wookey v Pole 사건에서, '금전의 사용으로, 금전 이외 모든 종류 재산에 대한 교환이 거의 대부분 즉시 성사된다. 금전의 이러한 목적에 부합하기 위하여, 인장(stamp)은 금전의 가치를 표시하고 점유 그 자체는 금전이 누구에게 귀속되는지 반드시 결정하여야 한다.'[50]고 판시한 것은 금전의 유통성 내지 통용성을 잘 나타낸다. 나아가

---

45) Fox(2008), para 2.02.
46) '누구도 자신이 갖지 않은 것을 주지는 못한다.'라는 뜻으로, 물건의 진정한 소유자가 아닌 사람으로부터 그 물건을 매수한 사람은 그 물건의 소유권을 가지지 못한다는 법리이다. 다만, 대부분의 국가가 선의취득 법리로 예외를 인정한다.
47) Proctor(2012), para 1.72, 43면.
48) *Miller v Race* [1758] 1 Burr 425.
49) Gleeson(2018), para 7.31, 127면.
50) *Wookey v Pole* [1820] 4 B & Ald 1, 7면.

해당 판례는 은행권[51]에도 이 법리가 적용됨을 명시하였다.[52]

(2) CBDC에의 적용

유통성은 금전의 주요한 특성으로서, 본장 제3절에서 후술하는 바와 같이 일정한 지급수단이 금전에 해당하는지 판단할 때 일응의 기준이 될 수 있다. 이는 법원이 지급수단으로 사용되어 온 특정 수단(instrument)의 법적 지위를 판단하는데 있어, 해당 수단이 사용된 맥락이나 상황을 살피고, 특히 당사자들 사이 공통된 기대의 법리를 도출하는데 유용하다.[53] 즉, 가상자산이나 유사화폐의 지급이 유효한 금전채무의 이행으로서 변제의 효과가 발생하는지 문제되는 사안에서, 가상자산이나 유사화폐의 금전 해당 여부를 판단하는데 기준이 될 수 있다.

나아가 유통성이 원래 실물화폐의 존재를 전제로 발달한 법리라고 본다면, 물권법정주의를 취하는 우리 법리상 실물이 없는 CBDC의 경우에도 현행 민법상 금전에 대한 특칙이 아무런 제한 없이 적용될 수 있는지 살펴볼 필요가 있다. 이는 제2절에서 후술하는 바와 같이 CBDC의 민법상 물건의 해당 여부를 검토하고, 물권법정주의상 CBDC의 법률관계에 대한 입법의 필요성에 대해 살펴보는 것으로 이어진다.

또한 본절에서 후술하는 바와 같이 유통성은 CBDC가 갖추어야 할 특성으로서 일반 수용성과 연결된다. CBDC가 법화로서 발행되더라도 유통성이 없어 일반 수용성이 낮을 경우, 사회이론에 의하면 화폐의 속성을 갖추지 못한 것으로 판단될 수도 있을 것이다.

---

51) 'the representation of money which is made transferrable by delivery only', *Wookey v Pole* [1820] 4 B & Ald 1, 1면.
52) 상동
53) Gleeson(2018), para 7.40, 130면.

나. 무인성

(1) 의미

무인성(無因性, abstraction)은 일단 금전채무 지급에 대한 청구권이 행사되면, 애초에 지급의무 발생의 배경이 되는 계약이나 약정과는 독립적으로 추구될 수 있다는 원칙이다.[54] 이미 발생한 금전채무의 존재와 가치는 금전채무 원인계약의 이행에 영향을 미치는 다른 요소들과 독립적으로 결정된다는 사실을 설명한 것이라 할 수 있다.[55] 이는 수표의 무인증권성[56]과 유사한데, 영미에서 종이화폐(은행권)는 국가 또는 경제주체가 발행한 일종의 증권에서 발달하여 환어음의 성질을 가져온 역사적 배경과 관련된다.

무인증권성은 어음·수표의 유통성 강화를 위하여 발달한 것으로, 고도의 유통성이 보장되어야 하는 화폐 역시 마찬가지 이유에서 그 특성으로 자리잡은 것으로 생각된다. 법은 확정적인 지급수단을 발행하는 자가 무조건 지급을 약속한다고 가정하는데, 무조건적이지 않다면 지급수단의 기능을 수행하지 않을 것이기 때문이다.[57] 수표의 무인성에 관한 판례에서, 대법원은 수표행위는 무인행위로서 수표 수수의 원인관계로부터 분리하여 다루어져야 하고, 수표는 원인관계와는 상관없이 일정한 수표상의 권리를 표창하는 증권이므로[58], 수표의 소지인은 소지인이라는 사실만으로 수표상의 권리를 행사할 수 있고 그가 어떠한 실제적 이익을 가지는지 입증하여야 하는 것은

---

54) Gleeson(2018), para 7.46, 131면.
55) 상동
56) 어음·수표상의 권리는 원인관계의 무효·취소에 의하여 그 효력에 영향을 받지 않으며, 그 권리의 행사에도 원인관계의 증명을 필요로 하지 않는다. 어음·수표는 이와 같이 증권상의 권리가 원인관계에서 독립되어 있는 무인증권이다(정찬형, 상법강의(하) 제19판, 박영사, 2017, 36면).
57) Gleeson(2018), para 7.48, 132면.
58) 대법원 1984. 1. 24. 선고 82다카1405 판결, 1989. 10. 24. 선고 89다카1398 판결, 1997. 7. 25. 선고 96다52649 판결 참조

아니59)라고 본다.

오늘날 화폐에는 어음수표법상 요식행위가 요구되지 않는 등 화폐와 어음·수표는 법적으로 구별된다. 다만, 역사적 발달과정에서 유래한 법적 특성이 공통적으로 추출되는 것으로 평가할 수 있다.

(2) CBDC에의 적용

금전의 유가증권성은 금속화폐에서 명목화폐로 화폐가 발전하는 과정에서 과도적 형태로서 금속화폐가 예치증서의 속성60)을 가졌던 것을 법적으로 평가한 것이다. 오늘날 대륙법계 및 우리 어음수표법상 CBDC와 어음은 법적으로 다르다. 따라서 어음·수표의 무인성의 법리를 그대로 오늘날의 화폐에 적용하기보다는, CBDC에 대하여 고도의 유통성이 보장된다는 측면에서 살펴볼 특성으로 생각된다. CBDC 보유자는 보유 사실로써 CBDC의 금전상 권리를 행사할 수 있고, 그가 어떠한 실제적 이익을 가지는지 원인관계를 입증할 필요는 없다는 의미로 이해할 수 있다. 또한 금전 제공의 배경이 된 거래의 존재 여부와 관계없이 금전의 제공으로 보유자에게 금전이 귀속되고, 다만 원인관계가 없는 경우 원소유자가 금액 상당의 부당이득반환청구권을 취득하게 된다는 논리적 귀결에 이를 수 있다.61)

---

59) 대법원 1998. 5. 22. 선고 96다52205 판결
60) 편집대표 김용담, 주석 민법 채권총칙(1) 제4판(2014), 239면.
61) 이와 관련하여 판례는 자금이체 시 다수인 사이에 다액의 자금이동을 원활하게 처리하기 위하여 그 중개 역할을 하는 은행이 각 자금이동의 원인인 법률관계의 존부, 내용 등에 관여함이 없이 이를 수행하는 체제로 되어 있다는 점 등을 고려하여, 예금거래기본약관에 따라 송금의뢰인이 수취인의 예금계좌에 자금이체를 하여 예금원장에 입금의 기록이 된 때에는 특별한 사정이 없는 한 송금의뢰인과 수취인 사이에 자금이체의 원인인 법률관계가 존재하는지에 관계없이 수취인과 수취은행 사이에는 입금액 상당의 예금계약이 성립하고, 수취인은 수취은행에 대하여 입금액 상당의 예금채권을 취득한다고 판시한다(대법원 2012. 10. 25. 선고 2010다

다. 혼화를 통한 추적 불가능성

(1) 의미

금전과 비금전성 대체물은 다른 대체물과 섞였을 때의 법적 취급이 다르다. 서로 다른 사람들에게 속하는 비금전성 대체물(예를 들어 곡식이나 석유)이 함께 섞여 있는 경우, 개별 소유자는 해당 혼합물의 공동 소유자가 된다.[62] 반면 금전은 수취인에 의해 다른 금전과 혼화되는 순간 더 이상 반환을 청구할 수 없는데, 이른바 '표지(earmark)' 이론에 따를 때 금전의 경우 '표지(earmark)'로 식별할수 없어 추적이 어렵기 때문이다.[63] 이를 혼화를 통한 추적의 불가능성(untraceability)이라 한다. 실제 거래에서는 일단 실물화폐가 '통화로서 이전되면(passed into currency)' 더 이상 특정이 어렵다는 것이 번복을 허용하지 않는 추정으로 적용되는 양상을 보인다.[64] 반면, 약속어음이나 환어음에는 이 법리가 적용되지 않는데, 왜냐하면 해당 지급수단은 명백하게 특정할 수 있기 때문이다.[65]

우리 민법상 혼장임치와 소비임치의 차이로 이해할 수 있다. 수치인이 수인의 임치인으로부터 물건을 수치하여 동종·동질의 것과 섞어 보관하다가 임치인의 반환청구가 있으면 그 중에서 임치받은 것과 같은 양, 즉 대체물을 반환하기로 하는 것을 혼장임치라고 하는데, 수치인이 목적물의 소유권을 취득하지 않는다는 점에서 소비

47117 판결). 다만 이 경우 동 판례에 따르더라도 은행은 입금기록이 완료됨과 동시에 수취인에 대하여 입금액 상당의 부당이득반환청구권을 취득하게 된다.

62) McKendrick ed, *Goode on Commercial Law*, 5th edn, LexisNexis (2016), para 8.38ff.

63) David Fox, *Common Law Claims to Substituted Assets* (1999), RLR 55; *Miller v Race* [1758] 1 Burr 452, 457면.

64) Gleeson(2018), para 7.51, 132면.

65) R. D. Richards, *The Evolution of Paper Money in England*, Quarterly Journal of Economics, Vol. 41, No. 3., Harvard University Press (1927), 361면.

임치와 다르고, 따라서 혼장임치에서 임치물은 수인의 임치인이 공유한다고 할 것이다.[66] 소비임치는 수치인이 대체물인 임치물을 소비하고, 그것과 동종·동질·동량의 물건을 반환할 의무를 부담하는 임치를 의미한다(민법 제702조). 소비임치가 보통의 임치와 다른 점은 물건 자체가 아니라 물건의 가격을 보관함에 있다.[67] 따라서 소비임치의 목적물은 대체물이어야 하며, 그 소유권은 수치인에게 이전한다.[68]

(2) CBDC에의 적용

블록체인으로 구현되는 토큰형 CBDC의 경우, 이러한 화폐의 특성을 가지는가에 대한 의문이 제기될 수 있다. 블록체인을 바탕으로 한 CBDC 원장에는 연속적으로 CBDC 거래가 기록되어 이론상 모든 CBDC의 이전에 대한 거래가 추적 가능하므로, 더 이상 혼화로 인한 추적 불가능성의 법리가 적용되지 않는 것이 아니냐는 의문이 그것이다.

그러나 CBDC의 기술적 운용방식을 법적으로 평가하면, 화폐에 관한 위 법리는 CBDC에도 여전히 적용될 수 있는 것으로 생각된다. 블록체인 기술의 추적 가능성은 이 기술의 불가역적 성질과 함께 논의되어야 한다. 블록체인은 여러 컴퓨터에 동시에 거래기록을 복제해 저장하여 해당 정보를 공유하고, 이 거래기록이 순차적으로 계속하여 기록된다. 개별 거래가 하나의 블록에 저장되고 앞서 저장된 블록을 계속 이어가는 방식으로 여러 컴퓨터에 기록 및 검·인증[69]되는 절차를 거치므로, 불가역적 성질을 가진다. 블록체인 기술을 사용

---

66) 지원림(2016), 1527면.
67) 지원림(2016), 1530면.
68) 상동
69) 퍼블릭 블록체인의 경우 모든 참여자들이 검증 절차를 수행할 수 있고, 프라이빗 블록체인의 경우 일반 사용자가 아닌 허가된 기관만이 이를 수행한다.

한 CBDC 거래가 계속하여 이루어지면, 거래 이력은 기술적으로 추적해낼 수 있더라도, 블록체인의 불가역적 성질상 더 이상 과거에 이미 이루어진 수많은 거래 중 특정 거래만 추출하여 그 거래를 없던 것으로 되돌릴 수 없다. 즉, A와 B 사이 CBDC 거래로 CBDC가 B에게 이전된 이후 B가 CBDC를 C에게 제공하면, 각 거래는 연쇄적으로 블록을 이어가는 방식으로 기록되어, A는 B에게 자신이 제공한 CBDC 그 자체에 대해 반환 청구하기가 기술상 어렵다. 이로써 일단 실물화폐가 '통화로서 이전되면(passed into currency)' 더 이상 특정이 어렵다는 화폐의 법적 특성은 CBDC에도 적용될 여지가 있다.[70]

또한 CBDC 제도 운용방식을 예상하여 보면, 범죄행위 관련 거래내역 추적 등 예외적 상황을 제외하고, 통상적 상거래에서 일반인들에게 CBDC 거래 내역이 공개되지 않을 것이다.[71] 정상적 거래 일반에서 CBDC 이전은 쉽게 추적할 수 있는 것이 아니다. 이러한 측면을 고려하더라도 기존의 법리가 적용될 수 있을 것으로 생각된다. 현행 은행권 역시 일련번호가 기재되어 있어 이론상 거래 내역 추적을 할 수는 있으나, 일반 상거래에서는 혼화시 추적 불가능성의 법리가 적용되는 것과 마찬가지이다.

정리하면, 블록체인 기술 자체만 두고 보면 추적 가능성이 있으나, 블록체인의 불가역적 특성에 따라 CBDC는 법적으로 추적이 어려운 화폐의 법적 성질을 부여받는다. 그 결과로 정상적 상사거래 관계에 있어 전전유통되는 CBDC는 법적으로 추적이 어려운 특성이 있다고 평가한다.

---

70) 희귀 종류의 실물화폐를 특정하여 수집의 대상으로서 거래하는 예외적 경우를 제외하고, 금전채권은 금액채권으로서 금전적 가치 제공이 중요하고 급부목적물의 '특정'이 고려요소가 아니라는 점과 연관된다.

71) 이 논문 제5장 제2절 참조.

Ⅲ. 법화의 법적 성질과 CBDC의 발행

새로운 화폐의 등장은 법화의 개념에 대해서도 재검토를 요한다. 이는 종래 현금을 중심으로 논의되어 온 법화 개념의 검토로부터 출발한다. 법화와 화폐의 차이 및 화폐가치 결정에 대한 보통법과 대륙법의 관점 차이를 살펴보는 것은 법화의 개념을 이해하는데 도움이 된다. 현금을 지급수단으로서 사용하는 비중이 낮아지는 상황에서 등장한 법화 개념의 효용성에 관한 문제 제기와 이에 대한 검토는 CBDC가 법화로서 발행될 필요에 대하여 생각하게 한다. 통화고권, 강제통용력, 그리고 중앙은행이 법화에 대한 채무를 부담한다는 의미에 대하여 각각 살펴보고 CBDC에의 적용 가부를 검토할 필요가 있다. 그리고 중앙은행이 CBDC를 발행하기로 결정한 경우, CBDC가 법화성을 인정받을 수 있을지, 현행 법체계를 고려할 때 어떠한 법적 조치가 필요한지에 대한 검토가 뒤따른다. 마지막으로 강제통용력의 의미와 일반 수용성의 의미를 구별하고, CBDC의 일반 수용성 확보 의의를 검토할 필요가 있다.

1. 법화와 화폐

가. 법화의 개념

법화란 국가의 통화고권에 따라 법으로 강제통용력을 부여받아 통용되는 화폐로 이해할 수 있다.[72] 여기서 통화고권이란 자국 영역

---

72) 유럽집행위원회는 EU의 법화인 EU 은행권 및 주화에 대하여 (i) 강제통용력을 가지고, (ii) 액면가로 통용되며, (iii) 지급채무를 이행하고 변제하는 능력을 가진다고 정의한다. European Commission, Commission Recommendation of 22 March 2010 on the scope and effects of legal tender of euro banknotes and coins, OJ L 83 (2010), 70면. ⟨https://eur-lex.europa.eu/legal-content/EN//TXT/PDF/?uri=CELEX:32010H0191&from=EN⟩ 2020. 10. 1. 방문.

내에서 (i) 법화인 통화를 발행하고, (ii) 법화의 가치를 결정하거나 변경하며, (iii) 법화 및 법화 이외의 다른 통화의 사용에 관하여 규제할 배타적 권한을 의미한다.[73] 또한 강제통용력이란 화폐의 교환성을 법적으로 보증하는 것으로서 모든 사람들이 은행권 등의 화폐를 받아들여야 한다는 것을 의미한다.[74]

나. 법화와 화폐의 구별

가상자산 등 다양한 지급수단이 화폐처럼 사용되더라도, CBDC는 법화라는 점에서 다른 지급수단과 근본적으로 구별된다. 그렇다면 법화와 화폐의 차이는 무엇인가.

이에 대하여 법화는 화폐여야만 하나, 그 반대는 성립하지 않는다는 견해가 있다.[75] 한편, 화폐의 본질적 속성이 유통성임을 전제로 할 때, 국가가 법으로 금전채무의 변제수단으로서 법화로 지정하더라도 유통성이 없다면 더 이상 화폐로 볼 수 없고, 따라서 양자는 관련이 있다고 볼 수 없다는 견해도 있다.[76] 즉, 특정 자산은 화폐가 아니고서도 법화일 수 있다는 것이다.[77] 법화는 법률로서 금전채무의 변제수단으로 지정한 화폐라는 정의에 따를 때, 법화는 화폐의 일종으로서 화폐에 포함되는 개념이다. 따라서 전자의 견해가 타당

---

73) François Gianviti, Current Legal Aspects of Monetary Sovereignty in Current Developments, in *Monetary and Financial Law* Volume 4, International Monetary Fund (2005), 4면. 〈https://www.elibrary.imf.org/doc/IMF072/01500-9781589065079/01500-9781589065079/Other_formats/Source_PDF/01500-9781451929003.pdf〉 2020. 10. 1. 방문.

74) 한국은행(2018), 197면.

75) Proctor(2012), para 2.25; Vick v Howard [1923] 136 Va 101, 109.

76) Gleeson(2018), para 7.54, 134면.

77) 이는 *Vick v Howard* 사건([1923] 136 Va. 101, 109, 116 SE. 465)에서 설시된 '모든 법화는 화폐이나, 모든 화폐가 법화는 아니다'라는 법격언과 반대된다. Gleeson(2018), para 7.54, 134면에서 재인용.

하다. 이렇게 개념을 규정하면 법화 역시 화폐로서 화폐의 속성인 유통성을 갖추어야 하는 것이고, 그 다음 단계로 법화의 고유한 속성을 살피게 된다.

법화로 지정된 특정 화폐가 해당 국가 내에서 일반적으로 인정되는 가치와 교환의 척도 역할78)을 수행한다면, 법화와 화폐의 차이는 (i) 국가의 통화고권에 따른 것인지 여부와 (ii) 법률로서 강제통용력이 인정되는지 여부로 나누어 살펴볼 수 있다. 여기서 통화고권이란 (i) 통화 발행권, (ii) 법화 가치 결정 또는 변경 권한, (iii) 법화 및 법화 이외 다른 통화 사용에 대하여 규제할 권한79)이다. 오늘날 예금에 대해 강제통용력을 인정하는 국가도 있고, 외국 통화에 대하여도 법화성을 인정하는 국가가 있다.80) 이러한 사정을 감안하면, 반드시 국가에 의해 발행되지 않더라도, 국가에 의해 법화로서 지정되어 국가가 이에 대해 가치를 결정하거나 변경할 권한을 가지면, 국가의 통화고권에 따른 것으로 인정될 수 있다. 결국 화폐와 법화의 차이는, 법률로서 화폐로 지정되어 강제통용력이 인정되는지로 귀결된다.

법화와 화폐를 구별 짓는 대표적 예가 외국 통화다. 국가에 의해 법화로 지정81)되지 않는 한, 외국 통화는 법화가 아니다. 영국의 경우 외국 통화가 금전으로 취급되는가에 대해 상반된 판례가 존재한다. *Re United Railways of the Havanas and Regla Warehouse Ltd* 사건82)에서, 외국 통화에 대한 소송은 금전채무 이행이 아니라 계약 불이

---

78) Proctor(2012), para 1.68, 41면.
79) Gianviti(2005), 4면.
80) 전자의 예로 네덜란드, 후자의 예로 에콰도르를 들 수 있다.
81) 예를 들어 에콰도르에서 US 달러는 법화이다. Central Bank of Ecuador, Historical Review of the Central Bank of Equador, Central Bank of Ecuador ⟨www.bce.fin.ec/en/index.php/history⟩ 2020. 11. 20. 방문.
82) *Re United Railways of the Havanas and Regla Warehouse Ltd* [1961] AC 1007.

행에 대한 손해배상(damage)으로 여겨졌다. 반면 *Miliangos v George Frank (Textiles) Ltd* 사건83)에서는 외국 통화가 금전으로 취급되어, 원고는 외국 통화로 지급할 것을 청구할 수 있고, 법원은 실제 지급일에 영국 파운드화에 상응하는 외국 통화로 지급하도록 결정할 수 있다고 보았다. 최근 해외 입법례를 살펴보면, 일반적으로 사법상으로는 금전에 외국 통화가 포함되는 것으로 규정되고, 이때 법화의 자격을 가지는지에 관하여는 규정하지 않고 있다.84) 미국의 경우 UCC § 1-201 (24)에서 금전에 대하여 '국내 또는 외국 정부에 의하여 교환수단으로 인정되거나 받아들여지는 것'85)을 의미한다고 규정한다. 우리 민법 역시 금전채권의 일종으로서 외국 통화의 지급을 목적으로 하는 채권, 즉 외화채권을 규정한 것으로 판단된다(동법 제376조부터 378조 참조).

다. 화폐 가치의 결정에 대한 보통법과 대륙법의 관점

화폐 가치의 결정에 대하여 보통법과 대륙법간 관점의 차이가 있다. 보통법에서는 화폐가 일단 발행된 이후 유통되는 단계에 이르면, 사회 전반이 부여한 가치에 따라 가치평가 되어야 한다고 본다.86) 한편, 이와는 달리 대륙법계에서는 명목주의 관점을 취하여 화폐란 화폐를 발행한 주권자가 규정하는 그대로 전적으로 가치가 있다고 보아 왔다.87) 즉, 국가가 화폐의 계산단위를 결정할 권한이 있고 이에 화폐의 가치가 결정된다는 명목주의가 오늘날 금전 지급의무에

---

83) *Miliangos v George Frank* (Textiles) Ltd [1976] AC 443.
84) Geva B. and Geva D.(2019), para 11.11, 286면.
85) UCC § 1-201 (24) ⋯ a medium of exchange currently authorized or adopted by a domestic or foreign government ⋯
86) David Fox, The Case de Mixt Moneys in Fox, Ernst, *Money in the Wertern Legal Tradition*, Oxford University Press (2016), 118면.
87) 상동

관한 기초가 되었다고 본다.[88]

그런데 영미법계에서도 *Case de Mixt Moneys; Gilbert v Brett* [89]에서 커먼로(common law)는 왕실의 절대주의를 옹호하였고, 이후 몇 세기 동안 화폐에 대한 영국법(English law)의 입장을 확립하였다.[90] 이 사건 당시 '아일랜드 파운드'의 명목 가치는 영국 파운드와 같았으나, 금화 포함 비율은 영국 파운드에 비하여 현저하게 낮았다. 한편, 당시 영국법상 파운드란 주화의 금속성분과 관계없이 법이 파운드라고 규정하는 것이 파운드에 해당함이 명확하였다. 지급예정일에 피고는 아일랜드 통화를 원고에게 제공하였는데, 원고는 수령을 거절하고 영국 화폐로 지급할 것을 요구하였다. 법원은 원고가 당시 법을 위반하였다고 보았고, 피고는 원고에게 영국법이 통화로 간주하는 어떤 것이든 제공할 수 있는 권리가 있다고 보았고 이것이 바로 영국 파운드화의 가치를 통화로 지정하는 영국 여왕의 특권이라고 보았다.

이 판결에서 대륙법계 학자의 견해를 일부 인용하긴 하였으나, 일부에 불과하고 불완전하다는 점에서 법원이 법화의 의미에 대하여 대륙법계의 입장을 수용한 것인지 여부는 명확하지 않다고 보는 견해가 있다.[91] 왕권(국가 권력)은 계산단위의 본질을 결정할 권한을 가지나, 어디까지나 양 당사자가 그들 사이에서 '파운드'라는 용어는 어느 특정 시점에서나 영국 여왕이 그 의미를 결정하는 것에 따른다는 것을 합의의 내용으로 포섭하였기 때문에 비로소 의미가 있다고 해석한다.[92]

위 논의는 전통적 국가이론과 사회이론의 대립으로도 설명할 수 있다. 양 이론은 법화 가치가 금과 연동이 되는 금본위제 하에서 발

---

88) 상동
89) *Gilbert v Brett* [1605] Davis 18, 80 (KB); Fox(2016), 240-242면에서 재인용.
90) 이하 사건 개요에 대하여 Fox(2016), 240-242면 참조.
91) Fox(2016), 242면.
92) Gleeson(2018), para 7.61, 136면.

달하였는데, 이 시기에는 국가가 화폐가치를 고정하거나 결정하는 것이 가능하였다.[93] 그러나 오늘날 화폐는 주로 중앙은행의 통화정책과 시장원리에 의해 그 가치가 결정된다.[94] 따라서 화폐가치를 오직 사회가 결정한다는 보통법계나 국가권력이 결정한다는 대륙법계 견해 모두 그대로 수용하기 어렵다. 다만 이 판결이 대륙법계 학자의 견해를 수용한 것인지를 불문하고, 이 판결을 통해서 영미 역시 국가에게 법률로 통일된 계산단위를 정할 권한이 있다는 점을 인정한다는 결론을 도출할 수 있다.

라. 법화 개념의 효용성에 관한 문제 제기와 이에 대한 검토

한편, 오늘날 예금 등 민간 지급수단에 의한 금전채무의 변제가 인정되고 또한 사회에서 광범위하게 사용되고 있어, 법화의 사회경제적 기능이 퇴색하고 법화의 중요성이 약화되는 경향이 있다.[95] 이는 법화 개념의 효용성 또는 의의에 대한 문제 제기로 이어진다.

그러나 법화성의 중요성이 퇴색하였다 하여 국가가 법률로써 강제통용력을 부여하는 법화의 개념을 무용한 것으로 볼 일은 아니다. 또한, 채무의 이행과 소멸이라는 과정을 중시하는 법학적 관점에서 법화의 개념을 유지하는 한, 통화제도의 원천으로서의 국가의 역할을 완전히 부정하는 것은 곤란하다.[96] 통화발행에 대한 국가의 독점과 민간 영역의 역할을 부정하는 전통적인 통화법은 금전의 다양화와 민간 영역의 역할 증대를 반영하여 새로이 정립되어야 하고, 금전의 법적 정의 또한 결제의 완결성이나 일반적 승인을 요소로 보다 유연하게 정의될 필요[97])가 있을 것이다. 그러나 금전의 일반적 법적

---

93) Proctor(2012), para 1.31, 25면.
94) Proctor(2012), para 1.31, 25-26면.
95) Proctor(2012), para 2.28, 76면.
96) 정순섭(2009), 282면.
97) 상동

정의에 대한 재조명이 필요하다 하여, 법화의 개념까지 부인할 필요
는 없다. 또한 법화는 국제법상 존중되어야 할 국가의 통화고권[98]과
관련되어 있어, 이와 직결되는 법화의 개념 및 의의를 부정하기는
어렵다고 생각된다.

2. 법화의 법적 성질

CBDC의 개념요소인 '통화(currency)'란 국가 내·외적으로 강제통
용력을 가지는 화폐이다. 그리고 법화란 한 국가 내에서 법으로 강
제통용력을 부여받아 유통되는 화폐로서, 금전 또는 화폐와 구분된
다. CBDC를 한 국가 내 강제통용력이 부여되는 통화, 즉 법화로서
발행하는 경우 화폐와 구분되는 법화의 고유한 법적 특성에 대하여
살펴볼 필요가 생긴다. 나아가 한국의 통화법인 한국은행법에 의할
때 이러한 법화의 법적 특성이 CBDC에 어떻게 적용될 수 있는지 살
펴본다.

---

98) IMF 합의(Agreement of the International Monetary Fund)의 조항은 국가의 통화
   주권의 존재를 전제로 하나(예를 들어 회원국들에게 국제통화시스템 조종의
   금지하는 IV(1) (iii)항 참조), 명시적으로 통화 원리에 관하여 언급하거나 정
   의 내리지 않고(Claus Zimmermann, The Concept of Monetary Sovereignty
   Revisited, 24(3) EJIL (2013), 797, 798면), '통화'나 '화폐'에 관한 어떠한 정의
   도 내리고 있지 않다(Claus Zimmermann, *A Contemporary Concept of
   Monetary Sovereignty*, Oxford University Press (2013), 11-16면 참조).
   PCIJ가 1929년 *Serbian Loans* 사건(*France v. Kingdom of the Serbs, Crats and
   Slovenes* [1929] PCIJ Rep Series A No. 20)에서 판시한 내용이 국가의 통화
   고권에 대하여 가장 자주 인용된다. 이 사건은 세르비아가 제1차 세계대
   전 전쟁비용 조달 등을 위하여 프랑스에서 발행한 국채의 이자 및 원금
   지급수단이 프랑스 지폐 프랑인지 금인지 여부가 쟁점이었다. 이 사건에
   서 PCIJ는 '국가가 자국 통화를 규율할 권한을 부여받는다는 것이 진실로
   일반적으로 받아들여지는 원칙'이라고 판시하였다(*France v. Kingdom of
   the Serbs, Crats and Slovenes* [1929] PCIJ Rep Series A No. 20, 44면).

가. 통화고권

(1) 의미

통화고권의 요소인 법화의 발행권은 자국 영토에 대한 주권을 가진 국가가 행사할 수 있고, 중앙은행은 국가로부터 그 역할을 부여받을 수 있다.[99] 통화고권에는 단순히 통화를 발행하는 것 이외에 통화의 단위(화폐 단위), 권종(액면체계와 권종수), 그리고 도안(규격, 소재, 문양, 색상)에 대한 결정권한이 포함된다.[100] 자국 영역에서 통화 발행권을 보유한 중앙은행은 통화의 종류나 화폐 단위를 변경할 수도 있다.[101] 이 경우 중앙은행은 구통화와 신통화 사이의 전환비율을 정해야 할 것이다.[102] 통화법에서는 국가의 통화고권이 통화 발행의 독점으로부터 통화량 통제를 목적으로 하는 통화감독으로 변천되어 왔다.[103]

(2) CBDC에의 적용

한국은행법 제47조는 화폐의 발행권은 한국은행만이 가진다고 규정한다. 한국은행법은 화폐를 은행과 주화로 나누어 규율하면서 제47조에서 화폐의 발행권은 한국은행만이 가진다고 명시함으로써 은행권의 독점적 발행권뿐 아니라 주화의 독점적 발행권도 한국은행에 부여하고 있다.[104] 나아가 동법에서 화폐 단위(제47조의2)나 한국은행권의 권종(제49조) 등에 관하여 규정하여, 일반적 지급수단으로서 표준이 되는 법적 기준을 제시한다. 이처럼 한국은행법상 한국

---

99) Gianviti(2005), 5면.
100) 정순섭(2009), 261면.
101) 상동
102) 상동
103) Staudinger/K. Schmidit, BGB, 13. Aufl(1997), Vorbem zu §§ 244 ff., A 7 a. E; 편집대표 김용담, 주석 민법 채권총칙(1) 제4판(2014), 213면에서 재인용.
104) 한국은행(2018), 200면.

은행은 CBDC를 화폐로서 발행할 권한이 있고, 이때 한국은행은 화폐 단위, 액면체계, 도안 등을 결정하게 된다. 이는 CBDC가 일반적 지급수단으로서 기능하기 위한 표준적 기준을 제공하는 측면에서 볼 수 있다.

한편, 이론적으로 한국은행은 정책적 판단에 따라 실물화폐와 CBDC의 화폐 단위를 변경할 수 있고, 이 경우 한국은행이 구통화와 신통화 사이의 전환비율을 정할 가능성이 열려 있다. 그러나 CBDC의 개념에서 살펴본 바와 같이[105] CBDC는 '새로운 형태', 즉 전자적 형태로 발행되는 공식 화폐 단위라는 점에 초점이 맞추어져 있고, '새로운 화폐 단위'가 될 것으로 예상되지는 않는다.[106] 즉, 한국은행이 발행하는 CBDC는 새로운 전자적 형태로 발행되는 '원화'이다. CBDC 제도를 도입하면서 '원화'인 화폐 단위 자체를 변경하지는 않을 것으로 예상된다. 한 국가 내 이러한 병행(parallel) 화폐 단위를 도입하는 실익에 대한 의문이 있을 뿐만 아니라, 통화정책 집행이 이중(dual) 통화 시스템으로 인해 불필요하게 복잡해질 수 있기 때문이다.[107]

나. 강제통용력

(1) 의미

강제통용력의 의의는 금전채무의 이행방법에 대하여 법화에 의한 변제를 배제하는 특약이 없을 경우 채무자는 법화를 교부하면 되고 채권자는 이를 수령해야 하는 점에 있다.[108] 법화는 그 통화에 표시된 액면금액에 상당하는 금전채무를 완전하고 유효하게 소멸시킬

---

105) 이 논문 제2장 제1절 I. 1항 참조.
106) Bossu W. et al.(2020). 34, 41면.
107) Bossu W. et al.(2020). 35면.
108) 日本銀行金融研究所, 「中央銀行デジタル通貨に關する法律問題研究會」報告書 (2004), 55-56면.

수 있는 효력을 가져야 한다.[109] 따라서 당사자 간 별도의 합의가 없는 한, 채무자의 금전채무 변제방법으로서 법화의 지급은 민법 제460조의 채무 내용에 좇은 변제 제공에 해당한다. 채권자가 이에 대한 수령을 거절하는 경우 민법 제400조의 채권자지체가 성립한다.

법화의 강제통용력은 당사자 간에 지급수단에 관한 별도의 합의가 없는 경우에 적용된다.[110] 따라서 강제통용력 규정은 임의규정의 성질을 가진다고 해석된다.[111] 법화 이외 지급수단에 대한 당사자 간 합의는 명시적으로나 암묵적으로나 있을 수 있고, 이러한 암묵적 합의는 당사자 간 거래의 과정이나 상거래 관습에 의해 형성될 수 있다.[112] 상인이 상점의 입구나 계산대 앞에 미리 게시물 등의 형태로 현금을 받지 않는다는 점을 고지하고, 고객이 해당 고지 내용을 인지하고서 그 상점에 들어와 대금을 지급하는 경우, 고객과 상인 사이에 지급수단에 대한 별도의 합의가 성립하였다고 해석하는 것이 합리적이다. 이러한 관점에서 법화는 당사자가 변제방법에 관한 별도의 합의를 해두지 않은 경우 유효하게 추정되는 변제방법을 제시하는 것으로도 볼 수 있다.[113]

(2) CBDC에의 적용

한국은행법 제48조는 한국은행이 발행한 한국은행권은 법화로서 모든 거래에 무제한 통용된다고 규정하여, 한국은행권의 법화성 및 강제통용력을 부여한다. 주화에 대하여도 한국은행을 발행기관으로

---

109) European Commission(2010), 70면.
110) 정순섭(2019), 211-212면, 218면; European Commission(2010), 70면; Gleeson (2018), 139면.
111) 日本銀行金融研究所(2004), 66-67면.
112) Hugh Beale, *Chitty on Contracts*, 32nd edn, Sweet & Macxwell (2016), para 44, 295면.
113) 정순섭(2009), 274-275면.

규정하고, 은행권에 대한 법화성과 강제통용력에 관한 규정을 준용한다(동법 제53조). CBDC를 법화로서 발행하는 경우,114) 당사자 간 별도 합의가 없는 한 CBDC는 채무 내용에 좇은 변제방법으로서 금전채무를 완전하고 유효하게 소멸시킬 수 있는 지급수단이 된다.

한편, 법화의 강제통용력은 절대적인 개념이라고 할 수 없고, 일정한 입법정책 목적에 따라 강제통용력에 한도를 둘 수도 있다.115) 주화의 이용 한도를 제한하는 입법례116)가 다수 존재117)하는 것은 이러한 맥락에서 이해될 수 있다. 이에 따라 자금세탁방지나 세원 확보 등 일정한 법정책적 고려에 따라 일정 금액 이상의 법화는 CBDC로 할 것을 강제하는 방안, CBDC 이용자 수요나 CBDC 제도의 안정적인 기술적 운영 등을 위하여 CBDC 일일 거래한도를 제한하는 방안 등을 모색할 수 있다. 기술 발달 수준과 일반적 수용성에 대한 조사를 기반으로, 이를 법률에 반영하여 제도화하는 것이다.118)

다. 중앙은행이 법화에 대한 채무를 부담한다는 의미

(1) 의미

법화는 중앙은행이 소지인에게 직접 지급의무를 부담하는 채무

---

114) CBDC 발행에 대한 법적 근거 마련의 필요성에 관하여 본절 Ⅲ. 3. 참조.
115) 정순섭(2019), 220면.
116) 예를 들어 영국은 10펜스 이상을 단위로 하는 주화는 10파운드, 그보다 낮은 단위의 주화는 5파운드, 그리고 동화는 20펜스를 초과하지 않는 금액에 대하여 법화로서 인정한다. 1983년 통화법(Currency Act) 제1조 제3항.
117) 국회 기획재정위원회 수석전문위원 석영환, 한국은행법 일부개정법률안 검토보고[송영길 의원 대표발의 (의안번호 제11762호) 정우택 의원 대표발의 (의안번호 제12571호) 추경호 의원 대표발의 (의안번호 제12851호) 엄용수 의원 대표발의 (의안번호 제13659호) 송옥주 의원 대표발의 (의안번호 제14064호) 심기준의원 대표발의 (의안번호 제14631호)] (2018), 64면 참조.
118) 이러한 제한은 헌법상 재산권 제한에 해당할 수 있고, 법률로써 한도를 명확히 하고 비례의 원칙을 고려하여야 할 것이다.

인가. 앞서 제2장 제1절에서 언급한 바와 같이 오늘날 불태환제 하에서 일반적으로 은행권은 중앙은행에 대하여 구체적으로 집행 가능한 권리를 증명하는 성질을 가지지 않는다[119] 대륙법계의 경우 이에 대한 입장이 비교적 명확하다. 대륙법계는 은행권이 근본적으로 중앙은행의 법적 채무이긴 하나, 이러한 채무(liability)는 대륙법계 법리상 '자연채무(natural obligation)'로 변환된 것으로 해석한다.[120] 한편 대륙법계 국가에 비하여,[121] 영미 커먼로 국가의 경우는 은행권에 표시된 중앙은행의 '지급 약속' 문구에 대한 문언해석에 비중을 두고, 약속어음 해당 여부에 대해 논쟁하여 왔다.

영란은행은 1954년 통화와 은행권법(Currency and Bank Notes Act 1954) 제정 과정에서 '지급 약속' 문구의 시대착오적 성격을 인식하여 해당 문구를 삭제할지에 관하여 법률 검토를 의뢰하였으나, 은행권은 약속어음의 성질을 가지기 때문에 해당 문구를 유지하라는 법률조언에 따라 현재까지 이를 보존하여 오고 있다.[122] 한편, 영란은행은 비교적 최근에야 지폐를 중앙은행이 나머지 경제 전체에 대하여 부담하는 약속어음으로 보고, 영란은행이 은행권 소지자에게 금전채무(debt)를 부담한다고 보나, 이 금전채무란 영원히 오직 동일가치의 불태환 화폐로만 상환되는 것[123]으로 보았다.

---

119) Siekmann(2016), 508면; David V. Snyder, The Case of Natural Obligations, Louisiana Law Review 56(2) (1996), 423면.

120) 이 논문 제2장 제1절 참조.

121) 은행권이 유럽 20개국과 영미 커먼로 국가 이외 몇몇 국가들이 비준하여 시행한 환어음 및 약속어음에 관한 통일법(Uniform Law for Bills of Exchange and Promissory Notes) 제75조에서 정하는 약속어음의 요건을 충족하지 않기 때문이다(이 논문 제2장 제1절 참조).; 또한 은행권이 우리 어음법상 약속어음의 요건 역시 충족하지 않아(동법 제75조) 은행권의 법적 의미를 약속어음의 법적 성질과 연관하여 논하지 않는다.

122) Zellwegger-Gutknecht(2019), para 4.42, 72면.

123) Michael McLeay and Amar Radia and Ryland Thomas, Money Creation in the

영국 법학자인 Gleeson 역시 동일한 견지에서 설명한다.124) 통화
로서의 자격을 인정받기 위해서는 영란은행이 은행권을 발행하여야
하고 소지인의 요구에 따라 지급될 수 있음이 표시되어야 하며125),
따라서 이는 1882년 환어음법(Bills of Exchange Act)에 의하여 약속어
음이 된다. 그러므로 약속어음이 신용채무를 발생시킨다는 이론에
는 의문의 여지가 없다. 그러나 여기에는 영란은행 은행권의 핵심에
놓인 역설적 상황이 존재한다. 은행권에는 소지자에게 지급을 약속
한다고 명시되어 있으나, 지급을 약속하는 대상이 도대체 무엇인가?
만약 고객이 10 파운드 은행권을 손에 들고 영란은행 창구에 가서
지급을 요구하면, 영란은행은 고객의 손에 똑같은 10 파운드 은행권
을 다시 되돌려주는 것으로 은행의 의무를 이행할 것이다. 이를 두
고 신용채무라고 명명한다면, 이 신용채무가 독특한 종류라는 점은
비교적 명확해 보인다.126)

(2) CBDC에의 적용

오늘날 불태환제 하에서 중앙은행이 발행한 화폐는 중앙은행에
의해 오직 동액의 다른 화폐로 교환될 뿐이다. 이처럼 중앙은행 발
행 지폐의 권종이나 모양 등 외견은 크게 바뀌지 않았으나, 그 실질
적 의미는 변화하여 왔다.127) 중앙은행 발행 화폐가 오늘날 여전히
중앙은행 B/S상 부채로 기재되더라도 중앙은행의 자본(capital)에 대

Modern Economy: An Introduction', BOE, Quarterly Bulletin Q1 (2014), 1, 9면.
〈https://www.bankofengland.co.uk/-/media/boe/files/quarterly-bulletin/2014/
money-in-the-modern-economy-an-introduction.pdf〉 2020. 12. 1. 방문.
124) 이하 본 단락 Gleeson(2018), para 4.38, 77면 인용.
125) Currency and Bank Note Act 1954, ss. 1(2) and 3.
126) 역사적 이유에서 영국 중앙은행권은 중앙은행에 대한 채무(liability)로 여
　　겨졌으나, 채무가 이행될 방법이 없기 때문에 이를 일반적인 채무로 보
　　기 어렵다는 견해로, Gleeson(2018), para 6.08, 95면.
127) Zellwegger-Gutknecht(2019), para 4.44, 73면.

한 금전채무(debt)로 볼 수 없고, 따라서 전통적 의미에서의 진정한 금전채무(debts)는 아니다.[128][129] 그리고 계속하여 불태환제를 유지하는 한, 동일한 논리가 중앙은행이 일반 대중에 대하여 발행하는 CBDC에도 적용될 것[130]으로 생각된다.

나아가 국제회계기준(International Financial Reporting Standards, IFRS)에 의하면, 회계처리 측면에서 부채(liability)란 '과거 사건의 결과로서 경제적 자원(resource)을 이전할 기업의 현재 의무'이고, 법적으로는 다음과 같은 요소를 기반으로 한다: (i) 법적 의무; (ii) 법적으로 인정되는 형태의 재산(property); 및 (iii) 재산 인도 의무를 집행하는 사법 제도.[131] 그런데 중앙은행이 발행한 화폐의 경우, 중앙은행이 자신의 채무로서 지불할 다른 대체수단이 없으므로 화폐 보유자는 화폐로의 상환을 요구할 수 있을 뿐이다.[132] 나아가 앞서 살펴본 바와 같이 중앙은행이 법화에 대하여 부담하는 채무는 자연채무의 성질을 가진다.

---

128) 상동
129) Zellwegger-Gutknecht는 이상의 논의를 전제로 중앙은행이 발행한 화폐의 법적 성질에 대하여 '개개인이 보유한 지분(equity capital of its own kind)'라는 개념을 제시한다(Zellwegger-Gutknecht(2019), para 4.52, 75면); 한편, 중앙은행이 발행한 화폐(Central Bank Money, 이하 'CBM')의 법적 성질을 지급결제시스템 및 이에 대한 경제주체의 참여 권한을 부여하는 '사회적 지분(social equity)'으로 보고, 이러한 해석에 따를 때 향후 소액결제용 CBDC 제도를 도입하는 경우에도 CBM의 대규모 발행은 인플레이션이 아니고 공공부문 재정을 약화시키지도 않는다는 견해로, Michael Kumhof, Jason Allen, Will Bateman, Rosa M. Lastra, Simon Gleeson and Saule Omarova, Central Bank Money: Liability, Asset, or Equity of the Nation?, Centre for Economic Policy Research, Discussion Paper DP15521 (2020), 32면, 34-37면, 40면.
130) Zellwegger-Gutknecht(2019), para 4.44, 73면.
131) Kumhof M. et al.(2020), 15면.
132) Kumhof M. et al.(2020), 16면.

이상의 논의를 종합하면, 중앙은행이 법화인 CBDC에 대하여 부담하는 채무는 특수한 성질을 가지고, 일반적인 금전채무와 성질을 달리한다. 중앙은행은 직접 CBDC 보유자에 대하여 법적 의무를 부담하되, 그 의무의 내용은 중앙은행이 동액의 다른 화폐로 교환하는 것이라 할 것이다.133)

3. CBDC의 법화로서 발행근거 유무

가. 논의의 배경

중앙은행이 CBDC를 발행하기로 결정하였다고 가정하자. 그렇다면 이제 다음 단계로써 현행법 해석만으로도 CBDC가 법화의 지위를 인정받을 수 있는지, 법 개정이 필요한지에 대해 검토할 필요가 생긴다.

법정화폐는 국가의 통화고권에서 비롯되고, 한국의 경우 국가의 독점적 화폐 발행권이 법률로써 중앙은행인 한국은행에 부여된다(한국은행법 제47조). 그리고 한국은행법은 화폐를 은행권과 주화로 나누어 규율하고 있다. 그런데 CBDC는 디지털 원장 등에 전자적으로 기록되는 형태를 취한다. 따라서 현행 한국은행법 해석상 CBDC가 중앙은행이 발행할 수 있는 화폐에 해당하는지에 관한 분석이 필요하다.

나. 학설

(1) 해외 견해

중앙은행은 그 나라 법에 따라 법화를 발행하므로, 국가마다 통

---

133) Kumhof M. et al.(2020)에 의하면, 중앙은행이 발행한 화폐는 중앙은행의 채무가 아니다(Kumhof M. et al.(2020), 40면). 법적 채무의 본질은 채무자가 아직 완료되지 않은 무언가를 할 법적 의무가 있다는 것인데, 중앙은행은 일단 화폐를 발행하고 나면 이후 자신이 해당 화폐를 발행하였다는 것을 인정하는 것 이외 중앙은행이 추가로 부담하는 의무가 존재하지 않는다는 점 등을 이유로 한다(Kumhof M. et al(2020), 17면, 40면).

화법상 발행규정이 어떻게 설계되어 있는지 살피는 것이 우선이다. 그런데 상당수의 중앙은행법은 통화를 은행권과 동전으로 제한하는 방식으로 규정한다.134) 이러한 방식으로 규정되어 있음을 전제로 논의하면, 우선 중앙은행의 CBDC 발행권한과 CBDC의 법적 지위를 명확히 하기 위해 중앙은행법 개정을 고려할 수 있다는 견해135)를 들 수 있다. 현금 없는 사회로 진입하여 현금의 유통성이 저하되었을 경우 CBDC가 보완적, 대체적인 법화로 자리매김할 수 있도록, 법 개정에 의한 법화성의 인정이 중요하다는 견해136)도 있다. 법화성의 정의는 법규에 따라 다소 다르나 통상 중앙은행이 발행한 은행권 및 화폐에 적용되는 것으로서, CBDC를 법화라고 하기 위해서는 법 개정이 필요할 수 있다는 견해137)도 같은 입장이다. 한편, 채무변제 방법으로써 법화 이외의 금전으로의 지급에 관한 합의가 이미 인정되기 때문에 법화성은 특별한 중요성을 가지고 있지 않으며, 반드시 법 개정에 따라서 이를 부여할 필요가 없다는 견해138)가 있다. 그리고 시장의 발전과 CBDC 발행을 계기로 하여 법화성 개념의 재검토를 시사하는 견해139) 등 다양한 입장이 있다.

---

134) Bossu W. et al.(2020), 16면; 이 보고서에 의하면 IMF 회원국의 171개 중앙은행법의 61%가 중앙은행의 화폐 발행 권한을 지폐와 동전으로 제한한다. Bossu W. et al.(2020), 21면.

135) Riksbank(2018a), 23-24면, 41면; 이 보고서에 의하면 가치기반(value-based) CBDC의 경우 스웨덴의 관련 법률상 전자화폐에 해당하고 반드시 법 개정이 필요한 것은 아니나, 계좌형의 경우 현행법상 발행근거가 없어 입법이 필요하다.

136) Norges Bank(2018), 43면, 노르웨이은행법 제14조는 노르웨이 중앙은행이 발행하는 은행권과 주화에 대해 법화성을 부여하여 한국은행법과 유사한 내용으로 규정되어 있다. 노르웨이 중앙은행은 현행법 하에서 CBDC는 법화가 될 수 없어 법 개정이 필요하다는 입장을 표명하였다; Wadsworth (2018), 6-7면 참조.

137) Mancini-Griffoliet al.(2018), 7면, 각주 5 참조.

138) Danmarks Nationalbank(2017), 8면 참조.

(2) 국내 견해

우선 한국은행법 제48조의 한국은행권은 기술 발달 및 시대의 변화에 맞게 해석되어야 하고 반드시 은행권을 지폐에 한정하여 해석할 필요가 없어 법 개정 없이도 한국은행이 CBDC를 발행할 수 있다는 견해를 상정할 수 있다.[140] 한국은행법 제49조의 '어떠한 규격·모양'을 넓게 해석하면 CBDC가 이에 포섭될 수 있어 해당 조항을 근거로 발행될 수 있다고 본다.[141] CBDC가 한국은행권에 포함되면 한국은행법 제48조의 법화에 해당하게 된다.

한편, 직접운영 방식 CBDC의 경우 현행법상 법화성이 인정되나, 간접운영 방식 CBDC의 경우 법화성 유무에 관한 논란이 있을 수 있어 법화성 인정을 위한 법 개정이 필요하다는 견해도 상정할 수 있다.[142] 이 견해는 CBDC를 직접운영 방식으로 도입하는 경우 CBDC 발행권한이 화폐 발행 독점권을 보유하는 한국은행에 있고, 한국은행이 발행하는 화폐인 CBDC를 다른 실물화폐와 달리 취급할 이유가 없으므로 실물화폐와 동일하게 법화성을 갖는 것으로 인정된다고 본다.[143] 반면 계좌형 및 간접운영방식으로 CBDC 발행 시, 이는 구조적으로 상업은행의 고객이 예금계좌를 통해 자금을 이체하는 것과 유사하며, 이러한 예금과의 구조적 유사성을 이유로 법화성을 인정하기 어렵다는 견해가 있을 수 있음을 이유로 든다.[144]

---

139) Riksbank(2018a), 41면.
140) 박선종·김용재, 중앙은행의 디지털화폐 발행시 법률적 쟁점, 비교사법 제25권 제1호 (2018), 367면.
141) 상동.
142) 한국은행(2019), 55-56면.
143) 한국은행(2019), 55면.
144) 한국은행(2019), 56면; 이 보고서에서 간접운영방식에 대한 논의는 하이브리드형에도 적용될 수 있다.

다. 검토

(1) 학설 검토

결론부터 말하자면, 법 개정을 통해 CBDC를 법화로 명시하는 것이 CBDC의 법화 해당 여부에 대한 논란의 여지를 없애는 방안이 될 것이다. 명확한 법적 지위 부여는 시장에서의 CBDC 사용에 대한 신뢰를 부여한다. 또한 CBDC가 강제통용력이 인정되는 지급수단임을 명시하는 것은 당사자 사이 별도 합의가 없는 한 CBDC를 제공하면 변제 의무가 소멸된다는 점을 명확히 한다는 의미로서, 이는 국가 구성원들에게 임의규정(default rule)을 제시함과 동시에 CBDC의 유통 증진에 긍정적 영향을 미친다. 이하에서 이유를 살펴본다.

우선 법화 개념의 구성요소라 할 수 있는 강제통용력의 의미를 살펴보면, CBDC의 법화성을 법 개정으로 명시하는 것이 바람직하다. 한국은행법 제48조에서 '통용된다'란 법률에 따라 한국은행권과 주화의 강제통용력이 인정된다는 것을 말한다.[145] 강제통용력이란 적어도 일정한 지역 내에서 발생하는 상거래 및 채권채무 관계에 대하여 법화를 수수함으로써 결제가 종결되어야 함을 의미한다.[146] 이처럼 법화의 지급으로써 모든 결제가 종결된다는 점에 비추어, 법화는 예금(은행과 중앙은행간의 최종 결제절차가 남아 있다), 신용카드 사용(지급 및 결제 절차가 일정 시간이 경과한 이후에 진행된다) 등과 근본적으로 다르다. 따라서 한국은행법 제48조 개정 내지 조항 신설을 통해 CBDC가 이러한 법화로서 강제통용력이 있음을 명시하는 것이 타당하다.

다음으로 CBDC의 법화성 명시는 해당 법률이 금전채무의 이행에 관한 실생활 거래에 부합하는 일반법규 내지 임의규정(default rule)로서의 역할을 다 하는데 기여한다. 한국은행법 제48조는 법화가 '모

---

145) 한국은행(2018), 205면.
146) 상동.

든 거래에 무제한 통용'된다고 하여 강제통용력의 적용범위가 재산
거래와 관련하여 돈을 주고받는 모든 거래에 적용됨을 명시한다. 그
런데 당사자가 변제방법에 대해 별도의 합의를 하는 경우에는 법화
이외의 지급수단을 사용할 수 있다. 따라서 법화란 '당사자가 변제방
법에 관한 별도의 합의를 해두지 않은 경우에 유효하게 추정되는 변
제방법을 제시하는'147) 지급수단이다. 즉, 당사자 간 별도 합의가 없
다면, 법화인 CBDC는 현금과 마찬가지로 유효한 변제방법에 해당하
여 CBDC 지급으로써 결제가 완전히 종결되는 것이고, 법화성 명시
는 이러한 임의규정성을 알리는 의미가 있다.

　나아가 현행 한국은행법을 해석할 때, '어떤 성질의 행정활동에
대하여 법률의 근거가 있어야 할 것인가', 즉 법률 유보원칙에 관한
공법학 논의를 참고로 할 수 있다. 이 중 중요사항 유보설에 의하면,
권리를 침해할 수 있는 행정활동에 한정되지 않고, 중요하거나 본질
적 사항에는 법률의 근거를 필요로 한다.148) 한국은행은 영조물 법
인으로서 강학상 행정주체149)150)에 해당하고, 발권력의 행사는 국가

---

147) European Commission, 앞의 권고, 70면; Timothy Edmonds, Scottish bank
　　note issuance, Standard Note: SN/BT/4993 House of Commons Library, Last
　　updated: 4 March 2009, 5면. 〈http://researchbriefings.files.parliament.uk/doc
　　uments/SN04993/SN04993.pdf〉 2020. 12. 1. 방문.
148) 중요사항유보설은 독일의 연방헌법재판소의 판례에 의해 채택된 이론인
　　데 우리나라 헌법재판소도 이를 채택하고 있다. 박균성, 행정법론(상) 제
　　16판, 박영사 (2017), 26면; 헌법재판소는 텔레비전 방송수신료의 금액에
　　대하여 한국방송공사로 하여금 결정하게 한 한국방송공사법 제36조 제1
　　항이 법률유보원칙에 위반된다고 판시하면서, 오늘날 법률유보원칙은
　　단순히 행정작용이 법률에 근거를 두기만 하면 충분한 것이 아니라, 국
　　가공동체와 그 구성원에게 기본적이고도 중요한 의미를 갖는 영역, 특히
　　국민의 기본권실현에 관련된 영역에 있어서는 행정에 맡길 것이 아니라
　　국민의 대표자인 입법자 스스로 그 본질적 사항에 대하여 결정하여야 한
　　다는 요구까지 내포하는 것으로 이해하여야 한다(이른바 의회유보원칙)
　　고 판시하였다(헌법재판소 1999. 5. 27. 98헌바70).

의 통화고권에 기한 행정활동에 해당한다. CBDC라는 새로운 한국은
행권 발행 및 유통이 국민의 경제생활 및 사회에 끼칠 중대한 영향
을 고려할 때, CBDC 발행에 대한 사항은 법률상 명확하게 규정되어
있을 필요가 있다. 그런데 한국은행법은 한국은행의 독점적 화폐 발
권력을 규정하면서, 한국은행이 발행하는 한국은행권이 법화임을 명
시하고 주화에 대해 동조를 준용하여,151) 현행법상 법화로 인정하는
화폐는 한국은행권과 주화이고 이외 법화성에 관한 규정은 없다.152)
그리고 하이브리드형 운영방식을 취할 경우 상업은행이 CBDC 유통
을 담당하여 CBDC의 법화성에 대한 대중의 혼동이 있을 수도 있다.
따라서 법 개정으로 CBDC가 지폐나 주화와 마찬가지로 중앙은행이
발행하는 법화임을 분명히 하여 상업은행의 예금 등 다른 지급수단
과는 달리 신용위험이 발행하지 않음153)을 알리는 것이 바람직하다.

  지급수단으로서의 현금 사용 비중이 매우 낮고, 예금 기타 다른
지급수단을 통한 지급서비스가 이루어지면서 법화성의 중요성은 낮
아졌다. 그러나 법률로써 인정하는 유효한 변제수단이자 최종 결제

---

149) 박균성, 행정법론(상) 제16판, 박영사 (2017), 96면.
150) 한국은행 총재 명의로 상업은행에 행하여진 과태금 부과의 법적 성질이
    다투어진 사안에서, '한국은행 총재는 통화신용정책을 수립하여 집행하
    는 한국은행을 대표하고 그 업무를 총괄하며, 정책결정기구인 금융통화
    위원회가 수립한 정책을 수행하는 등 한국은행법 등에 따른 권한을 행사
    하는 한국은행의 대표기관으로서, 행정청(행정소송법 제2조 제2항)의 지
    위를 가진다'고 판시한 바 있다(서울행정법원 2020. 10. 29. 선고 2019구
    합53723 과태금부과처분 취소 청구의 소).
151) 한국은행법 제47조, 제48조, 제53조 제2항.
152) 오늘날 화폐의 개념요소에 유체성은 포함되지 않는다. 그러나 오늘날 상
    당수의 통화법제가 법화를 주화와 지폐로 한정하여 유체물의 존재를 전
    제로 하고, 한국은행법 역시 마찬가지로 해석된다.
153) Riksbank(2018a), 11-12면에 따르면, 중앙은행 화폐가 상업은행 예금보다
    신용 위험이 낮은 이유로, 상업은행 예금에 대한 예금보험의 적용에는
    상한액이 있는 것을 들고 있다.

수단을 의미하는 법화의 개념에 초점을 맞추고, 법률유보 원칙을 고려하여 현행법을 문언해석하면, CBDC에 법화성을 인정하여 법 개정을 통해 이를 명시하는 것이 바람직하다. 그리고 CBDC가 강제통용력이 인정되는 일반적(default) 지급수단이라는 점을 법률로써 명확히 하는 것은 CBDC의 유통성 증진에도 기여할 것으로 판단된다.

(2) 개정의 기본원칙

한국은행이 물리적 형태 여부에 구애받지 아니하고 화폐를 발행할 수 있다는 점을 명확히 하여야 할 것이다. 통화에 관한 기본법인 한국은행법에서 이에 대하여 규정하고, 화폐의 발행에 관한 절(제4장 제1절)에서 규정하는 것이 체계에 부합한다. 현행 한국은행법은 은행권에 관한 규정을 두고(제48조 내지 제52조) 주화의 경우 이를 은행권의 규정을 준용하는 형태로 규정되어 있다(제53조). 규정 체계를 고려하여 제4장 제1절에 신설 조문으로 CBDC에 관한 규정을 마련한 후 은행권의 규정을 준용하는 형태를 생각할 수 있다. 또한, 제49조의2에서 CBDC에 대한 위법적 행위태양을 고려하여 필요한 부분을 추가하는 것이 필요할 것이다.

나아가 하이브리드형으로 발행하는 경우, 한국은행과 중개기관 간 역할 분담이나 중개기관의 역할에 관하여 규정을 둘 필요에 대하여 검토하여야 한다. CBDC 발행 및 유통에 대하여 법률로써 양자 간 법률관계의 기본적 원칙을 설정하기 위함이다. 하이브리드형 CBDC 발행 시 중개기관이 수행할 것으로 예상되는 주된 업무는 (i) 경제주체인 일반 이용자와 사이에 중앙은행에 대한 CBDC 발행 요청 및 계좌 내지 전자지갑 개설 계약 체결, (ii) CBDC 발행 상당액을 상업은행에 예치된 예금에서 인출하거나 일반 이용자가 현금 경제주체의 개별 CBDC 거래에 관한 지급결제 시 중개기관의 원장에의 기록 내지 검증 업무 수행이다. 중앙은행과 중개기관의 역무에 관하여 규정하

면서, 이 검증업무가 한국은행의 위임에 따른 것인지, 입법에 따라
스스로의 사무처리에 해당하는지 명시하는 것은 각자의 책임 범위
를 명확히 한다. 이로써 해킹사고 등으로 인한 분쟁 발생 시 각자의
법률관계를 명확히 하고 일반 이용자가 책임을 물을 주체를 용이하
게 파악하게 한다.

요컨대 CBDC는 법화로서 이에 대한 발행근거, 중앙은행과 중개
기관의 역할에 관한 기초적 법률관계 설정 등에 관하여 적극적으로
검토할 필요가 있고, 이는 통화에 관한 기본법인 한국은행법에서 규
율하는 것이 타당하다.

5. CBDC의 일반 수용성

가. 의의

CBDC에 법화성을 인정하더라도 이에 따라 즉시 CBDC가 사람들
에게 널리 받아들여져 높은 교환 가능성이 확보된다(이하 이러한 성
질을 '일반 수용성' 이라 한다)고는 할 수 없다.[154][155] 예를 들어 특
정 국가에서 입법을 통하여 일반 수용성을 갖추지 못한 새로운 지급
수단을 법화로 규정한다고 하여 경제주체의 지급수단 이용행태에
영향을 미칠 수는 없다.[156] 마르코 폴로가 원나라를 방문할 당시 사
용되던 법화인 지폐가 과도한 인플레이션의 영향으로 일반 상거래
상 수용성이 낮았던 사실,[157] 1920년 대공황시대 독일 법화 지정의

---

154) 古市峰子, 「現金、金錢に關する法的一考察」, 『金融研究』第14卷 第4號,
　　日本銀行金融研究所 (1995), 110면 참조.
155) 관련 용어로서, 사실상 통용력이란 법률에 따른 강제통용력은 없으나 거
　　래상 실제로 금전으로서 유통되는 것을 의미한다.
156) Gleeson(2018), 11면.
157) Rogoff(2016), 23면; 당시 중국법에 따라 법화인 지폐를 변제수단으로서 수
　　령하는 것을 거부하면 사형에 처한다고 규정되어 있었다. Gleeson(2018),

무용성[158]은 대표적 역사적 사례이다. 또한, 디지털 지급수단 사용에 취약한 계층을 고려해야 한다. 2019년 기준 70세 이상의 고령층은 거래 건수를 기준으로 할 때 대면거래를 통한 현금 이용비중이 68.8%에 달하고, 현금인출수단으로 은행 창구를 이용하는 비율도 53.8%로 높게 나타났다는 점은[159] 디지털 지급수단 사용에 취약한 계층이 CBDC 사용에 얼마나 유연하게 대응할지에 대한 조사의 필요성을 시사한다.

일반 수용성의 핵심은 유통되는 재산적 가치 있는 자산이나 발행자에 대한 신뢰이다.[160] 따라서 금융정책을 통한 물가안정이나 중앙은행권의 편리성·안정성 등에 의해 유지되는 중앙은행권에 대한 신뢰 또는 신인이야말로 그 일반 수용성, 또는 범용성을 뒷받침한다.[161] 한편, 예금 기타 민간 발행 전자화폐에 사실상의 통용력이 인정되는 것은 금융기관에 대한 건전성 규제와 예금보험제도의 확립, 결제의 완결성과 소비자보호를 위한 지급결제제도 규제, 전자화폐의 이용자 보호, 전자결제기술의 발전, 전자상거래에 관한 입법조치 등 지급수단으로서의 신인도 증가에 따른 것[162]이라 할 것이다.

나. CBDC의 일반 수용성 확보

중앙은행권의 통화로서의 일반 수용성에 관한 논의를 CBDC에 적용하면, CBDC에 대하여도 지급수단으로서의 신뢰가 확보되어야 함

---

para 7.63, 137면.

158) Gleeson(2018), para 7.63, 137면.

159) 한국은행(2020), 40면.

160) Geva B. and Geva D.(2019), para 11.50, 299면.

161) 鹽野 宏監修, 日本銀行金融研究所, 「公法的觀点からみた中央銀行についての研究會」編『日本銀行の法的性格－新日銀法を踏まえて－(行政法研究雙書 15)』, 弘文堂 (2001), 44면.

162) 정순섭(2009), 276면.

을 알 수 있다.

우선, CBDC는 지급수단이 구비해야 할 기본적 요건들을 충족해야 할 것이다. 즉, 보편적 접근성(accessibility), 강건성(robustness)[163], 안전성(safety), 효율성(efficiency), 개인정보 보호(privacy), 관련 규제 준수(complience) 등을 충족하여야 한다.[164]

다음으로, 앞서 언급한 바와 같이 법률에 의한 강제통용력 부여가 곧바로 일반 수용성 확보로 이어지지는 않으나, 법 개정에 따른 CBDC에 대한 법화성 부여는 CBDC의 일반 수용성을 확보하는데 긍정적 효과를 낳는다. 즉, CBDC가 법률로써 중앙은행이 발행하는 법화로 규정되어, 대중이 CBDC는 다른 한국은행권과 마찬가지로 신용위험이 없음을 널리 인지하는 것이 일반 수용성 증대에 도움이 될 것이다.

한편, CBDC의 편리성·안정성 확보와 관련하여, CBDC는 전력에 의존한다는 점에서 천재지변, 대규모 화재 등의 재해 시 지급수단으로 사용되지 못하는 문제가 발생할 수 있다. 그리고 시스템 오류 등으로 인한 결제실패에 대한 일반의 우려는 CBDC에 대한 일반 수용성과 관련된다.[165] CBDC는 새로운 기술을 기반으로 전자적 방식으로

---

163) 자연재해, 해킹 등 외부 충격에서도 시스템이 작동 불능 또는 오작동을 일으키지 않을 것을 의미한다. ECB(2020), 18면.

164) ECB(2020), 14면; 해당 보고서는 디지털 유로의 기본적 설계요건 충족을 위해 14가지 필요조건을 제시한다. 즉, ① 효율성, ② 현금과의 유사성, ③ 다른 지급수단과의 경쟁력 확보, ④ 통화정책수단으로서의 활용 가능성, ⑤ 재해 등 극단적 상황 발생 시에도 원활하게 기능할 수 있는 백업 시스템 확보, ⑥ 국제적 활용 가능성, ⑦ 비용 절감 및 친환경성, ⑧ 발행량 통제 가능성, ⑨ 시장 참여자들과의 협력 가능성, ⑩ 규제체계의 준수, ⑪ 안전성과 효율성, ⑫ 보편적 접근성, ⑬ 비유로지역 거주자들의 보유·이용 가능성, ⑭ 사이버 복원력의 확보를 든다(ECB(2020), 48면). CBDC의 일반 수용성 확보를 위한 설계방안으로 참고할 수 있다.

165) 디지털 기반 금융거래의 시스템 오류나 해커 공격 등에 따른 결제실패

운용되므로, CBDC에 대한 신뢰 확보를 위해 충분한 기술적 뒷받침이 필요할 것이다. 모바일 기기 등에 설치한 전자지갑에 일단 CBDC가 저장되면, CBDC 거래 시에는 개인키 입력과 단말기 접촉 등으로 인터넷 연결 없이도 결재가 가능한 설계(Off-line CBDC)를 여러 방안 중 하나로 생각할 수 있다. 이 밖에 중앙은행이 발행하는 CBDC와 중앙은행 부채를 신용력의 기초로 하여 민간이 발행하는 스테이블코인 등을 일반 수용성이라는 관점에서 비교했을 때 어느 정도의 차이가 생길 수 있는지에 대해서도 신중히 검토할 필요가 있을 것이다.166)

또한, 지급결제시스템에 요구되는 지급결제 완결성이 보장되도록 CBDC 제도를 설계하여야 할 것이다. 지급결제의 완결성(finality)은 지급결제제도의 참가자에 대하여 회생절차가 개시되거나 파산선고된 경우 도산법 원칙에 따라 지급지시 등 지급결제관련행위가 정지되거나 실효될 경우 지급결제제도 자체의 붕괴로 이어질 시스템 위험의 방지를 위해 지급결제관련행위 자체의 법적 효력은 인정한다는 의미이다.167) 거래당사자 간 거래가 대금수수 후에도 완결되지 못하고 사후적으로 무효화되는 일이 빈번하다면 개개인의 경제활동은 물론 금융시스템 전체에 혼란을 초래할 수 있으므로, 금융시스템

사례는 종종 찾을 수 있다. 최근 사례로는 2020. 10. 1. 일본 도쿄증권거래소 거래 중단을 들 수 있다. 이날 세계 3대 주식시장인 일본거래소그룹(JPX) 산하 도쿄증권거래소의 시스템에 장애가 생겨 온종일 거래가 중단되었다. 도쿄증권거래소가 파악한 원인은 거래소 내부 시스템의 하드웨어적 결함이다. 일본 내각 사이버 시큐리티 센터(NISC)는 이번 사고로 투자자들이 약 3조 엔(약 33조 2000억 원)가량의 거래 기회를 잃은 것으로 판단하였다. 일본의 시스템에 대한 국제사회의 신뢰를 크게 훼손한 사건이라고 할 수 있다. 김정은, [The-이슈] 디지털 강화 나선 日, 먹통 사고로 '망신살', 2020. 10. 5.자 The Daily Post, (2020). ⟨https://www.thedailypost.kr/news/articleView.html?idxno=76520⟩ 2020. 10. 23. 방문.

166) 中央銀行デジタル通貨に關する法律問題研究會(2020), 18면.
167) 정순섭, 은행법, 지원출판사 (2017), 543면.

의 근간이 되는 중요 지급결제시스템에 대해서는 법률 등에 의해 거래가 사후에 취소되지 않도록 보장하고 있다.[168] 우리나라는 채무자 회생 및 파산에 관한 법률 제120조 등에서 지급결제의 완결성을 보장하기 위한 특칙을 둔다. CBDC 제도는 지급결제제도를 구성하므로[169] CBDC는 현금과 마찬가지로 지급과 동시에 결제가 완결되도록 하여, CBDC 제도의 일부 참가자의 결제불이행이 다른 참가자의 결제불이행으로 연쇄하여 파급될 결제위험[170]을 방지하도록 하여야 한다. 이처럼 일반 수용성 확보를 위하여 결제 완결성이 보장되는 기술적·법제도적 설계방안을 모색하여야 할 것이다.

한편, 기술적 측면에서는 퍼블릭 분산원장방식은 거래요청 후 주 (main) 블록체인과 연결되지 못하고 취소될 가능성이 존재[171]하는 반면, 허가형 분산원장방식의 경우, 비허가형의 단점인 원장기록의 취소 가능성을 제거해 결제완결성 보장이 가능하도록 시스템 설계를 할 수 있다는 장점이 있다.[172] 따라서 일반 수용성 확보 차원에서 허가형을 택할 필요가 있다.

---

168) 한국은행(2019), 14면.
169) 한국은행이 운영하는 CBDC 제도는 한국은행법 제81조에 따른 지급결제 제도로 평가할 수 있다는 견해로, 한국은행·정순섭·정준혁·이종혁, 중앙 은행 디지털화폐(CBDC) 관련 법적 이슈 및 법령 제·개정 방향, 한국은행 (2021), 60-61면.
170) 채무자 회생 및 파산에 관한 법률 시행령 제6조 제1호.
171) 비허가형에서 현재 이용되는 합의 알고리즘인 작업증명(PoW, Proof of Work) 과 지분증명(PoS, Proof of Stake)의 경우 블록체인에서 하나의 블록에 두 개 이상의 블록이 연결되는 분기(fork)가 발생할 가능성이 있어 정당하게 생성된 블록도 취소되는 경우가 발생한다. 한국은행(2019), 15면.
172) 한국은행(2019), 14면.

제2절 CBDC에 대한 권리의 사법상 성질

Ⅰ. 논의의 필요성

이제 CBDC 보유자가 CBDC에 대하여 가지는 권리의 사법상 법적 성질에 대하여 살펴본다. 화폐이론 검토를 통해 화폐 정의에 동산 개념이 불필요하다는 결론에 도달하였다. 또한, 실물화폐는 앞서 살펴본 바와 같이 다른 동산과 구별되는 화폐 고유의 법적 특성을 가진다.[1] 그럼에도 CBDC 보유자가 CBDC에 대하여 행사할 수 있는 권리의 사법상 성질을 살피기 위하여, CBDC가 민법상 물건에 해당하는지에 관한 논의가 필요하다. 상당수 국가는 유체물인 주화와 지폐를 법화의 대상으로 규정하고, 민사법 분야에서는 일단 금전이 동산에 해당함을 전제로 한 후 보통의 동산과 다른 특수성을 인정하는 법리를 발달시켰기 때문이다.

금전을 특수한 동산으로 보아, 동산에 적용되는 규정들 가운데 물권적 청구권(민법 제213조, 제214조, 제204조 내지 제206조)을 인정할 여지가 없으며, 금전의 특성상 특정한 금전을 반환한다는 것은 무의미하므로 타인이 점유하고 있는 금전에 대해서는 채권적 성질을 가지는 부당이득 반환청구권을 인정하는 것으로 족하다는 견해[2]가 있고, 금전의 법적 특성을 고려할 때 타당하다. CBDC에 대한 권리를 논하는 실익은 금전이 동산에 해당함을 전제로 발달한 법리가 CBDC에 적용할 수 있는지와 입법의 필요성을 살피는데 있다. 현행

---

[1] 곽윤직, 채권총론(1995), 58면; 김형배, 민법학강의 제8판(2009), 738면; 편집대표 김용담, 주석 민법 채권총칙(1) 제4판(2014), 197면; 이공현 집필, 민법주해 Ⅷ(1997), 165면.
[2] 곽유직·김재형, 민법총칙(2013), 236면; 송덕수, 민법강의(상), (2004), 381면.

민법의 규율과 이를 기초로 한 집행법은 물권법 체계에 따라 소유권
을 중심으로 금전의 권리를 귀속시킨다. 또한 집행법에서 금전은 유
체동산에 대한 강제집행의 대상으로서 집행관이 압류하여 채권자에
게 인도한다.3) 이때의 금전은 현금으로서 유체의 화폐에 한정되며,
채무자의 은행 계좌 잔액에 대해서는 소송법상 금전의 압류가 아니
라, 채권에 대한 강제집행이 이루어진다.4)

　이에 법화의 법적 성질 검토와는 별도로, 기존 실물화폐에서 확
립된 사법상 법리가 CBDC에 그대로 적용될 수 있는지 검토할 필요
가 있다. 사법상 물권의 객체는 원칙적으로 물건이다. 따라서 CBDC
가 물권, 특히 소유권의 객체가 되는지를 살피기 위해서는 CBDC가
물건에 해당하는지 살펴야 한다.5) 그리고 CBDC는 블록체인에 기록

---

3) 편집대표 김용담, 주석 민법 채권총칙(1) 제4판(2014), 232면.
4) 상동
5) 본 논문의 논의 범위를 넘어서기 때문에 상술하지 않으나, 이는 형법상 재
　물의 해당 여부 논의와도 관련된다. 형법은 재산죄의 행위객체를 기준으
　로 재물죄와 이득죄를 나누고(제38장~제42장), 재물이나 재산상의 이익에
　대하여 별도의 정의 규정을 두지 않고 동력은 재물로 간주한다는 규정만
　을 두고 있어(형법 제346조), 재산상의 이익의 구별에 대하여 관리가능성
　설과 유체성설이 대립한다(상세 논의는, 오영근, 재물과 재산상 이익에 대
　한 합리적 해석론, 법학논총 제31권 제4호 (2014), 194-196면 참조). 판례는
　재산상의 이익은 재물 이외의 재산상의 이익을 말한다고 판시하여 재물과
　재산상의 이익을 분리한다(대법원 2003. 5. 13. 선고 2003도1178 판결). 그
　리고 온라인 게임 아이템의 불법 취득에 대한 판시를 살펴보면, 법원은 정
　보 혹은 데이터 그 자체는 재물이 아니라는 원칙적인 입장에 따라 온라인
　게임아이템은 형법상으로 '재물'의 개념에 해당하지 않는 것으로 본다는
　전제 하에 게임아이템 절취 행위에 대한 절도죄의 성립을 부정한다(대법
　원 2002. 7. 12. 선고 2002도745 판결). 판례의 입장에 따르면 CBDC는 재물
　로 볼 수 없으나 재산상의 이익으로 볼 수 있고, CBDC를 객체로 한 행위
　에 대하여 형법상으로 재물만을 객체로 규정한 재산죄의 구성요건 해당성
　을 인정하기 어렵다. 따라서 CBDC를 객체로 하여 절취 또는 횡령 행위 등
　을 하더라도 재물만을 객체로 규정한 재산죄 중 대표적인 절도죄와 횡령

되는 데이터이므로, 데이터인 CBDC의 법적 성질을 살피는데 그 기술적 요소인 블록체인의 법적 특성도 함께 검토하는 것이 필요하다. 이러한 논의를 바탕으로 CBDC 구현방식에 따라 계좌형과 토큰형으로 구분하여, 구현방식별로 보유자가 CBDC에 대해 가지는 권리가 물권 또는 채권적 성질을 가지는지에 대하여 살핀다.

II. CBDC의 민법상 물건 해당 여부

1. 견해의 대립

가. 부정설

민법 제98조를 문언해석하면, CBDC는 유체물이나 자연력으로 볼 수 없어 물건에 해당하지 않는다. CBDC는 형체가 없어 유체물이 아니고, 데이터 그 자체로서 자연력의 정의6)에도 부합하지 않기 때문이다. 이 경우 소유권의 대상이 될 수 없다는 해석으로 귀결된다.7)

죄, 점유이탈물횡령죄 등의 구성요건 해당성이 인정되지 않는다. 온라인 게임아이템에 관한 판례의 입장에 대하여, 디지털 시대에 부합하지 않는 인쇄매체시대에 입법된 규정과 이에 근거한 전통적인 해석 방법으로서, 시대의 변화에 따라 현대적 시각에서 변화할 필요성이 있다는 지적이 있다(하태영, 논문: 한국 형법에 있어서 재물 개념의 논쟁사-디지털시대의 새로운 법제이론과 형법 제349조 재물간주 규정의 개정-, 비교형사법연구 제5권 제2호 (2003), 297면). CBDC에 대한 범죄행위에 대하여도 블록체인 기술의 특성과 CBDC 제도의 구현방식을 반영하여 형법 해석상 난점을 극복할 과제가 놓여 있다고 생각된다.

6) 표준국어대사전에 의하면, 자연력이란 자연계에 작용하는 온갖 힘 또는 사람의 노동력을 돕는 자연의 힘으로, 풍력(風力), 수력(水力), 광력(光力) 따위의 원시적 자연력과 전기력, 증기력 따위의 유도적 자연력을 의미한다.

7) 독일과 일본 민법은 물건을 유체물에 한정한다(독일 민법 제90조, 일본 민법 제85조). 이에 따르면 CBDC는 유체성이 결여되어 물건에 해당하지 않고, 소유권의 객체가 물건에 한정된다는 일반적 견해에 따르면, CBDC를

영국 보통법(common law) 법리에 의하더라도, 무체물 형태로 존재하는 것은 이에 대해 배타적 지배를 행사할 수 있다고 하더라도 소유의 객체가 될 수 없다는 것이 일반적인 선례이다.8) *OBG Ltd v Allan* 사건9)에서 확인되었듯이, 영국법의 지배적 견해는 불법행위 소송에서 대상물에 대한 실제 점유상태나 즉시 점유권을 행사할 수 있는 권리의 침해에 대한 입증이 가능해야 한다는 것이다.10) 그리고 이러한 점유는 유체물 형태로 존재하는 것에 대한 물리적(physical) 통제를 할 수 있어야 한다는 전통적인 의미로 제한되어 왔다.11) 이에 의하면 CBDC는 형체가 존재하지 않고 물리적 점유가 가능하지 아니하여 소유의 객체가 될 수 없다.

나. 긍정설

무체물을 물건에 포함하는 입법례 및 무체물도 배타적 지배 가능성이 있으면 물건이나 재산(property)으로 볼 수 있다는 견해12)를 기반으로 한다. 가상자산을 보유하는 자는 타인이 가상자산의 개인키

소유권의 객체로 보기 어렵다.

8) *Kuwait Airways Corporation v Iraqi Airways Co (nos 4 and 5)* [2002] 2 AC 883, 1083-98 (Lord Nicholls); *Your Response LTD v Datateam Media Ltd* [2014] EWCA Civ 281, [2015] QB 41; *Environment Agency v Churngold Recycling* [2014] EWCA Civ 909, [2015] Env LR 13.

9) *OBG Ltd v Allan* [2007] UKHL 21;[2008] a AC a.

10) Fox(2019), para 6.29, 149면; *Colonial Bank v Whinney* 사건의 판결에 의하면, 영국 보통법상 개인의 재산권은 크게 choses in action과 choses in possession으로 나뉜다(*Colonial Bank v Whinney* [1885] LR 30 Ch 261, 285-86 (Fry LJ), adopted [1886] LR 11 App Cas 426 (HL)). 영국 보통법상 소유의 객체가 될 수 없다면, choses in possession을 행사할 수 없다.

11) Fox(2019), para 6.29, 149면.

12) Sheldon, David P., Claiming ownership, but getting owned: Contractual limitations on asserting property interests in virtual goods, 54 UCLA Law Review(2007), 759면.

에 접근하지 못하도록 하는 방식으로 가상자산에 대한 배타적 지배권(exclusive ownership)을 가진다.[13] CBDC를 보유하는 자 역시 개인 키를 통해 CBDC에 대한 배타적 지배 내지 통제가 가능하므로, CBDC는 배타적 지배 가능성이 있는 무체물로서 물건에 해당한다. 나아가 CBDC 거래가 블록체인 장부에 기록 및 검증됨으로써 원 단위의 CBDC의 이전이 가능하여, 독립적 거래의 대상이 된다.

또한 영미법계 재산(권)법(property law)에 기초하여[14] CBDC가 재산(property)에 해당한다는 견해를 상정할 수 있다. 즉, 다른 사람의 권리를 배제할 수 있는 권리(the right to exclude), 특정물을 사용할 수 있는 권리(the right to use), 특정물에 대한 이익을 다른 사람에게 이전할 수 있는 권리(the right to transfer interest to another)가 있는지를 기준으로 재산(property)에 대한 권리 유무를 판단할 수 있다.[15] CBDC 보유자는 해당 CBDC에 대하여 다른 사람의 권리를 배제할 수 있고, 해당 CBDC를 사용할 수 있으며, 해당 CBDC에 대한 이익을 다른 사람에게 이전할 수 있으므로, CBDC에 대한 권리는 영미법상 물권적 성격을 가지는 재산권(property right)[16]에 해당한다고 해석할 수 있다.

---

13) Raskin, Max, Realm of the Coin: Bitcoin and Civil Procedure, Fordham Journal of Corporate and Financial Law, Vol. 20, No. 4 (2015), 977면.

14) 박준석, 무체재산권·지적소유권·지적재산권-한국 지재법 총칭 변화의 연혁적·실증적 비판-, 서울대학교 법학 제53권 제4호 (2012), 150면에 의하면, 개별적인 권리의 개념이 존재하는 것은 분명하지만 그것이 법적 논의의 중심이 아니었던 영미 사법의 특징 때문인지 우리의 '물권법'에 대응하는 법 분야에 관해서도 'property right law'라고 하기보다 'property law' 혹은 'law of property'로 총칭할 뿐인데, 이때 property란 권리의 대상인 물(物)을 가리키는 데 그치지 않고 그에 대한 권리(ownership)까지 포함하는 개념이다.

15) Sheldon, David P.(2007), 759면.

16) 우리의 경우 사법상의 권리는 그 내용을 이루는 구체적 이익이 경제적 내지 재산적 가치를 가지는지에 따라 재산권과 비재산권으로 나뉘고, 재산권에 속하는 권리에 물권과 채권뿐만 아니라 지적재산권과 단체에 대하여 가지는 사원권 등이 포함된다(지원림(2016), 34면); 나아가 우리 민법상

마찬가지로 가상자산은 소유권의 객체가 될 수 있고 가상자산의 이전으로 소유권이 이전된다고 볼 수 있어, 영미 재산(권)법(property law) 체계상 재산(property)으로 포섭할 수 있다는 견해[17]를 CBDC에 대입하면, CBDC 역시 재산(property)에 해당한다. 이 견해는 최근 *Armstrong DLW GmbH Winnington Networks Ltd* 사건에서 EU 탄소 배출권 거래제도 하에서 무체물인 탄소 배출 허용량(allowance)이 재산(property)에 해당한다고 판시하고, 탄소 배출 허용량 보유자는 이에 대한 절도행위에 대하여 소유권에 기한 배타적 권리행사로서 반환 청구권을 행사할 수 있다고 판시한 점에 주목한다.[18] 탄소 배출 허용량은 고유의 일련번호로 특정이 가능하고, 제3자도 이를 식별할 수 있다[19]. 이 가치는 일정 부분 시장에서의 거래 가능성에서 비롯한다.[20] 또한 이는 제3자에게 양도할 수 있도록 설계되었고, 영속성(permanence)과 안정성(stability)이 있다.[21] 가상자산은 탄소 배출 허용량과는 달리 입법에 의해 생성된 것은 아니라는 점에서 차이가 있으나, 가상자산 역시 (i) 고유의 일련번호로 특정 및 식별이 가능하고, (ii) 가상자산에 대한 가치는 일정 부분 시장에서의 거래 가능성에서 비롯하며, (iii) 가상자산 자체가 제3자에게 양도가 가능하게 할 목적으로 설계되었고, 이를 생성한 소프트웨어 프로토콜에 의해 영

재산은 여러 의미로 사용된다. 재산권과 같은 의미로 사용되기도 하지만, 보통 어떤 주체를 중심으로 하는 권리·의무의 총체 또는 일정한 목적 아래 결합된 물건 및 권리·의무의 전체를 말한다(지원림(2016), 150면).

17) David Fox, Cryptocurrencies in the Common Law of Property, in David Fox, Sarah Green (ed.), *Cryptocurrencies in Public and Private Law*, Oxford University Press (2019), para 6.05, 141면.

18) *Armstrong DLW GmbH Winnington Networks Ltd* [2012] EWHC 10 (Ch); [2013] Ch 156.

19) 상동

20) 상동

21) 상동

속성과 안정성이 있다.[22] CBDC 역시 식별가능성, 거래가능성, 제3자 양도 가능성이 있으며, CBDC 시스템에 의한 영속성과 안정성이 있다. 나아가 CBDC는 탄소 배출 허용량과 마찬가지로 입법에 의해 법화로서 발행될 것이 예상된다. 따라서 이 견해에 의하면 CBDC가 재산(property)의 속성을 가지므로 무체물이라 하더라도 재산(property)로 볼 수 있다.

2. 가상자산에 대한 외국 판례

가. 일본 마운트곡스 사례

가상자산이 물건에 해당하는지는 블록체인 기술을 이용하는 토큰형 CBDC에도 공통되는 쟁점이므로 검토할 실익이 있다. 일본 법원은 비트코인이 물건에 해당하여 소유권의 객체가 될 수 있는지가 다투어진 사건[23]에서 이에 대한 해당성을 부정한 바 있다.

사안에서 일본 비트코인 거래소 마운트곡스에 대해 파산절차가 개시되자, 마운트곡스의 이용자는 마운트곡스의 파산관재인을 상대로 마운트곡스를 통하여 보관하고 있던 비트코인에 대하여 소유권을 기초로 한 환취권을 행사하였다.[24] 마운트곡스 이용자인 원고들은 독점적으로 지배할 수 있는 것은 소유권의 객체가 되는 유체물[25]

---

22) Fox(2019), para 6.40, 153면.
23) 東京地方判決所判決 平成26 (ワ) 年第33320號, 判決平成27年8月5日 (2015. 8. 15. 선고), 문서번호 2015WLJPCA 08058001, LEX/DB25541521.
24) 이외에도 파산관재인이 이용자에게 비트코인의 인도를 하지 않음으로써 이용자가 비트코인을 자유롭게 사용·수익·처분하는 것을 방해하여 손해를 입었다고 주장하면서 불법행위에 기한 손해배상을 청구하였다. 도쿄지 방법원은 원고에게 비트코인에 대한 소유권이 인정되지 않는 한, 피고가 원고의 소유권을 침해하였다고 볼 수 없고 불법행위도 인정되지 아니한다고 판시하여 원고의 주장을 배척하였다. 東京地方判決所判決 平成26 (ワ) 年第33320號, 判決平成27年8月5日 판결.

에 해당한다고 주장하면서, 비트코인은 다수의 컴퓨터 상에 현실적으로 존재하는 전자적 기록의 일종이고 독점적으로 지배가 가능하여 법적인 보호가치가 있는 재산에 해당하므로 민법상 물건에 해당한다고 주장하였다.[26] 이에 대해 도쿄지방법원은 아래와 같은 이유에서 비트코인은 소유권의 객체가 되지 않으므로, 소유권을 기초로하는 환취권을 행사할 수 없다고 판단하였다.

첫째, 도쿄지방법원은 소유권이란 법령의 제한 내에서 자유롭게 그 소유물을 사용·수익·처분할 권리이고(일본 민법 제206조), 소유권의 객체인 물건은 일본 민법 제85조에서 '유체물'로 정의되어 있으며, 저작권이나 특허권 등 특별법에 의하여 예외적으로 배타적 효력을 가지는 권리가 인정되고 있다고 하더라도 이로 인해서 민법의 '물건'에 관한 원칙이 변하는 것은 아니라고 판시하였다.[27] 나아가 '권리의 소유권'이라는 관념을 생각해볼 수는 있으나 이는 해당 권리를 가지는 자에게 권리가 귀속된다는 것을 의미하는 것에 지나지 않기 때문에, 물권과 채권을 준별하는 민법의 원칙을 고려할 때 일본 민법 제85조의 명문에 반하면서까지 '유체물'의 개념을 확장할 필요가 인정되지 않고, 결국 비트코인은 유체물에 해당하지 않는다고 판단하였다.[28]

둘째, 도쿄지방법원은 비트코인에 대한 배타적 지배 가능성도 부인하였다.[29] 주된 이유로 (i) 비트코인 네트워크에 참여하고자 하는

---

25) 일본 민법 제85조는 물건을 유체물로 한정한다.

26) Kelvin FK Low and Wu Ying-Chieh, The Characterization of Cryptocurrencies in East Asia, in David Fox, Sarah Green (ed.) *Cryptocurrencies in Public and Private Law*, Oxford University Press (2019), para 8.18, 216면.

27) 東京地方判決所判決 平成26 (ワ) 年第33320號, 判決平成27年8月5日 판결의 III. 2. (2) 및 이에 대하여 영문으로 번역한 Kelvin FK Low and Wu Ying-Chieh(2019), para 8.19, 216면 참조.

28) 상동

29) 東京地方判決所判決 平成26 (ワ) 年第33320號, 判決平成27年8月5日 판결의

사람은 누구나 인터넷에서 공개되는 전자적 기록인 블록체인을 참
여자 각자의 컴퓨터 등의 단말기를 통해 보유할 수 있다는 점, (ii) 비
트코인을 다른 이용자에게 송부할 때에는 당사자 이외의 다른 이의
참여가 필요하다는 점, (iii) 특정 참여자들이 만들고 관리하는 비트
코인 주소에 보유된 비트코인의 양은 해당 주소와 관련하여 블록체
인에 기록되어 있는 모든 거래를 차감 계산한 결과 산출된 수량일
뿐, 해당 비트코인 주소에 비트코인 보유량에 해당하는 비트코인을
표상하는 전자적 기록이 존재하지 않는다는 점을 들었다.[30]

나. 분석

일본 민법은 '유체물'만을 물건의 대상으로 규정하므로, 유체물이
아닌 비트코인은 물건에 해당하지 않고 소유권의 객체도 될 수 없다
는 법원의 판단은 현행 조문에 대한 문언해석에 따른 것이다. 그러
나 법원은 비트코인에 대한 배타적 지배 가능성을 인정하지 않았는
데, 이는 아래와 같은 이유에서 의문의 여지가 있다.

우선 비트코인 네트워크에 참여하고자 하는 사람이 누구나 인터
넷에서 공개되는 전자적 기록인 블록체인을 참여자 각자의 컴퓨터
등의 단말기를 통해 보유할 수 있다는 것은, 블록체인의 기술적 특
성상 거래기록을 공유한다는 의미를 가질 뿐이다. 비트코인은 비트
코인 자체를 이전할 수 있는 개인키에 대한 배타적 지배 가능성이
있어, 누구나 볼 수 있는 비트코인 거래기록과 구분된다.[31] 따라서

III. 3. (2) 및 Kelvin FK Low and Wu Ying-Chieh(2019), para 8.20, 217-218면
참조.
30) 東京地方判決所判決 平成26 (ワ) 年第33320號, 判決平成27年8月5日 판결의
III. 1. (3) 및 Kelvin FK Low and Wu Ying-Chieh(2019), para 8.20, 217면 참조.
31) Daniel Carr, Cryptocurrencies as Property in Civilian and Mixed Legal Systems,
in David Fox, Sarah Green (ed.) *Cryptocurrencies in Piblic and Private Law*,
Oxford University Press (2019), para 7.06, 180면.

블록체인상 비트코인 거래 내역과 권리의 대상인 비트코인 그 자체에 대한 배타적 통제 가능성은 구별할 수 있다. 그럼에도 본 판결은 거래기록에 대한 공유를 들어 가상자산 자체에 대한 배타적 지배 가능성을 부정한 것이다.

다음으로 비트코인을 다른 이용자에게 송부할 때에는 당사자 이외의 다른 이의 참여가 필요하므로 비트코인에 대한 배타적 지배 가능성을 부인한 것은, 비트코인 거래의 기술적 특성을 고려할 때 타당하지 않다. 비트코인 이전 시 해당 거래정보는 분산원장에 기록되고 기록 확정 절차를 거친다. 당사자 이외의 다른 이의 참여란, 보유자의 의사에 따른 비트코인 양도행위에 대하여 기록을 확정하는 기술적 프로세스 처리에 해당할 뿐이다. 비트코인 보유자는 개인키 보유로써 비트코인을 배타적으로 지배 및 통제하고 보유나 이전 등 비트코인에 대한 권리를 행사할 수 있다. 비트코인의 배타적 지배 가능성은 비트코인 보유자가 그가 보유하고 있는 비트코인에 대한 제3자의 사용을 배제할 수 있는지, 보유자의 의사에 따라 이에 대한 권리를 확정적으로 이전할 가능성이 있는지로 판단하는 것이 타당하다.

나아가 도쿄지방법원은 비트코인 주소에 비트코인 보유량에 해당하는 비트코인을 표상하는 전자적 기록이 존재하지 않음을 들어 비트코인에 대한 배타적 지배 가능성을 부정하였다.[32] 그러나 이는 블록체인 기술을 통한 비트코인 거래에 관한 이해의 부족에 기인한 것으로 보인다. 거래 시 소멸하는 지급인 주소상 데이터 문자열과 생성되는 수취인 주소상 데이터 문자열은 다르다. 따라서 최초 발행할 때 생성된 비트코인 문자열이 동일성을 유지하면서 전전유통되는 것은 아니다. 하지만 현재 원장에 표상된 비트코인 거래 내역은 최초 발행 이후 거래기록의 연속으로, 이를 추적하여 얼마든지 비트

---

32) 東京地方判決所判決 平成26 (ワ) 年第33320號, 判決不成27年8月5日 판결의
   III. 3. 1. (3).

코인을 표상하는 전자적 기록을 확정할 수 있다. 나아가 블록체인 기술의 특성상 비트코인에 대한 배타적 지배 가능성은 현재 비트코인의 총량을 표상하는 전자적 기록에 대하여 행사하는 것이 아니다. 제3자가 비트코인을 거래에 사용하는 행위를 배제하는 효과적 방안은 바로 비트코인 유통, 즉 거래 승인에 필수적인 개인키 보유에 대한 통제이다.[33] 따라서 해당 비트코인에 관한 개인키 보유로 배타적 지배 가능성을 판단의 기준으로 삼는 것이 보다 이에 대한 사용·수익·처분권 유무 판단에 적합하다고 생각된다.

3. 검토

민법은 물건을 '유체물 및 전기 기타 관리 가능한 자연력'으로 규정한다(제98조). 이에 일반적으로, ① 유체물 또는 관리할 수 있는 자연력 ② 관리가능성 ③ 독립성 ④ 비인격성이 물건의 개념요소로 거론되고 있다.[34] 다만 '관리할 수 있는'은 ②의 요건과 중복되고 법문의 취지가 '유체물임과 동시에 자연력'이라는 의미는 아니므로 ①은 '유체물 또는 자연력'으로 하는 것이 보다 적절하다.[35] CBDC는 디지털 정보 형태의 화폐로서 원(圓) 단위로 독립되어 거래될 수 있고, 인체나 그 일부에 해당하지 않아 ③, ④ 해당 여부는 쟁점이 아니다. 이하에서는 CBDC가 물건에 해당하는지 살펴보기 위해 관리 가능성, 유체물 또는 자연력 개념에 대하여 차례로 살펴본다.

---

33) Carr(2019), para 7.07, 181면.
34) 집필대표 김용덕, 김종기 저술부분, 주석 민법 민법총칙(2) 제5판, 한국사법행정학회 (2019), 258면.
35) 집필대표 김용담, 이상원 저술부분, 주석 민법 민법총칙(2) 제4판, 한국사법행정학회 (2010), 253면.

가. 배타적 지배·관리 가능성

(1) 의미

법률상의 물건은 사람이 관리할 수 있는 것에 한정된다.[36) 관리가 가능하다는 것은 바꾸어 말하면 배타적으로 지배가 가능하다는 것을 뜻한다.[37) 대기 중에 흐르는 방송전파는 무체물로서 배타적 지배가 가능하지 않아 역시 물건이 아니다.[38) 그러나 과학기술의 발달에 따라 인간의 지배가능성은 계속 확장되어 왔으므로, 관리가능성의 개념 역시 시대와 장소에 따라 달라진다고 보아야 한다.[39) 무선인터넷이나 케이블 TV 전파가 보안이 된 아이피를 제공하는 것이라고 한다면 배타적 지배 가능성은 존재한다고 해석할 수도 있을 것이다.[40)

(2) CBDC의 해당 여부

CBDC는 전자적 형태로 이전되는 데이터의 일종이나, 개인키에 대한 배타적 지배가 가능하므로 관리 가능성이 있다고 해석할 수 있다. 블록체인 기술을 이용하여 CBDC를 발행 또는 유통하는 경우, 일반 이용자가 보유하고 관리하는 개인키에 대한 지배력을 일반 이용자는 공개키와 개인키를 배정받도록 설계할 수 있다. 해시화된 공개키의 경우 CBDC 분산원장을 사용하는 참여기관에 공개되어 CBDC 보유자를 특정하는 기능을 담당한다. 한편, CBDC 보유자는 CBDC 거래 시 개인키를 사용하여 디지털 서명을 하고, 이로써 보유자가 거래 상대방에게 CBDC를 이전하는 거래가 이루어졌음을 알 수 있다. 개인키는 개별 CBDC 이용자만이 배타적으로 지배하고 관리하도록 할 수

---

36) 주석 민법, 민법총칙(2)(제5판)(2019), 262면(김종기).
37) 상동
38) 주석 민법, 민법총칙(2)(제5판)(2019), 263면(김종기).
39) 상동
40) 김현숙, 가상공간과 형법상 재물의 개념 재구성, 비교형사법연구 제12권 제1호 (2020), 159면 참조.

있고, 이를 통하여 CBDC에 대한 관리 가능성이 인정되는 것이다.

나. 유체물 또는 자연력

(1) 무체물의 해당 여부에 대한 논의

유체물이란 공간의 일부를 차지하고 사람의 감각에 의하여 지각할 수 있는 '형체'를 가진 것을 말한다.[41] 이에 대비되는 개념인 무체물은 일반적으로 빛·열·전기·에너지·음향 등과 같이 공간을 차지하는 형체를 가지지 않는 것이라고 이해되고 있다.[42] 한편, 무체물 중 자연력이란 자연계에 존재하는 힘 또는 이와 유사한 것을 의미하는 것이라고 본다.[43] 즉, 인공적으로 창출된 물질이라도 자연계에 실제로 존재하는 것이면 자연력에 해당한다고 보는 것이다.[44]

민법은 무체물 중 자연력에 대해서만 물건으로 규정하고 있다. 이에 반하여 관리 가능성을 중심으로 물건의 개념을 파악하여 유체물뿐만 아니라 관리 가능한 무체물은 물건으로 보아야 한다는 견해[45]가 있다. 물질의 존재 형태보다는 배타적 지배 가능성 유무를 우선적 판단기준으로 삼아 특정한 객체가 민법상 물건인지를 판단하여야 한다는 견해이다.[46] 현행 민법에 직접적인 영향을 준 독일 민법전(BGB; 1900) 제90조에서는 유체물만을 물건으로 규정한 데 반하여 우리나라 민법에서는 관리 가능한 자연력과 같은 무체물도 물건이 될 수 있도록 규정한 것을 보면, 우리 민법은 물건을 유체물로

---

41) 주석 민법, 민법총칙(2)(제5판)(2019), 258면(김종기).
42) 주석 민법, 민법총칙(2)(제5판)(2019), 259면(김종기).
43) 상동
44) 주석 민법, 민법총칙(2)(제4판)(2010), 255면(이상원).
45) 최경진, 민법상 정보의 지위, 산업재산권 제15호, 한국지식재산학회 (2004) 4면.
46) 김이수, 비트코인의 사법상 지위에 관한 고찰, 법학연구(부산대) 제59권 제4호 (2018), 88면.

한정하지 않는다[47]는 것이다.

물건은 물권 행사의 객체이므로 존재 형태를 불문하고 관리 가능성, 배타적 지배 가능성 유무가 중요한 판단기준이 되고, 기술의 발달에 따라 관리 내지 배타적 지배가 가능한 범위는 확장될 수 있다. 그러나 입법론은 별론으로 하고, 무체물을 물건에 포함시키는 프랑스 민법이나 오스트리아 민법과는 달리[48], 현행 민법이 무체물 중 전기 기타 관리할 수 있는 '자연력'만을 물건으로 파악하는 이상, 그 외 무체물까지 포함시키기는 어려워 보인다. 자연력이 아닌 무체물까지 물건으로 포함시키는 것은 문리적 해석을 넘어서는 목적론적 확장이다.[49]

(2) 디지털정보(데이터)의 해당 여부에 대한 논의

디지털정보(digital information)나 데이터(data)가 거래의 대상으로서 민법상 물건에 해당하는지와 관련한 다양한 견해가 있다. 관리 가능한 무체물은 물건으로 보아야 한다는 견해에 따르면, 관리 가능한 디지털정보는 물건에 해당한다. 한편 네트워크를 타고 전달되는

---

47) 최경진(2004), 4면.
48) 프랑스 민법 제516조, 오스트리아 민법 제353조; 주석 민법, 민법총칙(2)(제5판)(2019), 258면(김종기).
49) 형법은 유체물과 관리할 수 있는 동력(동법 제346조)을 재산죄의 객체가 되는 재물로 간주하는데, 판례는 컴퓨터에 저장되어 있는 정보가 재물이 될 수 없다고 본다(대법원 2002. 7. 12 선고 2002도745 판결). 즉, 판례는 컴퓨터에 저장되어 있는 정보 그 자체는 유체물도 아니고 물질성을 가진 동력도 아니어서 재물이 될 수 없기 때문에 회사 연구개발실 컴퓨터에 저장되어 있는 설계도면을 종이로 출력하여 간 경우 절도죄가 성립하지 않는다고 보았다. 또한 판례는 컴퓨터 프로그램 파일은 형법 제243조 소정의 문서, 도화, 필름 기타 물건에 해당하지 않는다고 보고, 음란한 영상화면을 수록한 컴퓨터 프로그램파일을 컴퓨터 통신망을 통하여 전송하는 방법으로 판매한 행위에 대하여 형법 제243조를 적용할 수 없다고 판시하였다(대법원 1999. 2. 24 선고 98도3140 판결).

도중의 디지털정보는 물리적으로 전기신호이므로 이때에는 물건이 된다는 견해,[50] 독자적인 거래의 대상이 되는 컴퓨터 프로그램은 민법상의 물건으로 보아야 한다는 견해가 있다.[51] 이에 대해 디지털정보나 컴퓨터 프로그램은 유체물이나 관리할 수 있는 자연력이라고 볼 수 없으므로 민법상 물건에 해당한다고 보기는 어렵다는 견해가 있다.[52] 한편, 온라인 상으로 이미 물건과 다를 바 없이 독립된 거래의 객체로 여겨지는 거래 현실을 고려할 때, 입법론적으로는 관리 가능하고 배타적 지배의 대상이 되는 무체물은 물건의 개념으로 포섭하여야 한다는 견해가 제시되고 있다.[53]

전달 중의 디지털정보는 물건이 된다는 견해는 컴퓨터 등 전자기기의 전자지갑에 저장되어 있는 디지털정보와 전달 중의 디지털정보의 법적 취급이 달라진다는 점에서 CBDC의 법적 성질의 체계성에 혼란을 일으킬 수 있다. 배타적 지배 가능성을 우선적 판단기준으로 삼는 견해는 (1)항에서 살펴본 바와 같은 이유에서 현행법 해석으로 받아들이기 어려운 측면이 있다. 디지털정보는 유체물이 아니고 자연계에 존재하는 힘이나 인공적으로 창출된 물질이라도 자연계에 실제로 존재하는 힘으로 볼 수 없어 자연력에도 해당하지 않는다. 물건에 관한 정의는 자연과학적 관점이 아니라 법률적 관점에 기한 것으로서, 물건이 권리의 객체, 특히 물건을 사용·수익·처분할 수 있는 소유권의 객체라는 점에 기초한 것이다.[54] 기술 발전에 따른 경제생활의 변화를 반영하여 관리 가능하고 다른 사용자에 대한 배제

---

50) 오병철, 디지털정보거래의 성립에 관한 연구, 한국법제연구원 (2001), 16면.
51) 김관식, 컴퓨터프로그램의 전송과 특허권 침해, 특허판례연구, 박영사 (2017), 472면.
52) 주석 민법, 민법총칙(2)(제5판)(2019), 261-262면(김종기).
53) 배대헌, 연구논단: 거래대상으로서 디지털 정보와 물건 개념 확대에 관한 검토, 상사판례연구 제14집 (2003), 338, 347면.
54) 김증한·김학동, 민법총칙, 박영사 (2013), 213, 266면.

성이 있는 데이터의 경우 입법을 통해 소유권의 대상이 되는 물건에 포함시키거나,[55] 데이터 보유자의 지배적 지위를 보장하기 위한 방안을 검토하는 것이 필요하다.

(3) CBDC의 해당 여부

CBDC는 전자적 방식으로 처리되는 디지털정보의 일종으로서 무체물에 해당하여, 민법 제98조의 해석상 유체물 또는 자연력으로 보기 어렵다. 전자지갑 등에 보관되어 있는 CBDC는 전기가 아니다. 디지털정보, 데이터 그 자체인 CBDC를 기존에 자연계에 존재하는 힘을 인공적으로 창출한 물질로 파악할 수도 없다.

다. 소결

결국 CBDC에 대한 개인키를 가진 자는 CBDC에 대하여 정보통신기술을 사용하여 통제력을 행사할 수 있어 배타적 지배 가능성을 인정할 수 있으나, CBDC는 유체물 또는 자연력에 해당하지 않아 물건으로 인정하기 어렵다. 따라서 CBDC가 물건이므로 CBDC 보유자가 물권과 같은 지배권을 가진다고 결론을 내리기는 어렵다.

---

55) 데이터를 물건의 정의에 포함하고, 데이터 계약을 민법상 전형계약으로 인정하는 규정을 신설하는 내용의 민법 개정안이 제20대 국회에 제출된 바 있다. 정순섭, 디지털 금융혁신관련 법령분석과 향후 입법·정책과제, 국회입법조사처 연구보고서 (2020), 49-52면 참조; 한편, 데이터에 대한 소유권을 인정하여 얻을 효율 개선이 크지 않아 데이터를 직접 소유권의 대상으로 규정하는 방식에는 한계가 있다는 견해로, 이동진, 데이터 소유권 (ownership), 개념과 그 비판, 고학수·임용(편), 데이터 오너십-내 정보는 누구의 것인가?, 박영사 (2019), 139면.

Ⅲ. CBDC에 대한 사법적 권리

1. 기술 구현방식에 따른 구분

가. 논의의 필요성

CBDC가 물건에 해당하지 않기 때문에 CBDC 보유자가 CBDC에 대하여 가지는 권리를 물권이라고 볼 수 없다고 해석하면, CBDC에 대한 권리의 성격이 무엇인지에 관한 추가적 논의가 필요하다. 이는 계좌형 또는 토큰형 중 어느 형태로 제도를 구현하는지에 따라 법적 평가가 달라진다. 계좌형과 토큰형을 나누어 살핀다.

나. 계좌형의 경우

계좌형 CBDC의 구현 및 운영방식을 살펴보면, 계좌형 CBDC는 중앙은행에 대한 청구권, 즉 다른 법화로 등가 교환할 것을 요청할 수 있는 권리[56] 또는 권리의 표시(representation)가 되고, 계좌형 CBDC에 대하여는 예금[57]에 관한 법리가 적용된다.[58] 즉, CBDC 발행을 위하여 일반 이용자는 중앙은행 또는 중개기관과 사이에 계좌 개설 계약을 체결하고, 개별 보유자별로 계좌를 설정하게 된다. CBDC 이전은 원장을 관리하는 기관이 CBDC 이용자의 지급지시에 따라 신원확인을 거쳐 원장 상 계좌에 금액을 증감 기재하는 방법으로 이루어진

---

56) 이 장 제1절 1항 참조.
57) 예금은 예금자가 은행 기타 수신을 업으로 하는 금융기관에게 금전의 보관을 위탁하되 금융기관에게 그 금전의 소유권을 이전하기로 하고, 금융기관은 예금자에게 같은 통화와 금액의 금전을 반환할 것을 약정하는 계약이다. 박준·한민, 금융거래와 법, 박영사 (2019), 25면.
58) ECB(2020) 25면; 中央銀行デジタル通貨に關する法律問題研究會(2020) 11면에 의하면, 계좌형 CBDC란 중앙은행이 일반 이용자의 개별 계좌를 통해 관리하는 일반 이용자의 중앙은행에 대한 예금채권이다.

다. 이처럼 계좌형 CBDC는 구현방식이 기존의 예금계좌 개설 및 계좌이체 방식과 동일하여, 계좌형 CBDC에 대하여는 예금에 관한 법리로 구성하는 것이 타당하다.[59]

예금이 계좌이체를 통해 이체될 때 동액의 채권이 이전되고 지급인의 채무는 소멸한다. 그렇다고 실제 어떤 현금 또는 전자적 형태의 금전이 어떤 방식으로든 이전하는 것은 아니다. 즉, 전자적 형태로 계좌이체를 통한 지급행위가 이루어졌을 때 어떠한 소유권의 이전이 생기는 것은 아니다.[60] 계좌형 CBDC 역시 마찬가지로, 계좌형 CBDC는 이용자마다 개설된 CBDC 계좌 상의 잔액으로 기록된다. 나아가 CBDC의 이전은 CBDC 계좌 간의 이체를 통해 이루어진다. CBDC 계좌 간의 이체 과정을 살펴보면, 채무자의 예금채권 소멸과 채권자의 예금채권 발생으로 이루어진다고 평가할 수 있다.[61]

한편, 예금계약을 체결하면 일반적으로 예금증서나 통장을 교부한다. 계좌형 CBDC에 관한 전자장부상의 기록은 예금증서나 통장에 대응될 수 있다. 계좌형 CBDC에 대한 전자장부상 거래기록의 법적 성질은 기존 예금증서나 통장의 경우와 마찬가지로 유가증권이 아니라 단순한 증거증권에 불과한 증표적 성질[62]을 가진다고 본다.

---

59) 예금의 법적 성질은 소비임치계약이고, 민법 제696조, 제703조 상 소비임치는 물건을 목적물로 하는데, 앞서 살펴본 바와 같이 CBDC가 민법상 물건에 해당하지 않는다. 그러나 한편으로 예금의 목적물은 금전이고, CBDC는 금전에 해당하며, 계좌형 CBDC가 예금과 동일한 방식으로 운용된다는 점을 고려할 때, 중앙은행 또는 중개기관과 계좌형 CBDC 보유자와의 법률관계에는 예금에 따른 법리가 적용된다. 이러한 측면에서 계좌형 CBDC에 대하여 예금채권 그 자체라고 평가하기 보다 예금에 대한 법리가 적용된다고 본다.

60) Gleeson(2018) para 6.60, 113면.

61) 이러한 구조에서 지급인은 예금채권의 채무자인 은행 또는 중앙은행에 대한 지급지시를 통해 예금 인출의 의사표시와 인출된 자금을 이체자금으로서 수취인에게 교부하는 의사표시를 동시에 하는 것으로 평가할 수 있다.

62) 예금증서나 통장은 증거증권에 불과한 증표적 성질을 가진다(정순섭

다. 토큰형의 경우

토큰형의 경우 블록체인 기술이 상사거래에 실제 구현되는 형태는 가상자산과 유사하다. 토큰형은 가상자산과 마찬가지로 재산적 가치가 표상된 디지털 정보 그 자체에 대한 특정이 가능하고 이에 대한 권리의 이전이 가능하다. 개인키에 대한 지배권을 행사하는 자는 해당 토큰형 CBDC에 대하여 거래 상대방뿐 아니라 제3자에 대한 배타적 권리를 행사할 수 있다. 토큰형 CBDC에 대한 논의는 아직까지 찾기 어려워 이하에서는 가상자산에 관한 견해 대립을 기술한다. 그 구현방식이나 시스템 구조의 유사성을 고려할 때, 가상자산 보유자가 가상자산을 직접 보유하는 경우[63] 가상자산에 대하여 가지는 권리의 성격에 관한 논의는 토큰형 CBDC에 대한 권리를 분석하는데 참고할 수 있다. 이를 바탕으로 토큰형 CBDC에 관한 논의를 전개한다.

2. 가상자산에 관한 학설[64]

가. 준물권적 권리로 보는 견해

가상자산 보유자는 가상자산의 재산적 가치에 대해 독점적이고

(2017), 313면); 대법원 1984. 8. 14. 선고 84도1139 판결에 의하면, '통장은 예금계약 사실을 증빙하는 증표일 뿐이므로 그 통장이 수기식이라고 하여 이미 성립한 예금계약이 소급하여 무효가 된다고는 할 수 없'다고 판시한 바 있다.

63) 가상자산 간접보유의 경우 가상자산거래소를 통해 이용자가 가상자산에 대한 권리를 보유하고 가상자산에 대한 거래 시 가상자산의 블록체인에는 아무런 기록의 변동이 없다(Narayanan, Arvind et. al., Bitcoin and Cryptocurrency Technologies: A comprehensive Introduction, Princeton University Press (2016), 89면). 반면 CBDC의 경우 CBDC 이전 시 블록체인에 거래기록의 변동이 생기도록 설계할 것으로 예상한다. 따라서 가상자산 간접보유의 경우는 본 논문에서 논의하지 않는다.

64) 해당 논의는 CBDC의 물건 해당 여부에서 출발하여 CBDC 보유자의 권리

배타적인 지배권을 행사하고, 거래의 상대방뿐만 아니라 누구에게
나 가상자산에 대한 권리를 주장할 수 있으므로 물권과 유사한 권리
를 갖는다는 견해이다.65) 그런데 준물권의 경우 법률의 규정으로 물
권에 준하는 효력을 부여하는데,66) 다른 준물권과는 달리 가상자산
보유자의 가상자산에 대한 권리는 법률에 따라 부여된 권리는 아니
므로, 준물권과 유사한 성격의 권리로 볼 수 있다는 견해이다.67) 이
견해에 의하면 가상자산 보유자는 가상자산에 대한 권리를 모든 이
에게 주장할 수 있게 된다(물권적 대세효).

　이 견해는 가상자산 보유자가 가상자산에 대하여 배타적 지배권
을 가지는 사실상 상태에 주목하고, 이에 따라 가상자산에 대한 지
배구조를 준물권 구조로 파악하여 보호하고자 한다.68) 따라서 '본래
의 진정한 권리자'는 '권리자로 기록되어 있는 자'를 상대로 가상자
산의 반환을 내용으로 하는 물권적 청구권을 가지게 되는 것으로 해

　　가 물권적 성질인지 채권적 성질인지 검토하기 위함이다. 따라서 가상자
　　산이 화폐, 금융투자상품, 유가증권, 기타 상품이나 자산에 해당하는지에
　　관한 학설 소개는 본 논문의 범위를 벗어난다.

65)　片岡義廣, 假想貨幣の 私法的 性質の 論點, LIBA Vol. No. 4 (2017), 12-13면.
　　〈https://www.toben.or.jp/message/libra/pdf/2017_04/p02-25.pdf〉 2020. 4. 26.
　　방문; 片岡義廣, 「ブロックチェーンと仮想通貨をめぐる法律上の基本論点」,
　　久保田 隆編『ブロックチェーンをめぐる實務·政策と法』, 中央經濟社 (2018),
　　162-164면; 金融法委員會, 「仮想通貨の私法上の位置付けに關する論点整理」,
　　金融法委員會 (2018), 8-9면.
66)　예를 들어 광업권이나 어업권의 경우, 광물이나 수산물을 직접 지배하는
　　것을 내용으로 하지 않고 이들을 채굴, 채포하여 소유권을 취득할 수 있
　　는 것을 내용으로 하므로 본질적으로 물권이 아니다. 그러나 광업권, 어업
　　권은 물건을 전속적으로 취득할 수 있는 권리로서 물권과 유사하기 때문
　　에 광업법과 수산업법에서 광업권, 어업권에 물권에 준하는 효력을 부여
　　하였다. 김상용, 물권법 제3판, 화산미디어 (2016), 21면.
67)　片岡義廣(2017), 12-13면; 片岡義廣(2018), 162-164면에 의하면, 물권규정
　　유추적용을 주장한다.
68)　片岡義廣(2017), 14면.

석한다.[69] 즉, 가상자산의 이용실태를 염두에 두고, 이에 대한 적절한 법적 평가를 해야 한다는 견해이다.

나. 재산권으로 보는 견해

현행 민법상 가상자산은 물건이 아니나 일정한 재산적 가치가 있고, 가상자산 보유자는 이에 대해 사실상 배타적 지배 가능성을 가지고 있으므로, 그 상태를 법적으로 재산권의 귀속으로 평가한다.[70] 가상자산을 재산권으로 보는 견해의 논리적 귀결은 가상자산에 대한 권리를 준물권적 권리로 보는 견해의 논리적 귀결과 상당 부분 겹친다[71]: (i) 해당 재산권이 귀속주체의 책임재산에 속하고, (ii) 상속의 대상이 된다.[72] 또한 (iii) 재산권 귀속·변경에 대해 소유권의 이전과 같은 규율을, 재산권 귀속에 대한 침해가 있었을 경우 소유권에 근거한 반환청구권과 같은 규율을 하는 것이 타당하다고 본다.[73]

이 견해는 가상자산의 지급수단 기능에 주목하여, 가상자산 거래의 실질에 대해 통화매체와 통화수단 개념을 적용하여 분석한다.[74] 금전은 금전가치가 화체된 일정한 매체(통화매체)와 통화매체에 기체된 금전가치를 이전하기 위한 수단(통화수단)으로 나눌 수 있다.[75] 가상자산은 공개키에 대응한 비밀키의 존재에 의해 배타적 귀속이 가능하고, 이로써 가상자산 데이터 그 자체를 통화매체로 평가할 수

---

69) 金融法委員會(2018), 13면.
70) 森田宏樹, 「仮想通貨の私法上の性質について」, 『金融法務事情』2095 號、金融財政事情研究會 (2018)、14-23면; 일본 민법상 물건은 유체물에 한정된다(제85조).
71) 森田宏樹(2018), 18면.
72) 森田宏樹(2018), 17면.
73) 상동
74) 森田宏樹(2018), 20-21면.
75) 森田宏樹(2018), 18면; 주화를 예로 들면, 금액이 기재된 주화는 통화매체이고, 주화의 인도가 통화수단이다.

있다.76) 또한 이용자가 행한 거래가 블록체인에 기록됨으로써 가상자산의 이전이 실현되므로, 블록체인 기재를 통화수단으로 볼 수 있다.77) 이로써 지급수단으로서의 가상자산은 통화매체와 통화수단 양자가 블록체인에서의 거래기록에 의해 실현된다고 평가한다.78)

다. 채권적 권리로 보는 견해

가상자산은 물권의 객체인 물건에 해당하지 않아 물권과 같은 지배권의 객체가 될 수 없다는 전제를 바탕으로 한다.79) 또는 가상자산에 대한 법률관계를 분석함에 있어 가상자산 거래 또는 이와 관련한 불법행위에 대한 적용 법리를 찾는 것이 중요하고, 가상자산의 재산(property) 해당 여부는 부차적 문제에 불과하다는 입장에 기초한다.80)

이 견해에 의하면 가상자산 보유자는 해당 가상자산 네트워크의 다른 참여자들을 상대로 가상자산의 재산적인 가치를 행사할 수 있는 권리를 가진다.81) 이에 대한 근거로 가상자산의 운영체계는 참여

---

76) 森田宏樹(2018), 20면.

77) 森田宏樹(2018), 20-21면.

78) 森田宏樹(2018), 20면.

79) 이와 관련하여 Stephan Meder, Giro Payment and the Beginnings of the Mordern Cashless Payment System, in David Fox and Wolfgang Ernst (eds.), *Money in the Western Tradition: Middle Ages to Bretton Woods*, Oxford University Press (2016), Ch. 21에서는 예금채권의 법적 성질에 대하여 설명하면서, 독일은 무체물을 물건으로 다룰 수 없기 때문에 이를 채권으로 법리를 구성한다고 설명한다. 무체물인 가상자산에 대하여도 마찬가지로 적용될 수 있다.

80) Andrew Dickinson, Cryptocurrencies and the Conflict of Laws, in David Fox, Sarah Green (ed.), *Cryptocurrencies in Public and Private Law*, Oxford University Press (2019), paras 5.99-5.100, 128-129면.

81) Dickinson(2019), paras 5.100-5.101, 129면; Olena Demchenko, Bitcoin: Legal Definition and its Place in Legal Framework, Journal of International Trade,

자들 간 합의에 기반하고 있는 점을 든다.[82] 어떠한 가상자산 거래 또는 블록이 유효한지 여부는 참여자들 간의 합의에 따라 결정되고, 어떠한 블록체인이 유효하고 어떠한 거래가 일어났는지에 대한 결정도 참여자들의 동의에 기반한다.[83] 또한 가상자산이 가치 있다는 점 역시 가상자산에 대한 권리를 보유하면 그 가상자산으로 가치 있는 것과 교환하거나 가치 있는 것을 살 수 있다는 점에 대한 네트워크 참여자들의 동의에 기반한다.[84] 이처럼 가상자산 네트워크 참여자는 해당 네트워크에 참여함으로써 묵시적으로 다른 참여자들과 사이에 가상자산 네트워크의 규칙에 대해 합의하는 것이고, 이를 일종의 다수당사자 사이 계약으로 평가하는 것이다.

가상자산의 재산(property) 해당 여부에 대한 판단은 부차적 문제에 불과하다는 입장에 의하면, 가상자산은 무형의 재산 형태로 구성되는데, 개인키는 단지 일련의 정보에 불과하고, 어떠한 장치(device)에 보관될 필요도 없다고 본다.[85] 개인이 이를 머릿속에 저장할 수도 있고, 거래에 대한 인증이 지문으로 이루어질 수도 있을 것인데, 이 경우 가상자산이 해당 자연인에 따라 식별되고 그가 있는 곳에 그와 함께 존재한다고 볼 수 있겠는가에 관한 의문을 제기한다.[86] 또한 일련의 블록체인은 가상자산 시스템 내 거래의 기록으로 시스템의 완결성을 유지하는데 중요한 역할을 하나, 거래 기록 그 자체는 어떠한 가치도 없음을 지적한다.[87]

Logistics and Law, Vol. 3(1) (2017), 33면.
82) Dickinson(2019), para 5.101, 129면.
83) Anrayanan, Arvind et. al.(2016), 168면.
84) 상동
85) Dickinson(2019), para 5.97, 128면.
86) 상동
87) 상동

3. 가상자산 학설에 대한 검토

토큰형 CBDC와 가상자산에 공통되는 기술적 특성이나 기술적 구현방식을 법적으로 해석할 때, 가상자산의 사법상 법적 성질에 대한 검토는 토큰형 CBDC에 대한 사법상 권리의 검토에도 상당 부분 적용할 수 있다. 애초에 가상자산에 쓰이던 분산원장기술을 중앙은행이 발행하는 디지털 화폐에 활용한 것이기 때문에 근본적 구현원리가 같고, 이러한 기술적 특성에 대한 법적 해석도 크게 다르지 않기 때문이다. 다만, CBDC는 화폐로써 발행되므로, 가치척도인 동시에 가치저장의 수단이자 지급수단으로 사용되는 화폐의 본질적 속성을 추가로 반영할 필요가 있다. 이에 본 항에서는 가상자산 학설에 대한 검토 후, 다음 항에서 토큰형 CBDC 보유자의 CBDC에 대한 사법적 권리를 검토한다. 토큰형 CBDC의 사법상 성질을 검토할 때에는 가상자산에 대한 권리와 공통되는 측면을 살핀 후, 가상자산과 구분되는 화폐로서의 특성을 고려한 분석을 추가한다.

가. 가상자산 구현기술에 대한 법적 검토

가상자산 보유자가 가상자산에 대하여 물권과 유사한 성격의 권리를 보유하는지 채권을 보유하는지에 대한 판단은 가상자산을 직접 지배하는 것이 가능한지, 아니면 가상자산 보유자가 가상자산 네트워크 참여자에 대해서 네트워크 내에서 특정의 행위를 할 것을 청구하여 청구에 따른 행위가 있어야 비로소 이익을 누릴 수 있는 권리로 보아야 하는지에 달려있다. 이 법적 평가를 위해 필요한 범위에서 블록체인 기술을 기반으로 한 가상자산이 실제 어떻게 구현되는가를 살핀다.

(1) 기술적 특정 가능성

비트코인을 예로 들면, 비트코인은 사법상 대체물로서의 특성을 가지면서도 동시에 여타 자산(asset)과 마찬가지로 특정이 가능하다는 특성을 지닌다.[88] 바로 이 특정 가능성은 물권적 권리행사의 객체가 될 수 있게 하고,[89] 예금의 계좌이체와 차이를 낳는다. 각각의 비트코인을 구성하는 데이터 문자열은 특정된다.[90] 가장 최근 비트코인 거래 내역의 블록체인 원장 기재는 일련의 거래 체인을 통해 비트코인이 시스템에 최초로 입력되는 시점까지 추적이 가능하고, 따라서 비트코인은 블록체인 원장에의 기재 및 일련의 거래 체인을 통하여 특정이 가능하다.[91] 이는 예금의 계좌이체 시 금전 가치의 이전을 추적하는 것과 유사한 측면이 있으나, 비트코인의 이전은 계좌이체와는 달리 입출금 기장을 통해 금전 가치를 서로 식별하기 위해 인위적으로 귀속에 관한 법률 원리에 의존할 필요가 없다.[92] 이러한 블록체인의 기술적 특성은 디지털 형태로 존재하는 가상자산의 특정을 가능하게 한다. 이처럼 가상자산이 특정 가능한 데이터임을 전제로, 이에 대한 배타적 점유가 가능한가에 관한 검토로 나아간다.

---

88) Fox(2019), para 6.25, 147면. 예를 들어 채무자가 채권자에게 5 BTC 채무를 부담하는 경우, 그는 5 BTC와 동등한 가치로 평가되는 어떠한 BTC도 사용할 수 있다. 즉, 시스템 이용자들은 어떤 특정물로써 채무를 이행하여야 하는 것이 아니라, 대체물로 비트코인을 간주하여 BTC 명목가치로 자신의 채무를 이행할 수 있다(Fox(2019), para 6.25, 147면).

89) 특정성은 물권적 권리자와 특정 물건 사이 정확한 대응과 관련한 원칙으로서, 궁극적으로 '누가 무엇을 가지는가'에 관한 물권법의 핵심 목적을 달성하기 위해 필요하다. Wolfgang Mincke, General Principals of Property Law: A Traditional Continental View, in Paul Jackson and David C Wilde (eds.), *The Reform of Property Law*, Dartmouth Publishing (1997), 199면.

90) Fox(2019), para 6.25, 147면.

91) 상동

92) 상동

(2) 배타적 지배 가능성

민법상 점유의 개념요소인 '지배'는 자신의 의사를 관철시키는 것이 가능한 사실 상태를 지칭하며, 따라서 자신의 의사를 관철하고 타인의 간섭을 배제할 수 있는 높은 개연성을 의미한다.[93] 이는 반드시 물리적인 접촉 내지 근접이 요구되는 것이 아니며, 오히려 사람과 물건 사이의 밀접도, 외부로터의 인식 가능성, 전점유자 및 제3자의 배제 가능성 등을 고려하여야 한다.[94] 가상자산 보유자가 블록체인상 유효성을 인증받은 거래에 따라 가상자산을 취득하면, 가상자산 네트워크 참여자나 거래의 상대방뿐 아니라 모든 사람에게 가상자산에 대한 권리를 주장할 수 있는 대세적인 성격의 권리를 가진다. 그리고 가상자산 보유자는 개인키의 지배를 통하여 가상자산의 재산적인 가치를 독점적으로 행사할 수 있고, 가상자산 보유자가 개인키를 통하여 서명하지 않는 한 가상자산 보유자가 보유한 가상자산에 대한 권리를 누구에게도 양도할 수 없다. 이러한 측면에서 가상자산 보유자는 물권과 유사한 성격의 권리를 가진다고 볼 수 있다.

나. 채권적 권리 및 재산권으로 보는 견해에 대한 검토

가상자산 보유자가 채권적 권리를 가진다고 보는 견해에 대하여는, 가상자산 자체를 채권으로 보기 어렵다는 비판이 가능하다. 즉, 가상자산 자체는 디지털로 프로그래밍된 코드에 지나지 않고, 가상자산 그 자체가 특정인이 다른 특정인에게 가상자산 자체에 대한 일정한 행위를 구할 수 있는 권리, 즉 채권은 아니다.[95] 가상자산 네트

---

93) Kegel, Von wilden Sachen [···], Festschrift für Caemmerer (1978), S. 167f; 김형섭 주필 부분, 민법주해, 물권법, 박영사 (2012), 361면에서 재인용.
94) 이영준, 물권법, 박영사 (2009), 320면.
95) 배승욱, 가상화폐 법제 구축 방안에 관한 연구, 한국외국어대학교 대학원 법학과 박사학위논문 (2018), 47면.

워크 참여자는 가상화폐 네트워크에 참여 시 네트워크의 규칙에 대하여 동의·합의한다. 그런데 이 동의·합의를 두고 곧바로 참여자 상호 간에 가상자산에 대한 채권적 권리가 부여되는 계약이 형성되는 것으로 보기는 어려운 측면이 있다. 즉, 계약 상대방, 합의의 대상 및 내용적 측면에서 양자는 일치하지 않는다. 또한, 네트워크 참여자의 합의를 계약과 같은 성질이라고 판단하기는 어렵고, 계약(합의)에 기초하는 지위로 가상자산에 대한 권리성을 설명할 수 없다는 비판96)이 가능하다. 나아가 가상자산은 대부분 발행인이 없으므로 발행인에 대하여 채권적 권리를 행사할 수도 없다.

가상자산을 준물권적 권리로 보는 견해와 재산권으로 보는 견해는 가상자산의 재산적 가치 및 가상자산 보유자가 가상자산을 배타적으로 지배하고 있는 사실상 상태를 물권법적으로 보호하려 한다는 결론에서 일치한다. 그런데 우리 민법상 재산권이라는 개념은 재산에 대한 권리로서 물권 및 채권 모두에 적용될 수 있어, 재산권이라는 표현을 사용하는 것은 가상자산 보유자의 권리를 명확히 이해하는데 적절하지 않은 측면이 있다. 또한, 우리 민법상 재산이란 주로 상속 분야에서 사용되는 용어로서 가상자산이 일정한 재산에 해당함을 전제로 가상자산에 대한 권리를 재산권으로 규율하는 것도 민법 체계상 명확하지 않다. 물건에 해당하지 않으나 물권에 준하는 지배적 권리를 인정하고 지배적 권리를 소유에 준하여 보호하고자 한다면, 우리 민법상 준물권적 권리로 해결함이 간명하다.

다. 소결

블록체인 기술을 기반으로 한 가상자산 거래가 실제 어떻게 구현되는가를 분석하여 가상자산에 대한 권리를 검토하면, 가상자산 보

---

96) 金融法委員會, 「仮想通貨の私法上の位置付けに關する論点整理」, 金融法委員會 (2018), 10-11면.

유자는 가상자산을 배타적으로 지배할 수 있는 사실상태에 있고, 이러한 상태에 대해 준물권적 권리의 귀속이라는 법적 평가를 부여하는 것이 타당하다. 이에 따르면 가상자산은 귀속주체의 책임재산에 속하고, 가상자산의 귀속주체의 변경에 대하여는 소유권 이전과 같은 규율이 타당하다. 가상자산 보유자에 대한 권리의 침해가 발생하는 경우 소유권에 기한 반환청구권과 같은 규율이 타당하다는 결론에 이르게 된다. 그리고 4. 나항에서 후술하는 바와 같이 (i) 물권법정주의 원칙에 따를 때 가상자산에 대한 권리에 대하여 법률의 제정을 통해 준물권적 성격을 명확히 하거나, (ii) 직접 소유권의 대상으로 규정하는 방식에 무리가 있다고 판단하는 경우 적어도 가상자산에 대한 처분 권한을 보장하기 위한 방안을 검토하는 것이 필요하다.

4. 토큰형 CBDC에 대한 권리의 검토

가. 가상자산 학설에 따른 검토

(1) 가상자산과의 비교

가상자산의 사법상 법적 성질에 대한 검토는 상당 부분 토큰형 CBDC에 적용된다. 토큰형의 CBDC의 발행·이전을 분산원장 기록에 의할 경우, 분산원장 기록에 금전적 가치가 포함되어 있고 동시에 분산원장 기록에 의해 CBDC의 이전이 이루어진다고 볼 수 있다.[97)98)]

---

97) 森田宏樹, 「仮想通貨の私法上の性質について」, 『金融法務事情』 2095 號, 金融財政事情研究會 (2018), 14~23면에서 가상자산에 관한 설명 참조.

98) 한편 계좌형 CBDC의 온라인 결제시스템을 중앙집권적으로 관리하는 시스템이 아니라 분산대장기술으로 채택하는 경우, 금전적 가치는 예금채권이 되고(예금채권이 통화매체), 분산대장 상의 거래기록은 해당 예금채권을 이전시키는 수단에 지나지 않는다(분산대장상의 거래기록이 통화수단)고 파악하게 된다. 中央銀行デジタル通貨に關する法律問題研究會 (2020), 9면.

그리고 블록체인의 기술적 특성상 발행되어 전전유통되는 토큰형 CBDC에 대한 특정이 가능하고, 토큰형 CBDC의 보유자는 CBDC에 대한 배타적 지배 가능성이 있다.

구체적으로 토큰형 CBDC에 대한 권리가 누구에게 귀속되는가와 관련하여 비트코인의 기술적 구현방식을 참조할 수 있다. 비트코인 거래를 위해서는 전자지갑이 필요하고, 각 전자지갑에는 '비트코인 주소'[99]가 부여되어 있다. 비트코인은 비트코인 주소(address)로 서로 주고받을 수 있는데, 이 과정에서 공개키(public key)와 개인키(private key)가 사용된다. 공개키는 디지털 서명 방식을 취하여 특정 행위자의 신원(identity)과 동일시되고[100], 공개키의 해시값에 해당하는 비트코인 주소로 가상자산을 보낼 수 있다. 한편 개인키는 디지털 서명 구조 하에서 공개키에 대하여 지배력을 행사하는 사람만이 알고 있는 정보이다.[101] 이는 공개키와 짝을 이루고, 개인키가 있어야 디지털 서명을 할 수 있다. 결국 가상자산 공개키와 대응하는 개인키를 가지고 있는 사람은 그 공개키에 보관된 가상자산에 대한 지배력을 행사하는 것[102]이라 할 수 있다. 이 같은 기술의 구현방식은 토큰형 CBDC에도 적용될 것으로 예상된다. 따라서 토큰형 CBDC 공개키에 대응하는 개인키를 가지고 있는 사람이 바로 CBDC에 대한 지배력을 행사하는 사람으로 볼 수 있다.

그런데 이와 같은 법적 평가에 대하여 다음과 같은 의문이 제기

---

99) 비트코인을 사용하기 위한 일종의 '계좌번호'로서 영어와 숫자가 혼합된 약 30자리의 문자열이다. 주소는 하나의 전자지갑에 여러 개를 작성할 수 있고, 거래마다 각기 다른 주소를 사용해서 비트코인을 주고받을 수 있다. 이는 주소를 통해 전자지갑의 주인을 특정하지 못하게 하기 위해서이다. 中島眞志, 이용택 역(2018), 30-31면.

100) Narayanan, Arvind et. al.(2016), 19면.

101) 상동

102) *SEC v. Shavers and BTCST*, 판결문 2면.

될 수 있다. 즉, 개인키 보유에 의한 가상자산에 대한 독점력은 바로 거래 승인에 대한 통제에서 발생하는데, 전통적 대륙법계 물건 이론의 요건에 의할 때 사물의 양도 가능성을 통제하는 것은 해당 사물 자체에 대해 물권이 있다는 의미와 정확히 일치하는 것은 아니라는 것이다.103) 물권은 특정의 독립된 물건 그 자체를 직접 지배하여 이익을 얻는 권리인데, 가상자산 보유자는 분산원장에 데이터(정보)로 기재된 가상자산 그 자체를 직접 지배하는 것이 아니라는 것이다.

그러나 비록 물건의 양도 가능성은 소유권에 대한 전통적 지표 중 하나에 불과할지라도, 중요한 요소이다.104) 특히 화폐의 경우, 화폐의 본질과 기능은 이러한 양도 가능성의 중요성을 강조한다: 화폐를 사용할 수 있다는 것은 화폐의 본질적 기능이다.105) 화폐는 기본적으로 사용가치를 가지는 재화가 아니라 교환가치만을 가지는 지급수단이다. 화폐인 CBDC는 데이터 그 자체 보다는 수량으로 표시된 일정한 화폐가치에 대한 처분 권한이 특정인에게 배타적으로 귀속되고 전전양도 가능하다는 점에 의미가 있다. 한편, 물건을 직접 지배한다는 것은 권리 내용의 실현을 위하여 타인의 행위를 매개하지 않고 스스로 물건으로부터 이익을 얻는다는 뜻이다.106) CBDC 양도와 같은 권리 실현 시 타인의 협조나 동의 없이 개인키에 대한 서명 절차 등으로 스스로 CBDC 거래이익을 얻을 수 있다. 이러한 측면에서 CBDC 보유자는 CBDC 이전을 통제하는 개인키 보유로서 CBDC을 직접적·배타적으로 지배한다고 해석할 수 있다.

결국 앞서 3항에서 검토한 가상자산에 대한 사법상 권리의 성질

---

103) Carr(2019), para 7.10, 182면.

104) Anthony M. Honoré, 'Ownership' in Anthony Gest, Oxford Essays in Jurisprudence, Oxford University Press (1961), 118-121면의 설명 참조.

105) James W Harris, *Property and Justice 5*, Oxford University Press (2002), 47-48, 159면.

106) 지원림(2016), 424면.

을 토큰형 CBDC에 적용할 때, 토큰형 CBDC의 개인키를 가지고 있는 사람은 CBDC에 대한 준물권에 유사한 권리를 가진다. 토큰형 CBDC에 대한 배타적 지배가 가능하다는 현상에 주목하고, 이에 대해 법률로써 준물권적 권리를 부여하거나 지배적 지위를 보장하는 규율을 적용할 필요가 있다는 결론도 동일하게 적용한다.

(2) 화폐로서의 성질 고려

토큰형 CBDC의 화폐로서의 특성을 고려하면 다음 분석이 추가된다. 우선 CBDC는 가상자산과는 달리 법화의 지위가 부여되므로, CBDC에 대한 법리구성 시 금전에 관한 법리를 고려하여야 한다. 화폐는 교환매개 및 가치척도의 수단으로 기능하여 일반적 구매력을 가지고, 금전의 구매력에 대한 지배는 사법적 의미에서 '금전적 재산가치에 대한 처분권능'을 의미한다.[107] 블록체인 기술을 법적으로 평가하면, 토큰형 CBDC 데이터 자체에 대한 특정 및 이에 대한 권리의 이전이 가능하고, 토큰형 CBDC 보유자가 개인키를 보유함으로써 CBDC를 배타적으로 지배하여 처분권능을 가지도록 구현된다. 이처럼 토큰형 CBDC에 대한 법적 이해는 금전거래의 기능과 본질에 적합하고, 거래관계 당사자의 이해관계에 적정한 법적 효과를 부여하는 방향으로 이루어져야 한다.

토큰형 CBDC는 현금과 마찬가지로 액면에 표시된 통용 가치가 특정 주체에게 배타적으로 귀속하는 상태를 창출할 필요가 있다. 분산원장에는 최초 발행한 토큰형 CBDC와 전전유통되는 CBDC에 대한 거래기록이 함께 데이터로 기록되는데, 분장원장 기술은 금전거래의 기능이나 당사자의 이해관계에 적정한 법적 효과를 부여하기에 적합한 측면이 있다. 일반적 데이터는 본질적으로 경합적이지 않다

---

107) 주석 민법, 채권총칙(1) 제4판(2014), 217-218면.

(non-rivalrous). 즉, 한 시장참여자의 데이터 사용이 다른 시장참여자
들의 동일한 데이터의 사용 가능성을 제한하지 않는다는 것을 의미
한다.[108] 그러나 분산원장기술의 도입으로 배제성(excludable)[109]과
동시에 경합성(rivalrous)[110]의 성질을 가지고 있는 새로운 유형의 데
이터가 등장하였다.[111] 이를 '가치 데이터(value data)'로 부를 수 있
을 것인데,[112] CBDC의 경우 분산원장에 기재된 개별 계산단위가 이
에 해당할 것이다. 그리고 앞서 (1)항에서 살펴본 바와 같이 CBDC 보
유자는 개인키를 보유함으로써 CBDC 거래에 있어 배타적 권한을 가
질 수 있다.[113] 이로써 토큰형 CBDC는 화폐로서 경합적 자산의 성질
을 보유한다. CBDC 그 자체에 해당하는 개별 계산단위는 배제성과
경합성을 가지는 데이터(정보)로 법적으로 평가할 수 있다.

---

108) Sebastian Lohsse, Reiner Schulze, and Dirk Staudenmayer, *Trading Data in the Digital Economy: Legal Concepts and Tools*, Nomos (2017), 15면,

109) 경제학에서 배제성은 다른 사람들이 해당 자산을 소비하는 것을 배제할 수 있는 것을 의미한다.

110) 경제학에서 경합적 자산은 한 사람의 자산 소비가 반드시 다른 사람의 소비의 감소를 야기하는 반면, 비경합적(non-rivalrous) 자산은 한 사람의 자산 소비가 다른 사람의 소비의 감소를 야기하지 않고 공동으로 자산을 향유할 수 있다. Zellwegger-Gutknecht(2019), para 4.80, 85면.

111) Zellwegger-Gutknecht(2019), para 4.82, 86면.

112) 상동

113) 가상자산의 배제성에 대하여 설명하면서, 이러한 가상자산의 특성에 비추어 가상자산과 나머지 일반적 정보는 구별되고, 따라서 일반적 정보를 재산(property)로 다루어서는 안 된다는 입장은 가상자산에 적용할 수 없다는 견해로, Fox(2019), para 6.43, 154면; 즉, 일반적 정보의 경우, 대중의 정보에 대한 지식이나 사용을 배제하고 한 사람에게 이를 독점시키는 것은 어렵고, 아이디어의 자유로운 흐름은 일반적으로 공익을 위한 것이다. 그러나 가상자산의 경우, 개인키 보유로써 가상자산 거래에 있어 다른 사람의 사용을 배제할 수 있는 특성이 있고, 이는 재산(property)의 특성이자 전통적 화폐의 지급수단으로서의 속성을 가진다고 본다. Fox(2019), para 6.43, 154면.

다음으로 중앙은행이 법화에 대하여 부담하는 채무의 성질과 지금까지 검토한 토큰형 CBDC에 대한 사법적 성질 간 관계에 대하여 살펴본다. 토큰형 CBDC에 대한 권리를 물권적 권리로 구성하면, 일단 발행된 CBDC는 현금과 마찬가지로 그 자체가 물권적 성질을 가지고 전전유통된다. 따라서 중앙은행이 CBDC 보유자에 대하여 부담하는 채무가 일반적 채무와 성질이 다른 특수한 성질을 가지고 있다[114] 하더라도 일반 상거래 법률관계 해석에 별다른 무리가 없다. 즉, 현행 실물화폐 및 실물화폐 거래에 관한 법적 이해와 차이가 없다.

한편, CBDC와 가상자산은 발행인 유무 및 구체적 기술구현 방식에 일부 차이가 있어 이에 대한 법적 평가가 동일하지 않다. CBDC의 경우 비트코인 등 대부분의 가상자산과는 달리 발행인이 있다. 따라서 채권적 권리를 행사할 대상이 없다는 이유는 CBDC에 적용되지 않는다. 가상자산에 대한 권리를 네트워크 참여자들 간 합의에 따른 채권적 권리로 보는 견해[115]는 퍼블릭 블록체인 기술로 구현되는 경우를 전제로 전개되나, CBDC의 경우 프라이빗 블록체인 기술로 구현된다. 따라서 불특정 다수 참여자의 존재를 전제로 불가피하게 묵시적 합의와 같은 논리 구성을 할 필요는 없다.

나. 물권법정주의와의 관계

이상을 정리하면 토큰형 CBDC에 대한 권리를 물권에 준하여 보호하는 것이 타당하다는 결론에 이른다. 그런데 '물권에 유사한 성격의 권리'는 우리 민법이 취하는 물권법정주의 상 궁극적으로는 입법 없이 해소되지 않는다는 한계가 있다. 우선 물권에 '유사'한 권리라는 것이 무엇인지 명확하지 않다. 뿐만 아니라 그 실질이 물권이나 법률에 근거가 없어 물권에 유사한 권리로 칭하는 경우라면, 법원에

---

114) 제2장 제1절 II. 1. 다항, 제4장 제1절 2. 다항 참조.
115) 2. 다항 및 3. 나항 참조.

서 그 법적 성질이 다투어지는 경우 물권법정주의에 반하여 그 효력
이 부정될 가능성이 있어 법적 안정성에 반한다.

민법 제185조는 물권은 법률 또는 관습법에 의하는 외에는 임의로
창설하지 못한다고 규정한다. 여기서 '임의로 창설하지 못한다'의 의
미는 종류 강제와 내용 강제를 의미한다.[116] 종류 강제란 개개인이
법률이 정하는 것과 다른 물권을 새롭게 만드는 것을 금지하고[117] 내
용 강제란 법률이 정하는 물권의 내용을 임의로 변경하는 것을 허용
하지 않는다는 의미이다.[118][119] 나아가 민법 제185조는 강행규정으
로서 법률에 특별한 규정이 없는 경우 물권법정주의에 위반한 물권
행위는 그 효력이 인정될 수 없다.[120] 이처럼 법원이 당사자가 합의

---

116) 주석 민법, 물권법 제5판(2019), 173면(손철우).

117) 대법원은, 민법 제185조는 이른바 물권법정주의를 선언하고 있고, 물권
법의 강행법규성은 이를 중핵으로 하고 있으므로, 법률(성문법과 관습법)
이 인정하지 않는 새로운 종류의 물권을 창설하는 것은 허용되지 않는다
고 판시한 바 있다(대법원 2002. 2. 26. 선고 2001다64165 판결).

118) 주석 민법, 물권법 제5판(2019), 170면(손철우).

119) 대법원은 소유자의 배타적인 사용·수익권의 포기에 관한 사건에서 소유
권의 핵심적 권능에 속하는 사용·수익 권능의 대세적·영구적인 포기는
물권법정주의에 반하여 허용할 수 없다고 판시한다(대법원 2019. 1. 24.
선고 2016다264556 전원합의체 판결).

120) 주석 민법, 물권법 제5판(2019), 174면(손철우); 다만, 이때 일률적으로 물
권행위가 무효라고 판단할 것이 아니라 종류 강제를 위반하였는지, 아니
면 내용 강제를 위반하였는지를 살펴보아 전자의 경우에는 전부 무효이
지만, 후자의 경우에는 일부 무효의 법리(민법 제137조) 또는 무효행위의
전환 법리(민법 제138조)에 의하여 무효의 범위를 정하는 것이 타당하다
는 견해(주석 민법, 물권법 제5판(2019), 175면(손철우); 송덕수, 물권법,
박영사 (2017), 19면; 양창수, 권영준, 민법 II 권리의 변동과 구제, 박영사
(2017), 21면; 이영준, 물권법, 박영사 (2009), 21면)가 있다. 한편 물권법정
주의에 위반한 물권행위가 무효인 경우 당사자 사이에서 채권적 효력 역
시 무효인지에 관한 견해가 대립한다. 물권법정주의에 위반한 물권행위
가 무효인 경우, 당사자 사이에서 채권적 효력을 가지는 경우는 있을 수
있다고 보는 견해(다수설; 주석 민법, 물권법 제5판(2019), 175면(손철우)),

에 의해 창설한 물권의 법적 성질을 부정하는 경우가 발생할 수 있고, 이는 법적 확실성을 훼손하고 거래의 안전을 저해할 수 있다. 토큰형 CBDC는 민법상 물건에 포섭되지 않으나, 블록체인 기술 및 구현방식의 특성상 물권적 성질을 인정할 수 있고 금전에 대한 지배적 지위 내지 처분권한을 보호할 필요가 있다.

따라서 물권법정주의 원칙에 따라 법률의 제정을 통해 토큰형 CBDC 보유자가 CBDC에 대하여 행사할 수 있는 권리의 물권적 성격을 명확히 하여, CBDC에 대한 대세적 권리의 귀속 및 처분권한을 보장하는 제도를 마련하여야 할 것이다. 그리고 토큰형 CBDC에 대한 소유권 귀속, 이전의 방법 등을 함께 규정하여야 한다. 현금은 실물의 점유, 인도를 전제로 하여 법리가 발달하였는데, 실물이 없는 CBDC는 무엇이 점유, 인도에 대응하는 소유권 귀속 및 이전에 관한 방법인지 규정하여 화폐제도의 법적 명확성과 안정성을 확보할 필요가 있기 때문이다. 이때 기술적 속성과 제도설계 방식을 고려하여야 할 것이다.[121] 한편, 토큰형 CBDC는 금전이고 물권적 성질을 가지나, 현행 집행법은 현금의 존재를 전제로 하여 압류 내지 몰수 규정을 둔다. 따라서 구체적인 제도의 구현방식을 고려하여, 실물의 점유, 인도에 대응하는 CBDC 압수, 몰수 방법을 별도로 규정하여야 한다.[122]

다. 그 밖의 쟁점: 중개기관의 거래기록 확정행위에 대한 검토
블록체인 기술을 이용한 CBDC 거래 시 중개기관이 거래기록을 확

민법에서 그 효력을 특별히 정한 경우가 아니라면 물권법정주의에 위배되는 법률행위는 강행규정 위반으로서 절대적·확정적으로 무효라는 견해(김준호, 물권법, 법문사 (2017), 21면), 물권법정주의에 위배되는 법률행위는 언제나 무효이고 다만 계약체결상의 과실책임이 발생할 수 있다는 견해(이영준, 물권법, 박영사 (2009), 22면)가 있다.
121) 제4장 제2절 3.항에서 상술한다.
122) 제5장 제1절에서 상술한다.

정하는 절차가 필요하다는 점에 주목하여, CBDC의 배타적 지배 가능성에 대한 의문을 제기하는 견해가 있을 수 있다. 그러나 이는 비트코인 거래와 마찬가지로 블록체인의 기술적 특성을 고려할 때 타당하지 않다. 중개기관의 거래기록 확정은 CBDC 보유자가 개인키로 전자서명을 할 수 있는 권한이 있는지 등에 관하여 프로그래밍 작업을 통해 이루어질 것으로 예상된다. 즉, 당사자 이외의 다른 이의 참여란, CBDC 보유자의 의사에 따른 양도행위에 따라 기록을 기술적으로 확정하는 과정에 해당할 뿐이다. 부동산은 물건과 같이 물리적 사실상 지배로 점유상태나 권리관계를 확인하기 어려워 부동산의 공시 방법 마련을 위해 등기제도가 발달하였듯, 물리적 형태를 갖추지 아니한 CBDC는 분산장부에의 기록 및 이와 관련한 거래 확인절차를 통해 거래사실 확인과 권리관계 이전을 명확히 하는 것이다. 부동산에 대한 소유권 이전 시 등기소 직원의 이전등기 작업이 필요하다고 하여 부동산에 대한 배타적 지배 가능성을 부인하지 아니하는 것과 마찬가지이다. 부동산에 대한 소유권 이전등기 완료 시점에 소유권을 취득하듯, 거래 안정성 확보 등의 목적에서 CBDC에 대한 권리의 취득은 거래기록 확정과 거의 동시에 이루어지는 분산원장에의 기록 완료 시점에 이루어지는 것으로 평가할 수 있다.[123]

---

123) 제4장 제2절에서 상술한다.

제3절 다른 지급수단과의 비교

CBDC는 현금과 마찬가지로 법화에 해당하나, 무체물 형태로 전자적 방식으로 발행·유통되어 현금과 차이가 있다. 한편, 전자적 방식으로 발행·유통된다는 점에서 공통되나, CBDC는 법화라는 점에서 예금, 민간이 발행하는 가상자산, 전자화폐와 차이가 있다. CBDC의 화폐 또는 법화로서의 성질과 발행 및 유통방식의 특성은 다른 지급수단과의 비교를 통해 선명해진다. 이 점에서 상용 선례가 없는 CBDC를 기존에 익숙한 지급수단과 비교하는 의의가 있다.

Ⅰ. 현금

1. 현금의 특성

현금(現金)을 '정부나 중앙은행이 발행하는 지폐나 주화'[1]의 의미로 보면, 한국의 경우 한국은행권(한국은행법 제49조)과 주화(한국은행법 제53조)가 있다. 현금은 은행예금·어음·카드 등 여타 지급수단들과는 달리, 다음과 같은 특성을 지닌다. 우선 현금은 신용위험이 없다. 현금은 유일한 법화 발권주체인 중앙은행의 부채로서, 은행 부도 등에 따른 지급불이행 가능성이 있는 예금과 달리 신용위험이 없다.[2]

---

1) 표준국어대사전에 의하면, 현금(現金)은 1. 「경제」 정부나 중앙은행에서 발행하는 지폐나 주화를 유가증권과 구별하여 이르는 말, 2. 「경영」 부기에서, 화폐나 즉시 화폐로 교환할 수 있는 수표와 어음을 통틀어 이르는 말, 3. 현재 가지고 있는 돈, 4. 물건을 사고팔 때, 그 자리에서 즉시 치르는 물건값을 의미한다. 본 논문에서는 CBDC와 대비되는 실물 화폐의 측면을 강조하기 위하여 1.의 의미로 사용한다.

2) 한국은행(2019), 10면.

그리고 현금은 법화로서 원칙적으로 모든 거래에 통용된다. 거래당사자 사이 별도 합의가 없는 한, 채무자는 현금 교부로서 금전채무 변제를 이행한 것이고 채권자는 이를 수령하여야 한다.[3] 현금은 지급과 동시에 결제가 완료되어 결제의 최종성이 보장된다. 그리고 현금의 경우 전산·통신기술에 기반하는 현행 전자 지급수단과 달리, 지급과 결제과정에서 기술이 개입될 여지가 없어 전쟁·천재지변 등 유사시 비상대응수단(back-up solution)으로서의 역할을 할 수 있다.[4]

현금의 가장 큰 특성은 바로 익명성이 보장된다는 점이다. 어떤 방식으로든 거래 흔적이 남을 수 있는 전자 지급수단과는 달리, 현금은 거래 시 거래상대방의 신원을 확인할 필요가 없으며 거래당사자를 제외한 제3자가 거래 내역을 알 수 없어 익명성이 보장된다.[5] 이러한 현금의 익명성은 불법거래 및 탈세 등의 수단으로 악용될 수 있다.[6] 반면, 현금은 신용카드 등 전자 지급수단과 달리 신분 노출에 따른 잠재적 위험으로부터 거래당사자를 보호할 수 있어, 사생활 보호가 필요한 합법적인 거래(예: 정신질환 관련약 처방) 등에서 지속적인 수요가 있을 수 있다는 견해[7]가 있다.

2. CBDC와의 비교

현금은 법정화폐라는 점에서 CBDC와 동일한 특성을 가지고, IT기

---

3) 본장 제1절 Ⅲ. 2. 나.항에서 상술한다.
4) 한국은행(2019), 10면.
5) 상동
6) 현금은 익명성이 보장되고 지급 즉시 결제가 완료되기 때문에(Rogoff (2016), 67면) 불법거래 및 탈세 등 지하경제에서 매우 선호되는 교환의 매개체이고, 지하경제는 현금 수요의 큰 비중을 차지한다(Rogof (2016), 58면).
7) Kahn, C.M., McAndrews, J.J. and Roberds, W. Money is Privacy. *International Economic Review*, 46(2) (2005) 389면.
⟨https://doi.org/10.1111/j.1468-2354.2005.00323.x.⟩ 2020. 10. 1. 방문.

술을 활용한 전자적 형태로 구현된다는 점에서 CBDC와 다른 특성을 가진다. CBDC는 신용위험이 없고, 강제통용력을 가지는 법화이며, 지급과 결제가 동시에 최종적으로 완결된다는 점에서 현금과 동일한 특성을 가진다. 그러나 CBDC의 기술적 구현방식에 따라 익명성을 제한할 수 있다는 점[8], 현금은 유체물이나 CBDC는 무체물로서 유체물인 현금의 존재를 전제로 발달한 금전 법리가 그대로 적용되지 않을 수 있다는 점[9], 유사시 기술적 안정성이 보장되지 않을 위험이 있다는 점[10] 등에서 현금과 차이가 있다.[11]

CBDC의 익명성 문제는 개인정보 보호와 자금세탁 및 테러자금조달 방지 규정(AML/CFT) 준수 사이 긴장 관계와 관련된다.[12] 이에 대하여 중앙은행은 고객 정보 프로파일링(profiling) 등 금융거래정보를 활용하여 이익을 창출하고자 하는 동기가 없어 다른 민간기관으로부터 데이터를 안전하게 보호할 수 있고, 따라서 중앙은행은 일반 이용자에게 프라이버시(privacy)를 보장하는 지급수단을 제공할 수 있다는 견해가 제시된다.[13] 한편, 익명성을 갖는 지급수단에 대한 수요는 지속될 것으로 예상되는데, 중앙은행이 디지털화폐를 발행하여 직접 전자 지급거래의 프라이버시 서비스를 제공하는 기관이 되기보다는, 정부가 민간의 전자 지급거래에 대하여 프라이버시를 보호하고 규제하는 역할을 담당하는 것이 바람직하다는 견해도 있다.[14] 나아가 일정 금액 이하의 CBDC 거래에는 거래의 프라이버시

---

8) 제5장 제2절 II. 1. 참조.
9) 제3장 제2절 II, III항, 제4장 그리고 제5장 제1절 참조.
10) 제3장 제1절 III. 5. 참조.
11) 이 논문에서 상술하지 않으나, 현금에 대하여는 이자 지급이 사실상 불가능한 반면 CBDC에 대하여는 기술구현에 따라서는 이자 지급이 가능하고, 이용 가능 시간 등 제한을 설정할 수 있다.
12) 제5장 제2절 참조.
13) Lagarde(2018), 5-6면.
14) Charles M. Kahn, Payment Systems and Privacy, Federal Reserve Bank of St.

를 보장하되 일정 금액을 초과하는 CBDC 거래에는 자금세탁 및 테러자금조달 방지 규정(AML/CFT) 준수가 요구되도록 제도를 설계할 수 있다는 개념증명(proof of concept) 연구 등이 진행되고 있다.[15]

[표 3-1] CBDC, 현금 및 지급준비 예치금간 특성 비교[16]

	현금	CBDC	기존 중앙은행 화폐(지급준비금예치금)
거래 익명성	보장	보장 여부 선택 가능	익명성 없음
이자지급	불가능	가능	가능
보유한도	제한없음	한도설정 가능	제한없음
이용가능시간	제한없음	설정가능	제한됨

또한 양자 모두 법정화폐이나, 현금은 유체물인 반면 CBDC는 무체물이라는 점에서 기존의 금전에 관한 법리를 CBDC에 그대로 적용하기 어려운 경우가 발생한다. 실물화폐인 현금과는 달리, CBDC는

Louis *Review*, Fourth Quarter 2018, *100*(4) (2018) 340-341, 343면; Kahn은 지급결제 영역의 프라이버시를 거래상대방에 대한 것과 발행인에 대한 것으로 나눈다{Kanh(2018), 340면}. 계좌 기반 시스템(account-based system)의 경우 거래상대방에 대한 익명성만을 유지할 수 있는 반면, 현금은 발행인에 대한 익명성을 유지할 수 있다{Kanh(2018), 340면}. 그리고 토큰 기반 시스템(token-based system)은 발행인의 프라이버시 보호 업무 수행능력에 좌우되지 않고 프라이버시가 보호되면서 거래가 이루어지는 장점이 있다고 판단한다{Kahn(2018), 340, 343면}.

15) European System of Central Banks(이하 'ESCB'), Exploring anonymity in central bank digital currencies, ESCB Reports in Focus Issue No. 4 (2019), 1면.

16) 한국은행(2019), 9면.

전자적 방식으로 발행되어 무체물의 형태를 가진다. 금전이 동산에 해당함을 전제로 민사법 및 집행법의 법리가 발달하였으므로, 전자적 방식으로 발행되어 전자장부에 기록되는 데이터인 CBDC가 물건에 해당하는지와 CBDC에 대한 권리의 법적 성질, 그리고 입법의 필요성에 대하여 별도의 검토를 하였고, 이는 본장 제2절에서 검토한 바와 같다.

Ⅱ. 예금

1. 예금의 특성과 통화의 무권화 현상

예금은 상업은행이 불특정다수로부터 금전의 보관과 운용을 위탁받은 자금이다. 현대 화폐이론[17]에 의하면 예금은 화폐에 속한다. 지급수단으로 기능하고 변제제공의 법적 효과를 발생시킨다는 측면에서도 화폐의 법적 특성을 가지는 것으로 인식[18]된다: 즉, (i) 일단 계좌이체가 되고 나면 계좌이체 수취인에 대하여 되돌릴 수 없는 새로운 법적 지위를 창출하고, (ii) 계좌이체를 통해 금전에 대하여 처분할 수 있는 지위(regency capacity)가 이전되며, (iii) 법적으로는 수취인의 계좌의 다른 예금과 혼화되어 더 이상 반환을 청구할 수 없다.[19] 예금은 지급거래에서 금전 기능을 하는 한 화폐와 대등한 금

---

17) 전통적 국가이론은 국가의 화폐 발행과 유체성을 화폐의 개념요소에 포함시키므로, 이에 따르면 예금은 화폐에 해당하지 않는다. 그러나 오늘날 수정 국가이론(Proctor), 사회이론, 기관이론을 지지하는 대부분의 학자들이 예금을 화폐 개념에 포함시킨다.

18) 예금계좌 간 이체를 종래의 실물화폐인 법화를 이용하는 경우와 비교·검토한 후 실물화폐가 금전으로써 법률상 취급되고 있는 것과 동등한 법률상 취급을 받고 있다고 보는 견해로써, Proctor(2012) paras 1.72-1.76, 43-48면.

19) 화폐에 대한 법적 소유권은 일반적으로 화폐의 유통 및 혼합으로 소

전성을 인정할 수 있고, 따라서 당사자 합의 또는 거래 관행에 따라 예금 계좌이체는 금전채무를 변제하는 지급방법으로 허용된다.[20] 한편, 예금계약의 법적 성질은 소비임치이고, 예금주는 상업은행에 대한 채권적 청구권을 가진다.[21] 따라서 상업은행이 파산 등의 사유로 예금을 지급하지 못하게 되는 경우 상업은행에 예치된 자금은 일반적으로 은행의 다른 자산과 분리되지 않는다.[22] 따라서 이 경우 예금주의 채권은 다른 모든 채권자들과 안분배당 받는 것으로 만족하여야 한다.

예금 계좌이체는 지급인 은행이 지급인 명의 계좌에서 감액기장을 하고, 이에 대응하여 수취인 은행이 수취인 명의 계좌에서 증액기장을 하는 것으로 구성된다.[23] 예금 계좌이체의 본질적 특징은, 지급인이 지급인 은행에 대하여 지급지시를 하는데, 이 지급지시를 통하여 지급인 은행이 지급인에 대하여 부담하는 금전채무와 수취 은행이 수취인에 대하여 부담하는 금전채무의 가치가 조정된다는 점에 있다.[24] 이렇게 조정된 채무액은 지급인과 수취인 사이 이전된 금전적 가치에 상응한다.[25] 결과적으로 수취인이 이전을 통해 취득

멸된다는 특징을 의미한다. Fox(2008), Ch. 5.

20) 편집대표 김용담, 주석민법 채권총칙(1) 제4판(2014) 280면.

21) 영미법 제도에서는 choses in action으로 분류된다.

22) 다만, 각국은 이와 같은 상황이 발생하는 경우 정부가 일정 금액 범위 내에서 예금액을 보장하는 방법 등으로 예금자를 보호하기 위한 제도를 두고 있다. 한국의 경우 예금자보호법에 따라 예금자는 예금보험공사로부터 원금과 이자를 포함해서 1인당 5천만원까지 지급받을 수 있다(동법 제32조 제2항, 동법 시행령 제18조 제6항). 예금보험공사가 은행으로부터 예금 보험료로 지급받은 자금으로 적립한 기금이 재원이고 예금보험공사는 예금자의 청구에 의하여 보험금을 지급하는 것이므로, 해당 은행의 자금과 구분된다.

23) Fox(2008), Ch 5.04.

24) 상동

25) 상동; *Foskett v McKeown* [2001] 1 AC 102, (HL) 127-128면

한 자산(asset)은 이전하기 전 지급인이 보유하였던 자산과 완전히 구별된다.[26] 인도로써 권리 이전의 효력이 발생하는 현금과는 달리, 지급인에서 수취인에게 직접 실제로 이전되는 것은 없다. 실제 거래에서는 통화의 인도나 교부 그 자체 보다는 중앙은행에서의 최종적인 결제를 전제로 은행계좌 간에 이루어지는 자금이체로 결제되는 경우가 일반적이다.[27]

예금을 지급결제수단으로 하여 은행계좌간 이체를 통하여 이루어지는 지급결제의 확산은 각국의 통화법상 법화의 정의와는 무관하게 통화를 무권화 또는 무체화(dematerilaization)시키고 있다.[28] 예금이 컴퓨터나 전화기 등 전자지급수단을 이용하여 자금이체되는 경우, 전자금융거래법은 '전자자금이체'로 규정한다(동법 제2조 제12호). 동법상 전자자금이체란 지급인과 수취인 사이에 자금을 지급할 목적으로 지급인의 지급지시가 있거나 수취인의 추심지시가 있을 때 금융회사나 금융회사에 연결되어 전자금융업자에 개설된 계좌에서 다른 계좌로 전자적 장치에 의해 자금을 이체하는 것을 의미한다.[29]

2. CBDC와의 비교

전자자금이체는 CBDC 이전 거래와 마찬가지로 전자적 형태라는 공통점이 있다. 그리고 블록체인 기술에 기반한 CBDC 거래와 상업은행의 계좌 기반 거래는 모두 최초 원장 등록이 필요하고 거래 시 원장 기입이 뒤따른다. 블록체인 기술에 기반한 CBDC 거래가 발생하면, 지급인의 공개키에 있는 데이터 문자열이 소멸되고 수취인의

---

26) Fox(2008), Ch 5.23.
27) 정순섭(2009), 252면.
28) 상동
29) 전자금융거래법 제2조 제12호.

공개키에 있는 새로운 데이터 문자열이 생성되며, 각 공개키의 데이터 문자열은 거래 전후에 서로 다르다. 이러한 과정은 예금계좌의 자금 이전 과정과 유사한 측면이 있다.

그러나 블록체인 기술의 특성으로 인하여 상업은행 계좌를 통한 거래는 토큰형 CBDC 거래와 큰 차이가 있다. 상업은행 계좌는 모든 거래를 기록한 다음, 그 결과로 발생한 차액 결제액(net settlement)을 은행에 대한 단일 청구권으로써 반영한다. 지급은행의 감액 기장과 수취은행 증액 기장이 있을 뿐, 지급인에서 수취인에게 무엇인가가 실제로 이전되지 않는다. 이와는 대조적으로 토큰형 CBDC 거래의 경우, 각각의 디지털 화폐를 구성하는 데이터 문자열은 특정이 가능하여 개별 거래 체인에 기록된 개별화된 토큰은 법적 권리의 대상이 된다. 지급인의 공개키에 있는 데이터 문자열이 소멸되고 수취인의 공개키에 있는 새로운 데이터 문자열이 생성되는 것이, 실질적으로 가치가 이전하는 결과를 낳는 것이다.[30]

나아가 보유자가 행사할 수 있는 권리의 법적 성격에 차이가 있다. 수시입출식 예금의 경우 고객은 은행에 대하여 장래 현금을 청구할 수 있는 채권적 청구권을 가지나, CBDC의 경우 계좌형인지 토큰형인지에 따라 법적 성격이 달라진다.[31] 계좌형의 경우 CBDC 보유자는 수시입출식 예금과 마찬가지로 채권적 청구권을 보유한다. 반면 토큰형 CBDC의 경우 CBDC 보유자가 가지는 권리가 물권에 유사한 성격을 가진다.

CBDC 거래와 예금 거래는 지급결제의 완결성에서 차이가 있다. 오늘날 예금은 화폐와 마찬가지로 금전채무에 대한 지급수단으로 기능하나 법화로 인정되는 것은 아니고,[32] 예금을 통한 계좌이체 시

---

30) Zellwegger-Gutknecht(2019), para 4.94, 90면, 비트코인 거래에 관한 설명 참조.
31) 법적 성질에 대하여는 제2절 참조.
32) 네덜란드(민법 제6:114조)와 같이 일부 국가에서는 예금통화 자체를 법화

에는 중앙은행이 운영하는 거액결제시스템을 통한 별도의 청산 및 결제 절차가 필요하다. 그러나 CBDC의 경우 현금과 같은 법정화폐로서 이용자간 자금이체 기능을 통해 지급과 동시에 결제가 완료된다.

신용위험 측면에서 살펴보면, CBDC 송금 또는 거래대금 지급 시 지급과 동시에 CBDC 운영기관을 통해 최종결제가 이루어지므로 신용위험이 발생하지 않는다.[33] 그리고 CBDC는 개인 및 기업 등 모든 경제주체들이 중앙은행에 계좌 또는 전자지갑을 보유하고 이를 통해 지급 및 결제를 하여 거래은행이 상이한 데 따른 신용위험이 없다.[34]

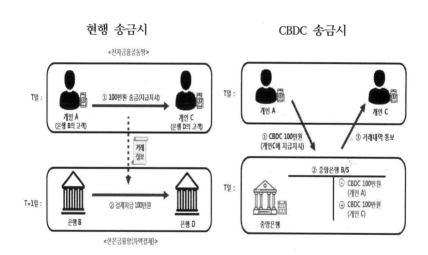

[그림 3-1] 현행 송금 체계와의 비교[35]

로 인정하는 경우도 있다.

33) 한국은행(2019), 28면.
34) 상동
35) 상동

즉, CBDC는 어디까지나 중앙은행이 직접 부담하는 부채이므로, 상업은행에 대한 채권적 청구권인 예금에 비하여 신용위험이 없는 것이다. 반면 상업은행에 예치된 예금은 해당 상업은행의 파산, 부도 등으로 인한 신용위험이 있다.36) 또한 현행 소액결제시스템은 지급은행과 수취은행간 차액포지션 결제시점(익일 11:00)까지 신용위험에 노출된다.37)

Ⅲ. 가상자산

1. 가상자산의 특성과 용어 정리

가. 가상자산의 특성

가상자산은 중앙은행이나 정부 기관에 의해 발행되지 아니한 것으로, 디지털 방식으로 가치를 표창하며, 자연인 또는 법인이 교환의 수단으로 사용할 수 있고 전자적인 방식으로 양도하고 저장할 수 있으며, 거래의 대상으로 할 수 있는 것을 의미한다.38) 가상자산은 암호기술 및 블록체인 기술을 기반으로 하고 작업증명 과정이 이루어지므로, 부정한 복제나 중복 사용이 사실상 불가능하다. 이하에서는 가장 사용량이 많은 비트코인39)을 중심으로 각 기술의 기본 원리를

---

36) 그 외에도 잘못된 내부절차, 인력 및 시스템 또는 외부의 사건으로 인하여 발생할 수 있는 손실위험인 운영위험(operation risk)과 위법·비도덕적 행위 등에 따른 평판하락에 따른 손실위험인 평판위험(reputation risk) 등을 들 수 있다. 박준·한민(2019), 7면.

37) 한국은행(2019), 28면.

38) European Central Bank, Virtual Currency Scheme-A Further Analysis, (2015), 4면.

39) 2021. 9. 15. 기준으로 가상자산은 총 6,133 종류가 발행되어 있고, 총 유통 규모(시가총액, market capitalization)는 2조 381억 달러이다. 비트코인은 유통 규모 8,855억 달러, 거래 가격 47,207.38 달러, 시장 점유율은 43.4%에

개략적으로 살펴본다.

　암호기술과 관련하여, 비트코인의 경우 '디지털 서명(digital signature)'이라는 기술이 이용되고 있다.[40] 이는 전자적인 기록(데이터)에 대해 이루어지는 전자적인 서명으로 종이 서류의 실제 서명이나 날인에 해당하는 기능이다. 비트코인의 데이터에는 그 소유자의 서명이 첨부되어 있고, 올바른 서명이 가능한 사람만이 거래(다음 사람과 비트코인을 주고받음)를 할 수 있다. 송신자는 비트코인의 데이터를 바탕으로 자신의 디지털 서명을 첨부해서 보내고, 수신자는 그 서명이 확실히 송신자의 것인지 확인한다. 이로써 비트코인을 보낸 사람이 확실히 서명자일 것(본인 확인), 통신 도중에 금액이 변경되지 않을 것(조작 방지), 서명자가 비트코인을 보냈다는 사실을 나중에 부정하지 않을 것(부인 방지) 등의 조건이 만들어진다. 비트코인에서는 이러한 디지털 서명을 체인 모양으로 연결함으로써 비트코인 주고받기의 정당성을 확인하는 것이 기본 원리이다.

　블록체인 기술은 비트코인의 핵심 기술로써, 일정 시간의 '거래 묶음(이를 '블록'이라고 함)'을 시계열로 체인처럼 연결해서 기록해 나가는 구조이다.[41] 비트코인 거래를 적어넣는 '장부'가 체인 모양으로 이어져서 블록체인이라는 이름이 붙었다. 참가인들이 이 블록을 차례차례 서로 올바른 것이라고 승인함으로써 데이터 조작이나 중복 사용이 불가능해진다. 이처럼 비트코인은 블록체인이라는 기술을 활용해서 비트코인의 거래(거래가 이루어진 시점에는 미승인)를 10분마다 정리하고 하나의 블록으로 일괄 승인하는 구조를 지닌다.

　달하여 유통 규모와 거래가격 모두 1위이다. 참고로 2위인 이더리움의 유통 규모는 3,989억 달러, 거래 가격은 3,413.32 달러로, 1위와 격차와 크다. 〈https://www.coinlore.com/〉 2021. 9. 15. 오전 09:50 방문 기준.

40) 이하 본 단락, 中島眞志, 이용택 역(2018), 36면.

41) 이하 본 단락, 中島眞志, 이용택 역(2018), 36-37, 40면.

새롭게 승인된 블록은 이전까지 기다란 하나의 체인 모양으로 이어 진 블록체인의 맨 뒤에 추가된다.

작업증명 과정은 비트코인에서 위조와 중복 사용을 방지하기 위 해 거래를 승인해가는 중심적인 구조이다.[42] 작업증명은 '앞 블록의 해시값 + 거래 데이터 + 논스값(nonce)[43]'으로 신규 블록에 사용할 해시값을 구한 뒤, 그 해시값의 선두에 일정 수 이상의 0이 연속적으 로 나타나도록 하는 논스값을 구하는 것을 가리킨다. 이렇게 해서 조건을 충족하는 해시값을 이끌어내는 논스값이 구해지면 새로운 블록이 작성되며 이를 '거래승인'이라고 한다. 이로써 그 블록에 포 함된 모든 거래가 그 시점에 승인되고, 거래가 확정된다. 비트코인에 서는 이 계산에 약 10분이 소요되도록 설정되어 있어서 10분마다 거 래가 하나로 묶여 승인되는 것이다.

만약 악의적인 공격자가 비트코인을 위조하려고 한다면 어떻게 될까?[44] 비트코인 위조란 비트코인의 거래 데이터를 조작하는 것이 므로, 그것을 바탕으로 한 해시값도 바뀌고 논스값도 다시 계산해야 한다. 그리고 위조한 데이터를 정당한 것으로 만들기 위해서는 다음 블록의 작업 증명도 다시 계산해야 할 뿐 아니라, 다음 블록의 논스 값도 다시 계산해야 하며, 이런 식으로 최신 블록까지 일일이 조작 해야 한다. 그러기 위해서는 막대한 작업량이 필요하다. 즉, 수많은 선의의 계산자가 존재하는 세상에서 악의적인 공격자의 계산 능력 은 올바른 거래 승인의 속도를 쫓아갈 수 없고, 결국 위조가 매우 힘 들어지는 구조가 된다. 이처럼 작업증명은 비트코인에서 보안의 근

---

42) 이하 본 단락, 中島眞志, 이용택 역(2018) 40-41면.
43) number used once의 약자로 단 한 번만 사용하고 버리는 숫자를 뜻한다. 사실 이 논스값 자체에는 특별한 의미가 없다. 다만 논스값에 따라 다음 블록에 사용하는 '앞 블록의 해시값'이 바뀐다는 점이 핵심이다. 中島眞 志, 이용택 역(2018) 39면.
44) 이하 본 단락, 中島眞志, 이용택 역(2018), 41-42면.

간을 이루는 시스템이다. 비트코인의 보안 시스템 자체라고 말해도
좋을 정도이다.

이처럼 블록체인 기술은 중개기관의 도움 없이도 위·변조된 거래
와 진실된 거래를 검증할 수 있도록 함으로써 수많은 익명의 거래당
사자들이 인터넷 상에서 시스템 그 자체를 신뢰하고 거래를 할 수
있도록 한다.[45] 그동안 시스템을 중앙에서 운영·관리하고 개별 거래
에 대하여 검증하는 중앙집중적 중개기관에 대한 신뢰가 이용자들
이 시스템을 이용하는 기반이 되었다면, 블록체인의 경우 기술 그
자체에 대한 신뢰가 이용의 기반이 되는 것이다.

나. 현행법상 개념

가상자산은 암호기술이 활용되는 경우가 많아 암호화폐(cyptocur-
rency)로 지칭되기도 한다. 암호기술이 사용되고 경제학적 측면에서
화폐의 기능[46]을 일부 수행하나, 높은 가치 변동성 때문에 교환의
수단이나 가치의 척도로서의 이용이 한정적이어서 화폐로 보기 어
렵다는 점 등을 고려하여 암호자산(cypto-assets)이라고 불리기도 한
다. 국제자금세탁방지기구(FATF)는 2018. 10. '가상화폐'를 지칭하는
용어들을 '가상자산(Virtual Asset)'으로 통일하고, 가상자산 서비스 제
공자에 대해 자금세탁방지/테러자금조달금지의무를 부과하는 FATF
개정 권고안을 채택하였다.[47]

---

45) Scott J. Shackelford, Steve Myers, Blcok-by-block: Leveraging the Power of
Blockchain Technology to Build Trust and Promote Cyber Peace, 19 Yale J.
L. & Tech (2017), 334, 339면.

46) 경제학적으로 화폐는 지급의 수단으로 사용되고 가치의 저장 수단이 되며
가치를 측정하는 단위로 기능하는 것을 의미한다. Rahn W. Richard, A
Constant Unit of Account, 30 Cato J. 521, Vol. 30(3) (2020), 522면.

47) FATF, FATF Recommendations (2018). 〈http://www.fatf-gafi.org/publications/
fatfrecommendations/documents/fatf-recommendations.html〉 2020. 10. 2. 방문.

최근 개정된 특정금융정보법[48]에 의하면, 이를 '가상자산(Virtual Asset)'이라 규정한다. 개정 특정금융정보법 제2조 제3호는 가상자산을 '경제적 가치를 지닌 것으로서 전자적으로 거래 또는 이전될 수 있는 가치의 전자증표(그에 관한 일체의 권리를 포함)'로 정의하되, 화폐·재화·용역 등으로 교환될 수 없는 전자적 증표로서 발행인이 사용처와 그 용도를 제한한 것 등은 제외한다.[49] 전자금융법상 전자화폐는 가상자산 개념에서 제외된다.[50] 동법은 그동안 가상화폐, 가상자산, 암호화폐, 암호자산 등으로 혼용되어 왔던 용어를 '가상자산'으로 정하고, 가상자산의 개념을 규정하며, 가상자산사업자의 신고에 관한 의무, 가상자산사업자인 고객의 신고 의무 이행 여부에 대한 금융회사 등의 확인의무 부과 규정 등을 신설하였다. 가상자산은 법정화폐로 볼 수 없다는 점을 명확히 하고, 전자적으로 거래 또는 이전될 수 있는 경제적 가치를 가진 '자산'이라는 측면에 초점을 둔 입법으로 생각된다.

---

48) 시행 2021. 3. 25. 법률 제17113호, 2020. 3. 24. 개정; 금융위원회 및 법무부는 동법 개정 이유에 대하여, '가상자산거래는 익명성이 높아 자금세탁 및 공중협박자금조달의 위험성이 높음에도 불구하고 현재 그 위험성을 예방하기 위한 법적·제도적 장치가 마련되어 있지 않은 상황'이어서, '가상자산사업자에 대해서도 자금세탁행위 및 공중협박자금조달행위의 효율적 방지를 위한 의무를 부과하고, 가상자산사업자와 금융거래를 수행할 때 준수할 사항을 규정하려는 것'이라 기술하고 있다(법률 제17113호 제정·개정이유).

49) 전자금융거래법상 전자화폐의 경우, '이전 가능한 금전적 가치가 전자적 방법으로 저장되어 발행된 증표 또는 그 증표에 관한 정보'로써 전자화폐로 인정되기 위한 5가지 요건을 모두 충족하여야 한다는 점에서 가상자산보다 인정 범위가 더 제한되어 있다.

50) 개정 특정금융정보법 제2조 제3호 다호.

2. 해외 입법례

이하에서는 가상자산에 대한 해외 입법례를 통해, 각국에서 가상자산에 대하여 어떠한 관점에서 규정하고 있는지 살펴본다. 주로 가상자산 관련업 진입·행위규제 및 제재 또는 가상자산이 자금세탁이나 테러자금 모집에 사용될 가능성을 차단하기 위한 금융규제적 관점에서 도입되고 있음을 알 수 있다. 아래 각국의 입법례를 살펴보면, 법정통화가 아니면서 전자적 방식으로 발행되어 사용되는 재산적 가치라는 공통된 요소를 추출할 수 있다.

가. 미국

미국 통일법 위원회(Uniform Law Commission)[51]은 2017년 가상통화와 관련한 모델법으로서 가상통화사업 통일규제법(Uniform Regulation of Virtual Currency Business Act)를 제정하였다. 동법은 법정통화로 가치를 표시할 수 있는지 여부와 관계없이, 법정통화가 아니며 가치의 디지털적 표현으로써 지급의 수단, 계좌의 단위 또는 가치의 저장수단으로 쓰이는 것을 가상통화로 정의하고, (i) 상인이 회원 관리나 리워드 프로그램의 일환으로 부여하는 것으로 법정화폐, 은행예금 또는 가상통화로 변환할 수 없는 것과 (ii) 발행자에 의하여 또는 발행자를 대신하여 발행된 디지털 방식의 가치로서 온라인 게임, 게임 플랫폼 내에서만 발행되고 사용되거나, 같은 발행자가 판매하거나 해당 게임 플랫폼 내에서 청약의 유인을 하는 관련 게임 내에서만 발행되고 사용될 수 있는 것은 제외한다[Section 102. (23)].[52]

---

51) 미국 주법 간 통일을 위하여 모델법을 제정하고 각 주에서 모델법에 따른 입법을 하도록 장려하고 이를 위한 활동을 하는 단체를 의미한다. 〈https://www.uniformlaws.org〉 2020. 9. 1. 방문.

52) Virtual currency, as defined in § 102(23).

한편, 주법으로는 뉴욕 주가 2015년부터 가상통화 관련 사업을 규제하는 규정(BitLicense Rules[53])을 시행하고 있다. 이 규정은 교환의 수단 또는 디지털 방식으로 가치를 저장할 수 있는 디지털 단위로 가상통화를 넓게 해석하여 중앙 저장소 또는 관리자가 있는 경우나 탈중앙화(decentralized)되어 중앙 저장소 또는 권리자가 없고 컴퓨터 연산 또는 생산 노력에 따라 만들어지거나 얻어질 수 있는 경우 모두 가상통화에 해당하도록 정의한다(Section 200.2 (p)). 다만, (i) 온라인 게임 플랫폼 내에서만 사용될 수 있고 게임 플랫폼 밖에서는 이를 거래할 시장이나 어플리케이션이 없으며 법정화폐나 가상통화로 변환할 수 없고, 경우에 따라 실생활의 물건, 서비스, 할인 또는 구매 상품으로 교환하지 못할 수도 있는 경우, (ii) 고객관리 또는 리워드 프로그램에 따라 발행자 및/또는 다른 지정 상인의 물건, 서비스, 할인이나 구매물품이나 기타 고객 관리 또는 리워드 프로그램에 따른 디지털 단위로 교환할 수 있으나, 법정화폐 또는 가상자산으로 교환할 수 없는 경우, 그리고 (iii) 선불카드의 일부로 사용될 수 있는 디지털 단위 중 하나에 해당하는 경우에는 가상통화에 해당하지 않는 것으로 정의한다(Section 200.2 (p)).

나. 일본

일본 역시 가상자산 관련 업을 영위하고자 하는 자의 등록, 사업자에 대한 의무 부과 등 규제의 관점에서[54] 2017년 3월부터 시행된 개정 자금결제에 관한 법률에 가상자산의 개념을 정의한다.

---

53) New York Codes, Rules and Regulations, Title 23 of Financial Services, Chapter I. Regulations of the superintendent of financial services, Part 200. Virtual Currencies.
54) Mai, Ishikawa, Designing Virtual Currency Regulation in Japan: Lessons from the Mt Gox case, Journal of Financial Regulation, Vol. 3, Issue 1, (2017), 127면.

자금결제에 관한 법률에 의하면 가상자산이란, (i) 물품을 구입 또는 임차하거나 용역의 제공을 받는 경우에 불특정인에게 이에 대한 대가를 변제하기 위한 목적으로 사용할 수 있고, 불특정인을 상대방으로 하여 매수 및 매도할 수 있으며, 전자정보 처리조직을 이용하여 가치를 이전할 수 있는 재산적 가치(전자 기타의 물건에 전자적 방법으로 기록된 것에 한정하며, 국내 통화와 외국 통화 및 통화건설자산55)은 제외됨) 또는 (ii) (i)에 명시된 재산적 가치와 상호 교환될 수 있고, 전자 데이터 처리 시스템을 통하여 이전될 수 있는 재산적 가치이다(제2조 제5항). 동법은 가상자산 발행자의 유무나 단일원장형 또는 분산원장형에 대한 언급이 없어, 해석상 특정 발행자의 존부 또는 원장의 유형에 상관없이 가상통화에 해당할 가능성을 열어두고 있다.

다. 프랑스

프랑스는 2019년 5월 가상자산에 대한 ICO를 합법화하고 동시에 규제하는 PACTE 법률56)을 시행하였다. 이 법률은 '토큰'에 대하여 '디지털 형태로 재산의 소유자를 직간접적으로 인증하는 공유 전자 기록 장치를 통해 발행, 등록, 보유 또는 양도할 수 있는 하나 이상의 권리를 나타내는 모든 무형 재산'으로, '디지털 자산'에 대하여 금융상품의 특성을 충족하는 토큰을 제외한 토큰으로 정의하고 있다.57)

---

55) 통화건설자산이란, 국내 통화 또는 외국 통화로 표시되거나, 국내 통화 또는 외국 통화로 채무의 이행, 환불 기타 이에 준하는 것이 이루어지는 자산을 의미한다. 통화건설자산으로 채무의 이행이 이루어지는 자산도 통화건설자산으로 본다(동법 제2조 제6항).

56) Act No. 2019-486 of 22 May 2019. PACTE는 Plan d'Action pour la Croissance et la Transformation des Entreprises의 약어이다.

57) Autorite des marches financiers, Towards a new regime for crypto-assets in

3. CBDC와의 비교

가. 유사점

민간 발행 가상자산과 CBDC는 모두 전자적 형태로 발행되어 거래 또는 이전될 수 있는 재산적 가치라는 점에서 공통 특성을 가진다. 그리고 블록체인 등 분산원장기술을 활용하여 CBDC를 유통한다면, 비트코인 등의 가상자산이 유통되는 구조와 기술적으로 유사한 측면이 있다.

나. 차이점

(1) 화폐로서의 법적 성질 인정 여부

양자는 화폐로서의 법적 성질 인정 여부에 차이가 있다. CBDC는 법정화폐이다. 실물의 존재를 전제로 하는 현금에 관한 기존의 법리를 적용할 수 있는지(예를 들어 민법상 물건이나 형법상 재물의 성질을 가지는지 여부)가 문제될 뿐이다.

한편 민간 발행 가상자산에 대하여는 그 법적 성질을 두고 견해가 대립한다. 가치를 저장하는 기능을 수행한다는 점, 일부 지급결제에 사용되는 점 등을 고려할 때 화폐로서의 성질을 가진다는 견해, 데이터에 재산권이 화체되어 있다는 점에서 일종의 증권으로 볼 수 있다는 견해, 부분적으로 화폐나 증권의 특성을 가지나 동일하다고 볼 수 없고 주로 투자용 거래의 대상이 된다는 점에서 자산 내지 상품의 성질을 가진다는 견해 등이 그것이다.58) 나아가 본장 제1절 화

France, 15 April, 2019 news (2019) 〈https://www.amf-france.org/en/news-publi cations/news/towards-new-regime-crypto-assets-france〉 2020. 12. 1. 방문.

58) 비트코인을 특정하여 '금전', '화폐', '증권', '상품', '금융투자상품' 중 무엇으로 볼 것인가에 관한 국내 연구가 있다(김홍기, 최근 디지털 가상화폐 거래의 법적 쟁점과 운용방안-비트코인 거래를 위주로-, 증권법연구 제15권 제3호, 한국증권법학회 (2014), 393- 397면). 이 견해에 따르면, 가상자산은 부분적으로 금전, 화폐, 상품의 특성을 가지지만 동일하다고 볼 수

폐의 법적 속성에서 살펴보았듯이, 화폐의 주요한 속성인 '유통성'을 기준으로 가상자산의 화폐 해당 여부를 살필 수 있다. 화폐이론 중 주로 사회이론에 따른 접근이다. 어떤 가상화폐가 *Goodwin v Robarts* 기준, 즉 일정한 사람들 사이에서 지급 수단으로 유통되는 것이 '일반적으로 통용되는 관습이나 사용례'에 해당하는 점을 충족하면 화폐로 인정될 것이라는 견해[59]이다.

가상자산은 가치 변동성이 있고 일반적 교환수단으로서의 이용이 한정적이라는 점에서 일반적으로 화폐로 보기 어렵다.[60] 화폐이론에 의한 화폐 개념을 가상자산에 적용하여 화폐 해당 여부를 검토하거나,[61] 제도 도입 취지나 의의, 제도의 속성 측면에서 CBDC와 가상자산을 비교하더라도 그러하다.[62] 가상자산은 CBDC와 달리 독자적 화폐단위를 사용하여 법정화폐와의 교환가치가 변동하는 경우가 많다. 비트코인의 이용방법에 대한 연구에 따르면, 지불 수단으로 비트코인을 사용하는 사람의 비트코인 보유량은 전체의 약 2퍼센트에 지나지 않았다.[63] 이에 비하여 비트코인을 수령하기만 하고 지불을 전혀 하지 않는 사람과 채굴업자의 비트코인 보유량은 50퍼센트 이상을 차지했다.[64] 이처럼 비트코인 등 가상자산은 교환수단으로서의 이용이 한정적이고, 가치의 저장 수단 기능인 투자용 자산(investment asset)으로서의 이용이 중심이 된

는 없고, 증권이나 파생상품 등 금융투자상품으로 볼 수는 없으나 파생상품의 기초자산으로는 볼 수 있다. 따라서 이 견해는 비트코인의 법적 성질을 기존에는 존재하지 않은 새로운 유형의 '복합적 상품'으로 본다.

59) Gleeson(2018), para 7.40, 130면.
60) 다만, 엘살바도르가 2021. 9. 7. 가상자산인 비트코인을 법정화폐로 지정한 예외적 사례는 있다.
61) 제2장 제1절 II. 2. 다. (2) 참조.
62) 제2장 제1절 II. 3. 라. 참조.
63) Baur, D. G, Hong, K., Lee, A. D (2016); 中島眞志, 이용택 역(2018), 58면에서 재인용
64) 상동

상황65)이므로, 화폐로서 발행되는 CBDC와 구별된다.

(2) 기술 운용 방식의 차이

양자는 기술 구현 시 중앙집중화 정도와 운용방식이 다르다. 발행주체와 발행목적, 용도 등을 고려할 때, 기술구현 방식이 달라지는 것은 자연스러운 현상이다. 퍼블릭 블록체인 기술을 사용하는 가상자산의 경우 완전히 탈중앙화된 기술을 사용한다. 대부분 발행기관이 존재하지 않고, 발행규모가 프로그램에 따라 정해져 있으며, 누구든 거래검증과 원장기록에 참여할 수 있다. 반면, CBDC는 중앙은행이 법정화폐로서 발행하는 것이므로, 중앙은행이 발행기관이 되어 통화량을 조절하고 화폐 가치를 안정적으로 유지하는 것이 필수적이다. 따라서 각국은 중앙은행이 이러한 역할을 수행할 수 있는 기술, 즉 전통적 중앙집중식 원장이나 프라이빗 블록체인 기술, 또는 양 기술을 혼용하여 CBDC를 발행·유통하는 것에 대하여 연구한다.66) 보다 세분하면, 계좌형 CBDC에서 발행 및 지급결제는 중앙집중화되고, 토큰형 내지 가치 기반(value-based) CBDC에서 발행 및 데이터의 소멸은 중앙은행의 통제 하에 중앙집중화되나 CBDC 거래 시 지급결제는 탈중앙화된다.67) 프라이빗 블록체인 기술을 이용하는 경우 중앙은행이 발행규모를 조절하고 거래검증 및 원장기록 업무는 제한된 수의 인가받은 기관에서 수행하게 할 수 있다.

운용방식의 차이는 가상자산과 CBDC의 특성 차이를 가져온다. 발행기관이 따로 없고 컴퓨터 알고리즘에 따라 발행규모가 사전에

---

65) 中島眞志, 이용택 역(2018), 58면.

66) Auer R., Cornelli G. and Frost J.(2020b), 18-19면. 분산원장기술을 활용하여 CBDC에 대해 연구하는 중앙은행들은 모두 프라이빗 블록체인 기술을 염두에 두고 있음을 밝힌 점(BIS, 같은 논문, 18면)도 이와 관련이 있다.

67) Morten Bech, Rodney Grarratt, Central Bank Cryptocurrencies, BIS Quarterly Review, (2017), 57, 67면.

정해지는 가상자산의 경우, 한정된 발행규모 하에서 참여자 간 합의
에 의해 가치가 인정되어 그 가치가 수시로 변동된다. 가상자산의
통용범위는 시스템 참여자 간 합의에 따른다. 반면, CBDC는 중앙은
행이 발행기관으로써 그 통화량(발행규모)을 조절할 수 있고, 이로써
화폐가치를 안정적으로 유지하는 역할을 수행한다. 또한 CBDC는 입
법에 의하여 별도로 제한되거나 당사자 사이 합의가 없는 한, 통용
범위에 제한이 없다.

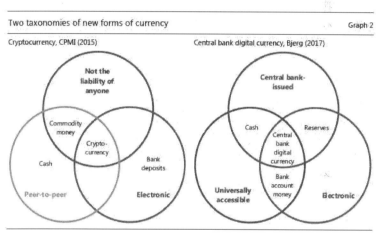

[그림 3-2] 가상자산과 CBDC와의 비교[68]

IV. 전자화폐[69]

1. 전자화폐의 특성 등

전자금융거래법상 전자화폐는 이전 가능한 금전적 가치가 전자

---

68) Bech M., Grarratt R.(2017), 59면.

적 방법으로 저장되어 발행된 증표 또는 그 증표에 관한 정보로서 다음 요건을 모두 갖춘 것을 말한다(동법 제3조 제15호). 즉, (i) 2개 이상의 광역자치단체 및 500개 이상의 지역 및 가맹점에서 이용될 것, (ii) 발행인 외의 제3자로부터 재화 또는 용역을 구입하고 그 대가를 지급하는데 사용될 것, (iii) 구입할 수 있는 재화 또는 용역의 범위가 5개 이상일 것, (iv) 현금 또는 예금과 동일한 가치로 교환되어 발행될 것, (v) 발행자에 의하여 현금 또는 예금으로 교환이 보장될 것이라는 요건을 충족하여야 한다(동법 제3조 제15호, 동법 시행령 제4조).

전자금융거래법은 전자화폐 보유자가 재화를 구입하거나 용역을 제공받고 그 대금을 수취인과의 합의에 따라 전자화폐로 지급한 때에는 그 대금의 지급에 관한 채무는 변제된 것으로 간주한다(동법 제17조). 그리고 전자화폐의 양도성과 담보 제공 가능성을 인정하고 있다(동법 제18조).

2. CBDC와의 비교

전자화폐와 CBDC는 이전 가능한 금전적 가치가 전자적 방법으로 저장되어 발행된다는 점에서 유사하다. 또한 CBDC의 경우 발행자인 중앙은행이 현금 또는 예금으로 교환을 보장하고, 현금 또는 예금과 동일한 가치로 교환되어 발행되며, 모든 지역, 모든 업종에서 널리 통용될 수 있으므로 전자화폐의 5가지 요건을 모두 충족한다.

---

69) 제21대 국회에 발의된 전자금융거래법 일부개정법률안(윤관석의원 등 12인, 의안번호: 2105855, 제안일자: 2020. 11. 27.)에 의하면, 현행 전자금융업 규율체계 개편으로 전자화폐업 및 전자화폐의 개념이 사라진다(안 제2조제2호의2부터 제2호의6까지 신설, 제28조, 제30조, 제36조의3제1항·제2항 등 개정). 이 개정안에 의하면 전자화폐는 선불전자지급수단의 일종으로, 전자화폐 등에 의한 거래는 전자결제로 변경된다.

　전자화폐와 CBDC의 근본적 차이는 법정화폐 해당 여부이다. 전자화폐는 법정통화가 아닌 대용화폐 내지 유사화폐(near-money)이므로, 이를 법정화폐와 교환할 수 있는 환금성이 있어야 한다.[70] 즉, 전자화폐는 대용화폐의 성질을 법으로 규정하여,[71] 현금 또는 예금과 동일한 가치로 교환되도록 발행되고, 발행자는 전자화폐에 대해 현금 또는 예금으로 교환하는 지급보증을 한다.[72] 반면, CBDC는 법정화폐로서 현금 또는 예금과의 동일한 가치 교환이 이루어지고, 현금 또는 예금과의 교환 가능성이 있다. 대용화폐인 전자화폐는 궁극적으로 법정화폐로 환금되어야 하나,[73] CBDC는 그 자체가 법정화폐이므로 더 이상의 환금 필요성이 없다. 다만 CBDC 제도를 집행할 때 적어도 한동안 CBDC와 현금 모두 발행·유통시킬 것으로 예상되고, 이 경우 이용자의 편의에 따라 CBDC를 언제든 현금 또는 예금과 교환할 수 있도록 할 뿐이다.

　한편, CBDC가 전자화폐[74]에 해당하는지에 관한 논의가 있고 이는 관할권에 따라 다른 결론이 도출될 수 있다.[75] 그러나 전자화폐에 대한 규제체계는 일반적으로 전자화폐 발행기관에 대한 인가, 필

---

70) 정경영, 전자금융거래와 법, 박영사 (2007), 513, 514면; 김은기, 전자화폐의 법적 문제, 상사법 연구 제16집 제2호, 한국상사법학회, (1997), 95, 96면.
71) 전자금융거래법 제16조 제2항 및 제4항.
72) 이는 중국 인민은행이 WeChat의 선불전자지급수단 구현방식 및 발행 자금 전액을 지급준비금으로 마련하도록 한 것과 동일하다.
73) 전자금융거래법 제16조 제4항, 제5항, 동법 시행령 제11조 참조.
74) 일반적으로 전자화폐는 전자적 방법으로 저장되어 발행되고 이전 가능한 금전적 가치로서 발행인에 대한 청구의 표시(representaton)이다. 또한 발행인 외의 제3자로부터 재화 또는 용역을 구입하고 그 대가를 지급하는데 사용되고, 현금 또는 예금과 동일한 가치로 교환되어 발행된다. Bossu W. et al.(2020), 6면.
75) Bossu W. et al.(2020), 6면; 예를 들어 릭스방크는 가치기반형(토큰형) CBDC가 스웨덴의 전자화폐법{Electronic Money Act (2011:755)}에 따라 전자화폐에 해당한다고 판단한다. Riksbank(2018a), 20면.

요 자본, 건전성 규칙, 감독 등으로 구성되고, 적용대상을 민간 전자화폐 발행자로 한정하여, 전자화폐 관련 법률이 중앙은행이 발행하는 CBDC에는 적용되지 않는 경우가 있다.[76] 예를 들어 EU의 관련 지침{Directive on electronic money institutions (2009/110/EC)}은 명시적으로 중앙은행을 적용 대상에서 제외하고 있다.[77] 한국의 경우, 전자금융거래법은 거래에 관한 규율과 규제에 관한 규율을 모두 담고 있어, 각 조문의 거래법적 또는 규제법적 성질 파악이 선행된다. 전자화폐 발행기관에 대한 인가나 감독 등 규제법적 규정은 EU와 마찬가지로 CBDC 발행기관인 중앙은행에 적용되지 않는다. 동법상 전자화폐 발행자는 금융회사 또는 전자금융업자로 규정되어 있고,[78] 현행법상 한국은행은 금융회사 또는 전자금융업자에 해당하지 않아 관련 법규에 따른 규제대상이 아니다.

---

76) Bossu W. et al.(2020), 6-7면; 스웨덴은 EU 지침(2009/110/EC)을 준수하고 이 지침은 스웨덴의 전자화폐법{Electronic Money Act (2011:755)} 등에 반영되어 있다. 따라서 릭스방크는 가치기반형(토큰형) CBDC가 전자화폐법상 전자화폐에는 해당하나, 릭스방크가 가치기반형(토큰형) CBDC를 발행함에 있어 동법에 따른 규제를 받지 않는다고 판단한다. Riksbank(2018a), 20-21면.
77) Bossu W. et al.(2020), 7면.
78) 전자금융거래법 제16조 제1항.

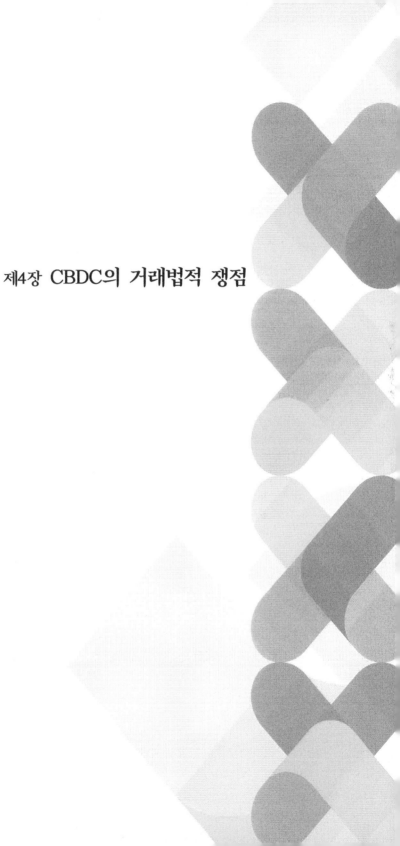

제4장 CBDC의 거래법적 쟁점

본 장에서는 제2장에서 분류한 CBDC의 구현방식과 제3장에서 검토한 CBDC의 법적 성질을 바탕으로, CBDC를 통한 경제주체의 거래 시 발생 가능한 사법상의 논점에 대해서 검토한다. 제1절에서는 CBDC의 발행과 귀속에 대하여, 제2절에서는 CBDC 이전방법과 이전 시기에 대하여, 제3절에서는 중앙은행과 중개기관의 법적지위에 대하여, 그리고 제4절에서는 CBDC 발행 시 시스템 보안 등에 문제가 발생하는 경우를 상정하여 부정 취득이나 위조·복제 등이 발생한 경우의 법적인 취급에 대해서도 다룬다. 구현방식별로 법률관계가 달라지는 경우 구현방식별로 이를 나누어 설명한다.

제1절 발행과 귀속

I. 발행

1. 계좌형

계좌형의 경우 중앙은행 또는 중개기관과 일반 이용자와 사이의 예금계약 체결 및 CBDC 계좌 개설, 일반 이용자의 현금 또는 상업은행 예금을 이용한 자금 교부, 이에 따른 중앙은행의 해당 계좌에의 증액 기장 실시라는 각 단계를 거친다. 예금계약 체결 및 계좌 개설은 CBDC 발행의 전제가 되는 각 행위라 할 것이고, 일반 이용자의 CBDC 발행 예정 금액에 상응하는 자금 교부는 CBDC 발행을 위한 조건 또는 동시 이행 관계에 해당하는 것으로 보인다. 따라서 CBDC의 최초 발행의 효력이 발생하는 시점은 일반 이용자 계좌의 증액 기장을 실시하는 시점이라고 생각된다.

2. 토큰형

토큰형의 경우 중앙은행 또는 중개기관과 일반 이용자와 사이에 CBDC 발행 및 전자지갑 제공에 관한 계약을 체결하여야 한다. 이에 따라 전자지갑 개설, 일반 이용자의 현금 또는 상업은행 예금을 이용한 자금 교부, 이에 따른 중앙은행의 해당 전자지갑 또는 분산원장에의 데이터 기록이라는 각 단계를 거친다. 계약 체결 및 전자지갑 개설은 CBDC 발행의 전제가 되는 각 행위라 할 것이고, 일반 이용자의 CBDC 발행 예정 금액에 상응하는 자금 교부는 CBDC 발행을 위한 조건 또는 동시 이행 관계에 해당하는 것으로 보인다. 따라서 CBDC의 최초 발행의 효력이 발생하는 시점은 일반 이용자의 전자지갑 또는 분산원장에 데이터 자체가 기록되는 시점이라고 생각된다.

II. 법적 지위의 귀속

1. 계좌형

계좌형 CBDC에 대한 기본적 법적 지위의 귀속은 계약 관계에 따른다고 생각된다. 계좌형 CBDC 이용자는 중앙은행 또는 중개기관과 사이에 예금계약[1]을 체결하는데, 여기에는 전자적 방식으로 이루어지는 CBDC 이전에 관한 계약의 내용이 포함된다. 그 법적 성질은 이용자가 계약 상대방에게 CBDC 이전 사무의 처리를 위탁하는 위임계약이고, 이용자가 이전 사무 처리를 위탁하는 기간에 제한이 없는 경우에는 계속적 채권관계에 속한다. 중앙은행 또는 중개기관은 위임의 본지에 따라 선량한 관리자의 주의로서 CBDC 이전 사무를 처

---

1) 거래의 정형화를 위하여 약관의 형태로 이루어질 것으로 예상된다.

리해야 한다(민법 제681조). 이러한 계약은 이용자가 개별적 지급지시를 하기 위한 기초가 되고, 이용자는 유효한 계약의 존재를 전제로 중앙은행 또는 중개기관에게 CBDC 이전 거래의 처리를 지시할 수 있다.

수취인의 예금계좌를 지정계좌로 한 송금이 이루어진 경우 그 법률관계는 송금 의뢰인과 송금은행 사이 및 송금은행과 수취은행 사이의 위임관계로 본다.[2] 이를 계좌형 CBDC에 대입하면, 송금 의뢰인과 송금은행 사이 및 송금은행과 수취은행 사이 위임관계가 성립하는 것으로 볼 수 있다. 직접형의 경우, CBDC의 이전은 송금 의뢰인인 일반 이용자와 중앙은행 사이 위임관계를, CBDC와 상업은행 예금간의 교환은 일반 이용자와 중앙은행 사이 및 중앙은행과 상업은행 사이 위임관계를 전제로 이루어진다고 볼 수 있다. 하이브리드형의 경우, CBDC의 이전과 상업은행 예금과의 교환은 송금 의뢰인인 일반 이용자와 송금은행인 상업은행 사이 및 송금은행과 수취은행 사이 각 경우별 위임관계 성립을 전제로 할 것이다.

따라서 직접형의 경우, 중앙은행과 CBDC 계좌 개설 및 예금계약을 체결하고 일련의 절차를 거쳐 해당 계좌에의 증액 기장이 실시된 시점에, 일반 이용자에게 CBDC에 관한 채권을 행사하는 법적 지위가 귀속된다고 해석할 수 있다.[3] 일반 이용자는 계약에 따라 중앙은행에 대하여 예금채권을 행사하고 CBDC 이전 거래의 처리를 지시할 지위에 있다. 하이브리드형의 경우, 중앙은행이 CBDC를 발행하고 중개기관이 이를 유통하는 역할을 담당하므로, 최초 CBDC 발행 시

---

2) 대법원 2012. 10. 25. 선고 2010다47117 판결.
3) 예금계약의 성립시기와는 별도로, CBDC 이용자가 예금채권이 발생하기 위해서는 예금계약의 목적물인 CBDC의 입금이 있어야 한다. 예금거래기본약관을 참고하면, 예금원장에 입금이 기록된 때 예금이 성립한다(제7조 제1항).

중개기관의 계좌에 증액 기장이 실시될 것이다.[4] 이후 일반 이용자는 중개기관을 통하여 중앙은행과 사이에 계좌 개설 및 예금계약을 체결하고, 중개기관은 자금 상당액을 중개기관의 CBDC 계좌에서 감액 기장 및 일반 이용자의 CBDC 계좌에 증액 기장을 한다.[5] 일반 이용자 명의 계좌에 CBDC 증액 기장이 실시된 경우, 일반 이용자에게 중앙은행에 대한 채권적 권리가 귀속된다고 해석된다.

정리하면 CBDC는 상업은행 예금과 마찬가지로[6] 지급인과 중앙은행 사이의 (준)위임계약 및 소비임치계약과 중앙은행과 수취인간의 예금계약이 복합된 것으로 구성하는 것이 가능하다.[7] 이 경우 CBDC의 귀속은 예금계약의 당사자로서 CBDC 계좌 입출금에 관한 권한을 누가 가지고 있느냐에 따라 판단될 것이다.[8]

2. 토큰형

토큰형 CBDC에 대한 법적 지위의 귀속은 누가 CBDC 데이터를 배타적으로 지배하고 이용할 권한을 가지는지를 판단하는 문제로 귀결된다. CBDC 이전에 개인키가 필요하도록 설계하는 경우, 이에 대한 개인키에 대한 독점적 지배력 행사, 또한 CBDC를 관리하기 위한 소프트웨어를 스마트폰 등에 설치하여 이 소프트웨어의 패스워드를 배타적으로 보유하는 것 등이 법적 지위의 귀속의 판단 기준이 된

---

4) 中央銀行デジタル通貨に關する法律問題研究會(2020), 13면.
5) 상동
6) 지급인과 지급은행 간의 계약을 (준)위임계약 및 소비임치계약, 수취인과 수취은행간의 계약을 예금계약으로 볼 수 있다.
7) 中央銀行デジタル通貨に關する法律問題研究會(2020), 12면.
8) 森田宏樹, 「損害保險代理店の開設した保險料保管專用の普通預金口座の預金債權の歸屬」, 『ジュリスト』1269 號, 有斐閣, 2004 年、84면 참조; 中央銀行デジタル通貨に關する法律問題研究會(2020), 12면에서 재인용.

다.[9] 제3장 제2절에서 살펴본 바와 같이 분산원장에 거래기록이 기록되는 방식으로 거래가 이루어지는 경우 거래 승인에 개인키가 필요하고, 개인키 보유를 CBDC 데이터에 대한 배타적 지배의 기준으로 보아 CBDC의 귀속을 결정하는 것이 타당하다.

---

9) 中央銀行デジタル通貨に關する法律問題研究會(2020), 14면.

제2절 이전 방법과 시기

Ⅰ. 계좌형 CBDC

1. 지급지시 및 이전 시기

계좌형 CBDC 이용자는 CBDC 이전에 관한 계약을 전제로 계약 상대방인 중앙은행 또는 중개기관에 대하여 건별로 CBDC 지급지시를 하는 방법으로 CBDC를 이전한다. 예금의 계좌이체와 마찬가지로, CBDC에 대한 지급지시의 법적 성질은 지급지시의 상대방의 승낙을 필요로 하지 않는 CBDC 이용자의 단독행위로 생각된다.[1] 지급지시는 지급은행에 대하여 하는 것이므로 상대방 있는 단독행위이고,[2] CBDC의 경우 중앙은행 또는 중개기관이 지급은행에 상응한다. CBDC 이용자의 지급지시가 있는 경우 지급은행은 위임의 본지에 따라 선량한 관리자의 주의로써 CBDC 이전 업무를 처리하여야 할 의무가 있다(민법 제681조).

계좌형 CBDC 이전 시에는 (i) 일반이용자가 중앙은행 또는 중개기관에 지급지시, (ii) 중앙은행 또는 중개기관에 의한 CBDC 계좌의 감액기장 및 (iii) 상대방 CBDC 계좌의 증액기장을 거치게 된다. 따라서 CBDC의 이전 시기는 (iii)의 계좌 증액 기장의 시점으로 해석하는 것

---

1) 예금이체 지급지시의 법적 성질에 관하여, 정동윤, 어음·수표법, 법문사 (2004), 573-574면 참조; 대량지급업무와 같은 대량적 대변이체(지급이체)의 경우에는 동일하게 보나, 지로계약에 기한 지로계좌 설정을 요구하지 않는 기본형 대변이체(지급이체)의 경우에는 자금 이체위탁만이 존재하며 그 법적 성질을 위탁계약으로 보는 견해로, 최기원, 어음·수표법, 박영사 (2009), 891면.
2) 정동윤(2004), 574면.

이 타당하다고 생각된다.3) 일반 이용자 예금채권의 소멸 후 상대방 예금채권의 성립이 이루어지는 시점이기 때문이다. 채무변제의 관점에서 보면, (iii)의 시점이 채무자인 일반 이용자가 계좌이체를 통해 채무를 변제하여 채권자인 상대방이 해당 CBDC를 취득하는 시점이므로, 이 때 채무변제의 효력이 발생하는 것으로 해석할 수 있다.4) 전자자금이체의 경우에도, 거래지시된 금액의 정보에 대하여 수취인의 계좌가 개설되어 있는 금융회사 또는 전자금융업자의 계좌의 원장에 입금기록이 끝난 때 지급의 효력이 발생한다고 본다(전자금융거래법 제13조 제1항). CBDC의 이전이 완료되는 시점이자 지급의 효력이 발생하는 시점을 판단할 때에도 참고할 수 있는 조문이라 생각된다.

2. 효력발생의 지연 가능성

계좌형 CBDC가 예금의 전자자금이체5)와 마찬가지로 일반 이용자로부터의 지급지시 시점과 CBDC 이전 시기에 차이가 생길 수 있는 경우, 일반 이용자는 CBDC의 지급지시 후, 중앙은행 또는 중개기관의 계좌의 원장에 입금기록이 완료될 때까지 해당 지시 철회를 할 수 있게 된다.6) 또한, 중앙은행 또는 중개기관에 의한 CBDC 계좌의

---

3) 中央銀行デジタル通貨に關する法律問題硏究會(2020), 19면.
4) 네덜란드 민법은 예금의 계좌이체를 통한 변제에 관한 규정을 두고 있다. 네덜란드 민법은 채권자가 계좌를 보유하고 있는 경우 채권자가 유효하게 계좌로 지급하는 것을 배제하지 않는 한, 채무자는 이행기가 도래한 금액을 그 계좌에 증액 기재하는 방법으로 채무를 이행할 수 있다(6:114조 1항). 이 경우 지급의 효력은 채권자의 은행계좌에 증액 기장이 된 시점에 발생한다(6:114조 2항). 영문 조문은 Danny Busch 외 4명, *Principles of European Contract Law and Dutch Law*, Kluwer Law International (2002), 311-312면 참조.
5) 전자금융거래법 제2조 제12호.
6) 전자금융거래법 제14조 제1항, 제13조 제1항 제1호.

기장이 지연되는 경우, 거래의 상대방(CBDC의 수취인)이 일반 이용자에 대해서 재차 지불을 청구할 가능성 및 이에 수반하는 이중 지급의 위험도 문제로 지적할 수 있을 것이다.[7]

하지만 변제의 효력이 발생하는 시기에 대해서는 약관[8] 등 당사자 간의 합의에 따라 변경할 수 있으며, CBDC 계좌의 결제시스템 사양(특히 지급지시에서 증액기장까지의 소요시간)에 따라 이러한 위험을 절감할 수 있다.[9] 이 때문에 CBDC의 이전 시기 및 그것에 의해 발생하는 리스크의 다과는 어떠한 모델로 CBDC를 발행할지와 반드시 연결되는 것은 아니라고 생각된다.[10]

이와 관련하여 변제의 효력이 발생하는 시기에 대해서 규정하는 것이 바람직하다. 전자금융거래법에서 이용자의 거래지시 후 일정 시간이 경과한 후에 전자자금이체의 지급 효력이 발생(이하 '지연이체')하기를 원하는 이용자가 컴퓨터, 전화기 등 전자적 장치를 통하여 지연이체가 되는 거래지시를 할 수 있고, 이 때 전자자금이체의 지급 효력이 발생하도록 하는 규정[11]을 참고할 수 있다.

---

7) 中央銀行デジタル通貨に關する法律問題研究會(2020), 20면.
8) 일반 예금과 관련하여, 「예금거래기본약관」은 입금 방법 별로 예금 성립시기를 다음과 같이 정하고 있다(예금거래기본약관 제7조 제1항).
　　1. 현금으로 입금한 경우 : 은행이 이를 받아 확인하였을 때
　　2. 현금으로 계좌송금하거나 계좌이체한 경우 : 예금원장에 입금의 기록이 된 때
　　3. 증권으로 입금하거나 계좌송금한 경우 : 은행이 그 증권을 교환에 돌려 부도반환시한이 지나고 결제를 확인한 때. 다만, 개설점에서 지급하여야 할 증권은 그날 안에 결제를 확인한 때. 다만, 증권이 자기앞수표이고 지급제시기간 안에, 사고신고가 없으며 결제될 것이 틀림없음을 은행이 확인하였을 때에는 예금원장에 입금의 기록이 된 때
9) 中央銀行デジタル通貨に關する法律問題研究會(2020), 21면. 기술적으로는 지급지시 완료와 동시에 수취인 계좌에의 입금정보가 기록되도록 설계하여야 할 것이다.
10) 상동

3. CBDC의 양도

예금은 계좌이체를 통해 제3자에게 그 금액의 일부를 이전할 수 있으나, 예금채권 자체의 양도도 가능하다. 계좌형 CBDC 보유자가 가지는 권리의 성질을 예금채권이라고 판단할 때, 제3자에게 예금채권 자체의 양도 방식으로 CBDC를 이전하는 것도 가능할 것이다. 그런데 현행 예금거래기본약관은 예금 양도나 질권설정을 위해서 은행에 대한 사전통지와 은행의 동의를 요구하고 있다(동 약관 제12조 제1항). 이처럼 약관에 양도금지특약이 존재하고 예금채권의 양도가 제한되는 것은 은행거래 경험이 있는 자에게는 널리 알려진 사항이므로, 예금채권의 양도성은 일반적으로 제한되어 있다고 보는 것이 타당하다는 견해[12]가 있다. 그렇다면 계좌형 CBDC 자체의 양도는 어떻게 규율해야 할 것인가. 이에 대하여 예금채권과 마찬가지로 입법 내지 약관으로 양도성을 제한하는 방향으로 해결할 필요가 있다는 견해를 상정해 볼 수 있다. 그러나 계좌형 CBDC는 화폐로써 통용되는 것으로써, 입법으로 일일 사용한도 등을 설정하는 등 화폐 사용의 제한 규정을 두는 것은 별론으로 하고, 이러한 제한 규정이 없는 한 화폐의 자유로운 유통을 확보하기 위하여 계좌형 CBDC 자체의 양도를 약관 등으로 제한하는 것은 바람직하지 않다고 생각된다.

II. 토큰형 CBDC

1. 이전방법 및 이전시기

토큰형 CBDC의 이전은 금전적 가치가 포함된 데이터의 수수 등

---

11) 전자금융거래법 제13조 제2항, 동법 시행령 제9조의2.
12) 정순섭(2017), 309면.

에 의해 실현된다. 토큰형 CBDC 이용자는 이전할 금액을 입력하고 개인키에 의해 생성된 디지털 서명을 하여 온라인상으로 거래 상대방에게 CBDC를 이전 내지 양도할 수 있다. 오프라인상으로도 이용할 수 있도록 구현하는 경우, 거래 상대방이 보유한 단말기와의 전기적 접촉 등을 통하여 미리 전자지갑에 저장하여 둔 CBDC를 이전 내지 양도할 수 있다.

토큰형 CBDC에는 그 자체에 일정한 금전적 가치가 있고 이를 배타적으로 지배하고 있는 자에게 그 가치가 귀속된다고 볼 수 있기 때문에, CBDC의 이전의 효력은 당해 데이터의 수수 시점에서 생기는 것으로 해석할 수 있다.[13] 온라인의 경우, 토큰형 CBDC의 이전은 분산원장에 거래가 기록되는 방식으로 구현된다. 따라서 수취인의 전자지갑 주소로의 토큰형 CBDC 이전에 대해 분산원장에 거래기록이 끝난 시점을 CBDC 수취 시점으로 볼 것이고, 이 시점에 이전 및 변제의 효력이 발생한다고 볼 수 있을 것이다.[14] 분산원장에 거래기록이 끝난 시점에 채무자는 지급채무를 면하고 채권자인 수취인은 CBDC를 사용할 권한을 취득하기 때문이다. 오프라인의 경우, CBDC가 거래 상대방이 지정하는 전자적 장치에 도달한 시점에 이전의 효력이 발생하고, 이 시점에 변제의 효력이 발생하였다고 해석된다.[15]

---

13) 中央銀行デジタル通貨に關する法律問題研究會(2020), 19면.
14) '분산원장에 거래기록이 끝난 때'와 같이 블록체인의 특성을 반영하여 지급의 효력발생시기를 규정하는 방안을 생각할 수 있다. 김홍기, 블록체인 기술의 지급결제적 특성과 전자금융거래법 개정 방안, 금융법연구 제15권 제3호 (2018), 129면.
15) 전자금융거래법상 전자화폐의 경우, 거래지시된 금액의 정보가 수취인이 지정한 전자적 장치에 도달한 때이다(동법 제13조 제1항 제3호).

2. 효력발생의 지연 가능성

앞서 계좌형 CBDC에서 살펴본 바와 마찬가지로, 일반 이용자로부터의 토큰형 CBDC 이전 요청 시점과 수취인의 CBDC 지갑에 이체되는 시기에 차이가 생기거나, 분산원장에 기록되어 거래가 확정되는 시점에 시차가 있을 수 있다.16) 계좌형의 경우와 마찬가지로 효력발생 지연 가능성에 대비한 규정을 마련하는 것이 법적 확실성과 안정성 측면에서 바람직하다.

3. 입법의 필요성

가. 화폐의 제공과 결제의 완결성

현금은 지급과 동시에 결제가 이루어져 결제의 완결성이 보장된다. CBDC는 현금과 마찬가지로 법화로서 지급과 동시에 결제가 이루어지도록 기술적으로 구현하여야 할 것이다. 그런데 이러한 기술적 구현이 거래나 결제 완료의 법적 효과를 부여하는 것은 아니다. 이에 이하에서 CBDC의 결제 완결성에 관하여 법률로 규정할 필요에 대하여 살핀다.

지급결제시스템에 요구되는 결제 완결성 문제는 법률로써 CBDC

---

16) 분산원장을 사용하는 비트코인이 현재 처리할 수 있는 거래 건수는 평균 초당 7건, 이더리움의 경우 초당 15건(한국은행(2019), 15면) 수준이다. 반면 단일원장방식의 대표적인 전자지급결제수단인 Visa 카드 네트워크(Visanet)는 실제로 평균 초당 3,526건의 거래를 처리하고 있으며, 초당 최대치는 24,000건이라고 알려져 있다(한국은행(2019), 18면). 이처럼 단일원장에 비하여 분산원장 기술을 이용한 거래처리 속도가 떨어지고 거래처리를 위한 장기의 대기 시간이 발생하는 경우가 있다. 분산원장을 사용하여 CBDC 제도를 운용하기 위하여는 이러한 문제의 기술적 해결이 전제되어야 할 것이다.

거래의 종결성을 보장할 필요성이 있는지와 관련된다. 결제의 최종 완결성은 거래의 효과에 대한 확실성을 제공한다. 완결성이란 계약 당사자 사이 가치의 이전이 더 이상 돌이킬 수 없는 상태에 도달한 것을 의미한다.[17] 양도인의 관점에서는 화폐의 제공으로 자신의 변제채무를 완전히 이행하고, 양수인의 관점에서는 해당 화폐를 사용할 수 있는 새로운 법적 권리를 창출한다.[18]

법적 규범이 명확하여 금전적 가치의 이전이 확실하게 이루어질수록, 지급결제의 효율성이 높아진다. 양수인은 이전의 효과로서 권리를 취득하고, 그에 상응하여 양도인은 해당 권리를 완전히 상실하여야 할 것이고, 법률은 권리 획득과 상실의 방법과 시기에 대해 명시한다. 민법이나 상사법에 금전, 증권, 기타 금융자산을 포괄하는 청구권, 그 외 재산의 취득과 손실에 관한 규정이 있는 이유이다.

나. 입법의 필요성과 참고 법제

(1) 입법의 필요성과 기본원칙

CBDC는 화폐이므로, 상법이나 자본시장법상 유가증권이나 금융상품과 구별된다. 그리고 현행법의 해석만으로, 실물화폐의 존재를 전제로 발달한 민법상 물건의 점유, 점유권의 양도 방법으로서의 인도, 소유권의 내용 등에 관한 민사법 또는 민사집행법 규정과 법리를 CBDC에 그대로 적용하기는 어렵다. 그런데 CBDC는 전 국민에게 통용되는 법정화폐라는 점에서, CBDC 법적 지위의 귀속, 이전 시기 등에 관하여 당사자 간 계약으로 정하도록 하는 경우 법률관계의 획일성이나 법적 확실성을 저해할 수 있다. 더욱이 계약상 합의는 계약의 당사자가 아닌 자에게 의무를 부과할 수 없다. CBDC 보유자는

---

17) 화폐의 이러한 속성에 대한 설명으로, Geva B. and Geva D.(2019), para 11.08, 284면.
18) Proctor(2012), para 1.73, 44면.

CBDC에 대한 배타적 통제 권한을 가지고 있고, 보유자에게 소유권을 포함한 물권적 권리를 인정할 충분한 정책적 이유가 있다. 법률로써 CBDC에 관한 권리가 이전하는 시점이나 변제의 효력, 분산원장 기재의 효과로써 소유권의 인정[19] 등에 대하여 명시하는 것은 이러한 측면에서 필요하다.

CBDC의 보유나 권리 이전에 관한 입법의 기본적인 관점은 데이터 수수 또는 블록체인 원장(장부)에의 기재를 법률적으로 CBDC의 점유의 이전 방식으로 간주한다는 점에 있을 것이다.[20] 현행 통화인 금전은 단순한 동산이 아니라, 가치 그 자체여서 점유가 있는 곳에 소유가 있다고 새겨야 할 것[21]이고, CBDC는 데이터 수수 또는 블록체인의 원장(장부)에의 기재가 점유 이전의 역할을 한다. 현금에 대한 소유권의 이전이 인도, 즉 점유의 이전으로 이루어지듯이, 데이터 수수나 블록체인 원장에의 거래기록 기재 완료로 CBDC에 대한 권리가 이전된다고 보는 것이다. 나아가 원장에의 기재를 CBDC에 대한 일종의 공시방법으로 인정하여 해당 기재에 따른 권리자 및 권리 내용을 인정하고 권리에 대한 양도 등 권리의 행사를 가능하게 하는 방안을 생각할 수 있다.

---

19) Carr(2019), para 7.29, 194면의 가상자산에 대한 설명을 참고하였다. 다만, Carr는 분산원장에 기록되는 가상자산 거래에 대하여 입법으로 소유권 추정에 관한 규정을 둘 필요가 있다고 기술하고 있다. 본문은 CBDC에 관하여 기술하고 있고, CBDC 거래의 경우 결제완결성 보호 측면에서 추정 보다 강한 법적 효과를 부여할 필요가 있어 소유권 추정 부분은 인용하지 않는다.

20) 점유권은 관념적 지배 가능성을 기초로 하기보다 사실적 지배, 즉 점유라는 사실을 기초로 하여 구성되므로(지원림(2016), 509-510면), 더욱 입법에 의한 권리 이전 방식 규정이 필요하다. 이로써 민법 제250조 단서 등 실물화폐의 점유를 기반으로 한 법리가 적용될 수 있을 것이다.

21) 주석 민법, 물권법 제5판(2019), 940면(김진우).

(2) 참고법제

앞서 제3장 제3절 IV.에서 살펴본 바와 같이 CBDC는 전자화폐로 볼 수 없고 한국은행은 전자금융거래법상 전자화폐 관련 규정의 적용대상이 아니다. 그러나 양자 모두 실물화폐와 달리 전자적 방식으로 구현되어 권리의 귀속, 이전, 거래의 효력 발생 시점이 법률로써 명확히 하도록 할 필요가 있다는 점은 공통된다. 따라서 전자금융거래법상 전자화폐에 대한 규정 중 이전의 시점에 관한 규정(제13조)이나 변제의 효력을 부여하는 규정(제17조),[22] 양도 내지 담보제공 가능성을 인정하는 규정(제18조) 등 거래 관련 규정을 참고로 할 수 있을 것이다.

또한 CBDC의 발행 및 거래 내역을 분산원장에 기재하는 것은 전자증권의 전자등록제도와 유사한 측면이 있다. 전자등록제도 하에서는 실물증권의 존재를 전제로 하지 않고 권리 자체가 전자등록부에 등록되며, 전자등록부에 권리가 기재되면 유가증권에서의 점유에 대응하는 효력이 인정된다.[23] 그리고 전자등록부에 권리가 대체기재 되면 유가증권에서의 교부에 대응하는 효력이 인정된다.[24] 주식·사채 등의 전자등록에 관한 법률(이하 '전자증권법') 제35조 제1항이 전자등록계좌부에 전자등록된 자는 해당 전자등록주식등에 대하여 전자등록된 권리를 적법하게 가지는 것으로 추정하고, 동조 제2항이 전자등록주식등의 양도는 계좌 간 대체의 전자등록을 하여야 그 효력이 발생한다고 규정하며, 기타 질권 설정, 신탁 등에 관한 전자등록의 필요성 등에 관하여 규정하는 것을 참고로 할 수 있다.

---

22) 다만 CBDC는 법화이므로 CBDC의 지급으로 채무가 변제되는 것이고, 유사화폐인 전자화폐처럼 변제되는 것으로 '간주'할 필요는 없다.

23) 손진화, 특집논문: 주식 등의 전자등록제도의 도입방안, 상사법연구, 제 22권 제 3호(2003), 89면.

24) 상동

(3) 유의사항

다만, CBDC는 법정화폐에 해당하나 전자금융거래법상 전자화폐25)나 전자증권법상 전자등록주식등26)은 그러하지 아니하므로, 전자화폐나 전자등록주식등의 개념 및 법적 성질을 반영하여 설계한 규정 구조나 개별 규정의 차이를 고려하여야 할 것이다. 또한 토큰형 CBDC에 대한 권리는 준물권적 성질을 가지고 있는 반면, 전자증권법상 전자등록주식등에 대한 권리는 전자등록기관을 통하여 행사되므로27) 주로 채권적 성질을 가지고 있어, 이러한 차이를 유의하여 CBDC 법제도를 설계하여야 한다. 그리고 현행 전자금융거래법이나 전자증권법은 중앙전산시스템인 단일원장을 기반으로 하고, 전자금융거래법상 전자화폐는 원칙적으로 실지명의 또는 예금계좌를 연결하여 관리하도록 하는 등(동법 제16조 제1항 본문), 토큰형 CBDC의 경우에 그대로 적용할 수 없는 조항이 있다. 마지막으로 양 법은 한국은행을 적용대상으로 하지 아니하고 이를 전제로 입법되었다는 점도 고려하여야 할 것이다.

---

25) 전자금융거래법 제2조 제12호.
26) 전자증권법 제2조 제4호.
27) 전자증권법 제38조; 그 외에도 전자등록주식등의 전자등록에서부터 권리의 소멸 등에 따른 변경·말소의 전자등록에 이르기까지 전자등록기관 또는 계좌관리기관 등 제3자에 대한 신청을 통해 이루어진다(전자증권법 제24조 내지 제34조). 온라인 토큰형 CBDC의 이전에는 지급인의 비밀키를 통한 전자적 서명이 필요할 것인데, 이를 전자증권법상 전자등록기관 등에 대한 신청과 유사한 성질을 가진다고 보기 어렵다. 나아가 오프라인 토큰형 CBDC의 거래 시 전자증권법상 전자등록기관 등에 대한 신청과 유사한 절차가 불필요할 수 있다.

제3절 중앙은행과 중개기관 등의 법적 지위

Ⅰ. 법적지위

1. 중앙은행

한국은행법상 한국은행이 독점적 화폐의 발행권을 보유하여(제47조) 한국은행이 CBDC의 발행자이고 개인이나 기업은 CBDC의 발행자가 될 수 없다.[1] 이는 직접형과 하이브리드형에 공통된다. 한국은행은 CBDC 발행과 관련하여 전자금융거래법의 수범주체에 해당하지 않는다. 그리고 한국은행은 특정금융정보법 제2조 제1호의 금융회사등에 해당하지 아니하여 동법의 수범주체에도 해당하지 않는다.[2] 한편, 한국은행은 금융실명거래 및 비밀보장에 관한 법률(이하 '금융실명법')상 금융회사등에 해당하고(제2조 제1호), CBDC는 동법상 금융자산에(제2조 제2호), CBDC 거래는 동법상 금융거래에(제2조 제3호) 해당하여, 한국은행은 CBDC 발행 및 유통 시 동법의 수범주체이다.[3] 그리고 한국은행은 CBDC 설계방식에 따라서는 CBDC 발행·유통 과정에서 개인정보 내지 가명정보를 수집·이용하는 개인정보처리자로서 개인정보보호법의 수범주체가 될 수 있다.[4]

2. 중개기관

중앙은행은 전통적으로 상업은행을 매개로 통화정책을 수행하였

---

1) 제2장 제1절 Ⅰ. 1, 2. 및 제2장 제2절 Ⅰ. 2. 다항 참조.
2) 제5장 제2절 Ⅱ. 2.에서 상술한다.
3) 제5장 제2절 Ⅱ. 3.에서 상술한다.
4) 개인정보보호법 제2조 제1호, 제3호; 제5장 제2절 Ⅲ.에서 상술한다.

고, 한국은행법에 따라 한국은행의 통화정책 수행대상이 되는 금융
기관 역시 주로 은행법 제2조에 따른 은행에 한하였다.[5] 이와 관련
하여 CBDC의 중개기관의 범위를 금융기관에서 더 나아가 최근 전자
금융거래법 적용대상으로 논의되는 핀테크 기업 등까지 포함할지가
문제될 수 있다.

중개기관에 관한 입법이 없는 상황은 중개기관이 CBDC를 유통하
거나 결제하는 행위의 합법성에 대한 법적 자격이 보장되지 않는다
는 것을 의미한다.[6] 중개기관이 CBDC를 유통하는 등의 행위가 기존
의 규제로 포섭되지 않는 새로운 유형에 해당한다고 보아야 할지,
아니면 되도록 이미 규제 중인 유형의 전자지급수단에 관한 거래의
특성을 충족하도록 설계할지 결정하는 것은 위 쟁점과도 연계된다.
전자의 경우 별도의 입법이 없는 한 중개기관이 되고자 하는 개인이
나 법인은 CBDC 발행인인 한국은행이 요구하는 자격 요건 및 업무규
정 준수 등을 제외하고는 기타 진입규제나 정부기관의 감독 등에서
자유로울 수 있으나, CBDC 보유자는 법률적 위험에 노출될 수 있다.
후자의 경우 CBDC 자체의 고유한 특성이나 CBDC 제도 운영상 중개
기관의 역할과 관련 없이 CBDC 보유 내지 결제 시 관련 법규의 적용
을 받게 된다.[7] 다만, 개인정보보호법은 개인정보를 수집·이용하는
개인정보처리자를 수범주체로 하므로, 중개기관에 관한 별도의 입법
이 없더라도 중개기관은 동법상 의무를 부담할 수 있을 것이다.[8]

한편, 현재 2단계(two-tier) 운영체계와 마찬가지로 상업은행이 중
개기관에 해당하는 경우를 상정하면, 상업은행인 중개기관은 전자

---

5) 한국은행법 제11조 참조.
6) 기본적으로 당사자간 계약이 체결되어 계약법리에 따라 규율될 것이다.
7) 대표적으로 전자금융거래법상 전자지급거래에 해당하여 전자금융업자 등
   에 해당할 가능성이 있다.
8) 개인정보보호법 제2조 제1호, 제3호; 제5장 제2절 III.에서 상술한다.

금융거래법, 특정금융정보법, 금융실명법의 수범주체이다.[9][10] 이 중에서도 특히 최근 개정된 특정금융정보법상 가상자산에 대한 정의를 살펴보면, CBDC 역시 경제적 가치를 지닌 것으로서 전자적으로 거래 또는 이전될 수 있는 전자적 증표(그에 관한 일체의 권리를 포함한다)로서 동법상 가상자산에 해당할 수 있어(동법 제2조 제1항) 동법상 '금융기관등'에 해당하는 중개기관이 동법상 가상자산에 관한 의무를 부담할 가능성이 있다. 다만 후술하는 바와 같이 동법 개정 취지를 고려하면 CBDC는 동법상 가상자산에서 제외하여 중개기관이 가상자산에 관한 의무를 부담하지 않도록 규정할 필요가 있다.[11]

II. 중개기관과 중앙은행 사이 법률관계

1. 하이브리드형 중 계좌형의 경우

중앙은행은 CBDC를 발행하여 직접 이에 대한 지급채무를 부담하고, 중개기관은 중앙은행 계좌를 관리하는 사무를 수행한다.[12] 이때 중개기관의 사무에 대하여 아래와 같은 견해 대립을 생각해볼 수 있다.

우선 이에 대해 위탁 법리를 적용하여, 중앙은행이 자신의 사무를 중개기관에 위탁하고 중개기관은 수탁사무를 처리하는 것으로 생각해볼 수 있다.[13] 예를 들어 중개기관이 일반 이용자로부터의 지급지시를 받아 중앙은행 계좌의 기장을 하는 행위는 중개기관이 중앙은행을 대리(민법 제114조 제1항)하여 해당 지급지시를 승낙함과

---

9) 전자금융거래법 제2조 제3호; 특정금융정보법 제2조 제2호; 금융실명법 제2조 제2호.
10) 본장 제4절 II.과 제5장 제2절 II. 2. 및 3.에서 상술한다.
11) 제5장 제2절 II. 2.에서 상술한다.
12) 中央銀行デジタル通貨に關する法律問題硏究會(2020), 13면.
13) 상동

동시에 이에 기초한 수탁사무의 이행으로서 계좌 기장을 하는 것이고, 이에 따라 중앙은행에 직접 CBDC 이전의 법률효과가 생긴다(민법 제114조 제2항). 이 때 무권대리 등 중앙은행에 그 법률행위의 효과가 발생하는 것으로 보기 어려운 예외적 경우가 아닌 한, 중앙은행이 계좌관리 사무에 관해 발생하는 책임(과오기장에 따른 손실의 보상 등)에 대해 최종적으로 부담하는 것으로 해석할 수 있다.[14]

한편 중개기관이 계좌관리 사무를 고유사무로써 수행하는 것으로 법리를 구성해 볼 수도 있으나, 하이브리드형 중 계좌형의 경우 아래와 같은 이유에서 어려울 것으로 생각된다. 즉, 계좌형 CBDC에서는 CBDC를 일반 이용자의 중앙은행에 대한 예금채권으로 구성한다. 그런데 중개기관이 계좌관리 사무를 예금계약상 채무자(중앙은행)로부터 독립된 입장에서 고유사무로 수행할 경우, 중개기관에 의한 CBDC 계좌의 감액 기장으로 일반 이용자의 중앙은행에 대한 예치금 채권이 소멸(채무자에 의한 변제)한다고 구성하기가 어렵다.[15] 또한, 일반 이용자는 어디까지나 중개기관에 대하여 지급지시를 할 수 있을 뿐, 예금채권의 채무자인 중앙은행에 어떠한 청구도 할 수 없다고 하면, 계좌형 CBDC를 중앙은행에 대한 예금채권으로 구성하는 것과 정합적이지 않다.[16]

2. 하이브리드형 중 토큰형의 경우

중개기관의 일반 이용자에 대한 전자지갑 제공 사무에 대하여, 중개기관은 중앙은행으로부터 해당 사무를 수탁하여 실시한다는 견해도, 중개기관의 고유사무로서 실시한다는 견해도 모두 생각해볼

---

14) 中央銀行デジタル通貨に關する法律問題硏究會(2020), 14면.
15) 상동
16) 상동

수 있다.[17] 수탁사무로 보는 경우 중개기관에 대한 중앙은행의 관리·감독 비용이 과대해지는 경우, 위에서 언급한 것과 마찬가지로 입법으로 중앙은행과 중개기관간의 역할 분담에 관한 법규를 마련하는 방안을 생각할 수 있다.[18]

---

17) 中央銀行デジタル通貨に關する法律問題研究會(2020), 15면.
18) 상동

제4절 부정취득 및 데이터 위조·복제 등과 사법관계

Ⅰ. 부정취득 시 권리관계

1. 계좌형 CBDC

계좌형 CBDC의 부정취득에 대해서는 무권한자 A가 일반 이용자 B의 이름을 속여 중앙은행 또는 중개기관에 지급지시를 하고, CBDC를 B의 계좌에서 A의 계좌로 이전시키는 사례(무권한자에 의한 자기 계좌로의 이체)를 상정할 수 있다.[1]

이 경우 CBDC의 이전에 대응하는 본인의 의사가 존재하지 않아 그 이체위임계약의 효과는 원칙적으로 일반 이용자에게 귀속되지 않는다는 견해가 있다.[2] 이 견해에 의하면, 계좌이체에 의하여 수취인 A가 계좌이체금액 상당의 예금채권을 취득하였다고 볼 수 없고, 수취인 A의 계좌가 개설된 중앙은행 또는 중개기관이 법률상 원인관계 없이 위 금액 상당의 이익을 얻었다고 해석할 수 있다. 따라서 B는 A가 아니라 A의 계좌가 개설된 중앙은행 또는 중개기관을 상대로 부당이득반환청구권을 행사할 수 있다.

반면 계좌이체와 관련한 대법원 판시에 의하면, 원칙적으로 원인관계의 흠결이 계좌이체의 효력이나 계좌이체로 말미암아 형성된 수취인과 수취은행 사이의 예금관계의 효력에 영향을 미칠 수 없다.[3] 즉, 계좌이체 의뢰인의 자금이체지시에 따라 지급은행 및 수취

---

1) 中央銀行デジタル通貨に關する法律問題研究會(2020), 20면.
2) 상동
3) 대법원 2006. 3. 24 선고 2005다59673 판결; 대법원 2007. 11. 29 선고 2007다51239 판결.

은행을 통하여 수취인의 예금계좌로 이체자금이 계좌이체 되면 수취인과 수취은행 사이에 예금관계가 성립하고, 비록 계좌이체 의뢰인과 수취인 사이에 계좌이체의 원인이 되는 법률관계가 당초부터 성립하지 않았거나 그 법률관계가 사후에 일정한 사유로 소멸하게 되더라도 특별한 사정[4]이 없는 한 원인관계의 흠결이 계좌이체의 효력에 영향을 미치지 않는다는 것이다.[5] 계좌형 CBDC의 구현방식은 예금계좌와 실질적으로 동일하므로 이 같은 법리를 계좌형 CBDC에 적용할 수 있다. 이에 의하면 무권한자 A에 의한 CBDC 이전의 경우에도 계좌이체 자체는 유효하다. 이 경우 B는 A에 대하여 CBDC 이전 금액 상당의 부당이득반환청구권을 가지게 된다.[6] 그러나 중앙은행 또는 중개기관은 얻은 이익이 없어 그에 대하여는 부당이득반환청구권을 취득하지 않는다.

생각건대, 계좌형 CBDC의 이전은 지급결제의 완결성 보장의 관점에서 살필 필요가 있다. 자금이체 측면에서 지급결제제도의 완결성이란 일단 이체지시가 이루어지면 당사자 간에 자금이체의 원인

---

4) 수취인과 은행 사이의 예금계약의 성립 여부를 송금의뢰인과 수취인 사이에 계좌이체의 원인인 법률관계가 존재하는지 여부에 의하여 좌우되도록 한다고 별도로 약정하는 경우를 예로써 들고 있다(대법원 2007. 11. 29. 선고 2007다51239 판결).

5) 대법원 2007. 11. 29. 선고 2007다51239 판결.

6) 예금의 착오 송금 시 계좌이체 자체는 유효하고 지급인의 수취인에 대한 부당이득반환채권이 성립하는데, 수취인이 무자력인 경우에는 실익이 없기 때문에 지급인을 보호하기 위한 수단으로 독일에서 논의되어 온 입금기장거절권 법리를 도입하고, 수취인의 입금기장거절권의 행사로 소급적으로 예금채권이 성립되지 않은 것으로 보자는 견해로, 이상용, 착오 송금 법리의 재구성, 민사법학 제92호 (2020), 293-294면. 이 견해는 입금기장거절권이 수취은행의 상계로부터 지급인을 보호하고 수취인의 채권자들에 의한 강제집행으로부터 지급인을 보호할 수 있으며, 수취인이 무자력인 경우 지급인이 입금기장거절권을 대위행사할 수 있다는 점을 든다. 이상용(2020), 294면.

관계에 대하여 다툼이 있더라도 이체는 이행한 후에 분쟁을 해결한다는 선이행·후분쟁의 원칙이다.[7] 송금인과 수취인 간의 원인관계의 유무나 내용에 대해서는 지급결제제도의 밖에서 당사자 간의 다툼으로 해결하라는 취지이다.[8] 계좌이체는 다수인 사이에 다액의 자금이동을 원활하게 처리하기 위하여, 그 중개 역할을 하는 은행이 각 자금이동의 원인인 법률관계의 존부, 내용 등에 관여함이 없이 이를 수행하는 체제로 되어 있다.[9] 은행이 개별 자금이동의 원인이 되는 법률관계에 관여하지 않고 계좌이체 업무를 수행하고 있는 데다가 자금이체가 그 원인관계에 따라 수시로 사후적으로 실효되거나 정지되는 경우 동 제도의 안정적이고 원활한 운영에 중대한 부정적 영향을 미칠 수 있으므로, 자금이체 관련 행위 자체의 법적 효력을 인정하겠다는 의미이다.

계좌형 CBDC는 계좌이체 방식을 통한 CBDC 이전으로 지급결제 자체가 완전히 종결되도록 설계될 것으로 예상된다. 또한, 업무처리 방법을 획일화하여 다수인 사이 다액의 자금이동을 원활하게 처리하기 위하여, 중개기관이 각 자금이동의 원인인 법률관계의 존부, 내용 등에 관여함이 없이 이를 수행하는 체제로 구성될 것이다. CBDC의 화폐로서의 유통성 확보 및 지급결제제도의 완결성 보장의 측면에서, 계좌이체 시 선이행·후분쟁의 원칙은 계좌형 CBDC의 경우에 적용하는 것이 타당하다. 따라서 무권한자에 의한 CBDC 이전의 경

---

7) 정순섭(2017), 391면; 어음교환소를 통한 어음결제제도에 대하여, 법원은 '어음의 지급과 관련한 개별적, 실체적 권리관계의 확정 내지 안정과는 상관없이 어음교환소 및 참가은행들 사이의 업무처리방법을 획일화함으로써 대규모 어음교환결제의 신속, 원활 및 편의 도모를 주목적으로 '선이행 (결제) 후분쟁'을 원칙으로 하는 참가은행들 사이의 다자간 상계결제 시스템'으로 판시한 바 있다(대법원 2006. 5. 26. 선고 2003다65643 판결)
8) 정순섭(2017), 398면.
9) 대법원 2007. 11. 29. 선고 2007다51239 판결.

우에도 계좌이체 자체는 유효하여 무권한자는 CBDC를 취득하나, 일반 이용자는 무권한자에 대하여 CBDC 이전 금액 상당의 부당이득반환청구권을 가지게 된다.

2. 토큰형 CBDC

토큰형 CBDC의 부정취득으로는 A가 B의 CBDC 전자지갑에 부정하게 접근(access)하여 전자지갑 내의 CBDC를 A의 전자지갑으로 직접 이전시키는 '절취'형을 상정할 수 있다.[10] A가 B의 배타적 점유하에 있는 B의 개인키를 서버 해킹 등 부정한 방법을 통하여 탈취하여, 개인키를 통해 CBDC를 이전하는 방법도 이에 속한다[11]. 그런데 토큰형에서는 CBDC를 구성하는 데이터 자체에 금전적 가치가 포함되어 있다. 따라서 부정한 방법으로 이전되었다고 해도 해당 데이터의 수수에 의해 금전적 가치는 이전된다고 볼 수 있다.[12] 부정한 방법으로 이전된 CBDC에 대해서는 B의 A에 대한 부당이득 반환청구(민법 제741조) 또는 불법행위에 대한 손해배상 청구(동법 제750조)를 생각할 수 있다.

II. 데이터의 위조·복제 등과 사법상 책임

1. 서설

새로운 기술의 등장으로 금융 및 지급결제서비스 시장에 변화가 생겨나고 변화의 속도는 더욱 빨라지고 있다. 새로운 기술에 따라

---

10) 中央銀行デジタル通貨に關する法律問題研究會(2020), 21면.
11) 상동
12) 상동

기존과 다른 형태로 CBDC 위조·복제나 기타 불법행위가 등장할 수 있다. 블록체인 기술을 활용하여 CBDC를 구현하는 경우, 블록체인에 이미 기록된 거래내역이나 거래장부 자체를 위·변조하는 것은 거래마다 네트워크 구성원들로부터 검증을 받는 알고리즘 기술 특성상 사실상 불가능할 것이다. 그렇다고 하여 블록체인 기술로 구현된 CBDC에 대한 어떠한 위·변조 위험도 없는 것은 아니다.[13] 프라이빗 블록체인의 경우, 네트워크 구성원의 수가 제한되어 있어 위조나 복제에 필요한 컴퓨팅 파워가 퍼블릭 블록체인에 비하여 적게 요구되므로, 기술 발달에 따라서는 위조·복제가 불가능하다고 단언하기 어려울 수 있다. 나아가 경제주체가 토큰형 CBDC의 개인키(비밀키) 보관을 중개기관에 위임하였는데 이를 해킹당하는 경우나 전산장애가 발생하여 CBDC 이용자가 거래하고자 하는 시점에 거래를 할 수 없는 경우 등에 대한 사법상 책임을 검토할 필요가 있다. 그런데 새로운 형태의 불법행위나 새로운 행위자의 등장은 기존 법리에 따른 사법상 책임 분배를 용이치 않게 할 수 있다. 이에 (i) 새로운 기술의 등장과 현행 전자금융거래법 내지 면책약관 등에 따른 책임 배분의 문제 발생에 관하여 검토 후, (ii) 모델별로 CBDC의 위조·복제로 상정 가능한 경우 및 기타 불법행위에 대하여 각각의 법적 효과, 중앙은행과 중개기관의 책임 등을 정리한다.

---

13) 비트코인의 경우를 예를 들어 보자. 비트코인 거래소는 거래소의 전자지갑 안에 고객들의 비트코인을 모아두고, 고객별 비트코인 잔액을 관리하기 위한 별도의 장부를 만들어 관리하는 경우가 있다. 이때 거래소가 관리하는 장부는 분산원장이 아니라 중앙집중식 원장이다. 따라서 거래소가 해킹을 당하면 거래소가 보관 중인 비트코인이 도난당할 수 있다.

2. 책임 배분의 문제

가. 지급결제 관련 법률 적용 문제와 면책약관

(1) 도입

지급결제 관련 법률[14]은 금융기관, 전자금융업자, 이용자 또는 제 3자 간 권리와 책임을 배분하는 보다 명확한 규칙을 제공하기 위해 발달하여 왔다. 그러나 전자지급서비스 및 관련 구조·체계의 다양하고도 빠른 변화는 위조·복제 등 금융 사고에 따라 손해 발생 시, 이에 대한 법적 책임을 명확하게 할당하는 것을 어렵게 한다.

특정 당사자들의 권리와 책임을 명시적으로 배분하는 법이 없는 경우, 법원은 청구의 타당성을 판단할 때 당사자 간의 합의나 일반적 법원칙을 고려할 가능성이 높다. 당사자 간 합의는 개별 거래의 명확성과 확실성을 형성하지만, 일반적으로 제3자에 구속력을 부여할 수 없고 계약마다 그 조건이 상이할 수 있다는 점에서 화폐제도에 대한 획일적 적용에 한계가 있다. 일반적 법원칙에 따르는 것은 지급결제서비스 제공업자에 대한 책임배분·제한 문제가 발생하거나, 지급결제서비스 제공업자와 일반 이용자 사이 정보의 불균형 상태에 있음에도 분쟁시 일반 이용자가 원고가 되는 경우 입증책임에 어려움을 겪을 수 있다는 점 등을 고려할 때 바람직하지 않은 경우가 있다.

(2) 지급결제 관련 법률의 역할과 한계

전자금융거래법은 금융기관과 전자금융업자가 특정 유형의 청구에 대하여 어떠한 경우 책임을 부담하거나 면하는지에 관한 예견 가능성을 부여한다.[15] 동법은 전자지급거래에 관한 이해관계인들의

---

14) 이하에서는 기존 소액 지급결제 관련 법률, 특히 전자금융거래법을 중심으로 논의한다.

권리와 의무가 계약상 명시되어 있지 않거나 불확실한 경우 등에 일응의 기준을 제시한다. 동법은 전자지급거래계약의 효력이나 지급의 효력 발생시기 등에 관하여 규정하고, 금융기관뿐 아니라 비금융기관인 전자금융업자, 전자금융보조업자 등으로 적용범위를 확대하였다.

하이브리드형 CBDC의 경우, 중개기관은 CBDC의 위조·복제로 상정 가능한 사고로 이용자에 대하여 손해가 발생한 경우, 기본적으로 전자금융거래법 제9조에 의한 책임을 부담하는 것으로 판단된다.[16] 우선 중개기관은 전자금융거래법 제2조 제3호 금융회사 또는 제4호 전자금융업자에 해당할 수 있고, 동조 제1호 전자금융거래의 정의가 넓게 규정되어 있어 CBDC 거래 역시 이에 해당하는 것으로 해석된다. 즉, 이용자의 고의나 중과실이 있는 경우 중개기관의 책임을 면한다는 취지의 별도의 약관이나 중개기관이 합리적으로 요구되는 충분한 주의의무를 다한 경우를 제외하고(제9조 제2항), 사고로 인하여 이용자에게 손해가 발생한 경우 그 손해를 배상할 책임을 부담하는 것이다(제9조 제1항 제1호나 제3호 참조).

그러나 CBDC의 경우 CBDC 거래를 통해 지급결제가 이루어지고 동시에 중앙은행이 CBDC 제도를 운영하는 주체이다. 따라서 한국의 경우 한국은행법 제81조상 한국은행이 운영하는 지급결제제도의 일종이 될 것으로 예상된다. 이 경우 전자금융거래법은 금융회사 및 전자금융업자간 따로 정하는 계약에 의해 이루어지는 전자금융거래로서 한국은행이 운영하는 지급결제제도를 이용하는 경우 동법의 적용을 배제한다.[17] 따라서 전자금융거래법은 CBDC 제도 운영과 관

---

15) 대표적으로 동법 제9조를 들 수 있다.
16) 전자금융거래법 제3조 제1항 단서의 동법 적용범위 배제 조항 해석과 관련된다. 본절 II. 3. 다. (2) (가)항에서 상술한다.
17) 전자금융거래법 제3조 제1항, 동법 시행령 제5조 제1항 제2호.

련하여 전반적으로 적용되는 규정은 될 수 없다.[18]

그리고 CBDC 시스템의 구체적 설계에 따라서는, 블록체인 시스템 제공자나 전자지갑 서비스 제공자와 같은 새로운 기관이 등장하여 이들이 CBDC 이전 또는 보관 등과 관련하여 금융기관 또는 지급결제시스템이 전통적으로 수행하여 온 역무 수행과 관련한 책임을 부담할 가능성도 있다. 이처럼 CBDC 제도와 관련한 새로운 이해관계인이 등장하여 기존의 전자금융거래법의 수범주체가 하던 역할과 다른 기능을 수행하는 자로 대체될 수 있어 기존 전자금융거래법으로 포섭할 수 없는 부분이 발생할 수 있다.

나아가 CBDC 보유자는 전자적 형태로 재산적 가치를 보유한다는 점에서 예금자와 일부 유사한 점이 있으나, 앞서 검토한 바와 같이 토큰형의 경우 당사자에 대한 권리 및 관련 청구권이 예금의 그것과 서로 다르다. 전자지갑 제공자들은 은행이나 비은행 지급결제서비스 제공자와 유사한 서비스를 제공하나, 금융기관과 달리 이들은 예금이 아닌 통화로 표시된 잔액 기록을 관리한다. 그리고 발권력을 가진 중앙은행이 통화정책수단의 일환으로서 지급결제제도를 운영하므로 CBDC 제도 운용은 중앙은행의 지급결제제도 운영과 상당부분과 일치하는데, 하이브리드형은 현행 지급결제제도와 마찬가지로 2단계(two-tier)로 구성되어 상업은행이 대중에 통화를 유통하는 역할을 담당하여, 지급결제제도와 전자지급거래의 법 경계에 놓이는 영역이 존재한다.

각각의 경우 CBDC에 대한 당사자의 권리는 전자금융거래법과 해당 계약조건을 추가로 분석해야 비로소 명확해진다. 법규 적용의 흠결이 있는 대상자가 있을 수 있고, 특정 행위에 대하여는 면책약관 등이 적용될 수 있다. 통화제도의 통일적 적용을 위하여 기존 법률

---

18) 본절 II. 3. 다. (2) (가)항에서 상술한다.

의 흠결이 생기는 영역에 대하여 일반 이용자와의 약정 또는 약관이 아닌 CBDC 관련 조문의 신설이 필요한 경우가 있을 수 있다.

나. 책임 배분의 문제

어떻게 제도를 설계하느냐는 특정 손실위험을 가장 효율적으로 완화할 수 있는 자, 즉 최소비용 회피자를 찾아내어 그에게 책임을 묻게 하는 문제로 귀결된다. 최소비용회피자 이론(the least-cost avoider principle)은 우발상황(contingency)이 발생하였을 때 이를 가장 적은 비용으로 회피할 수 있는 자에게 책임을 물을 것을 제안한다.[19] 최소의 비용으로 위험(risk)을 회피할 수 있는 자에게 책임을 부과하는 것이 가장 사회적으로 효율적 결과가 창출된다는 것이다.

법은 데이터 위조·복제나 전산장애 등에 대한 책임을 여러 요인에 따라 금융기관이나 고객에게 배분할 수 있다. 그런데 관련 당사자들의 이러한 권리와 의무를 규정하는 기존 법률이 CBDC 거래 검증 역할을 수행하거나 전자지갑을 관리하는 중개기관의 역할을 포섭하기 어려운 경우가 발생할 수 있다. CBDC의 다양하고 복잡한 설계는 최소비용 회피자를 식별하는데 방해가 될 수 있다.

이러한 이유로 CBDC 일반 이용자 등이 CBDC 시스템 장애, 해킹 또는 사이버 공격 등으로 인한 손해배상청구를 CBDC 시스템 개발자, 시스템 운영자 기타 시스템 서비스 제공업체에게 행사할 수 있을 지가 문제될 수 있다. 이와 관련하여 CBDC 관련 소프트웨어에서 책임보증을 하지 않으려는 소프트웨어 제공자의 약관 문제를 상정할 수 있다. 이는 소프트웨어 제공자의 설계나 기타 장애로 인해 해당 소프트웨어 사용자가 손해를 입을 때, 기본적인 책임 원리와 상충될 수 있다. 면책약관 및 기타 규정은 CBDC를 사용하는 것이 불가

---

19) Posner에 의해 불법행위법 분야를 규율하는 중요한 원리로 발달하였으나 다른 분야에 대한 법경제학적 분석에 광범위하게 응용되고 있다.

능하게 되거나 거래행위 취소 또는 무효화가 불가능한 경우에도 해당 CBDC 보유자에게 적절한 보상을 제공하지 못하게 하는 결과를 발생시킬 수 있다. 따라서 이를 계약관계로만 의율하는 데에는 한계가 있다고 판단된다.

3. 중앙은행이나 중개기관의 사법상 책임

CBDC의 데이터 위조·복제행위와 같은 부정행위가 행해진 경우, 중앙은행이나 중개기관이 각자 어떠한 책임을 부담하는지 문제된다. 나아가 경제주체가 토큰형 CBDC의 개인키 보관을 중개기관에 위임하였는데 중개기관이 이를 해킹당하는 경우, 전산장애 또는 시스템 오류가 발생하여 이용자들의 지급지시 등이 없었음에도 CBDC 거래가 이행되거나 지급지시 등이 있었음에도 그에 따라 거래가 이행되지 않은 경우 등에 사법상 책임 법리를 검토할 필요가 생긴다.

가. CBDC 위조·복제 개념

계좌형 CBDC는 데이터 그 자체가 아니라 예금채권이므로, 제3자가 서버 해킹을 통해 일정액의 지급지시 권한을 나타내는 데이터를 부정하게 작출(데이터의 위조)한 경우나 진정한 CBDC에 관한 데이터를 복사함으로써 그것과 완전히 동일한 데이터를 생성(데이터의 복제)를 한 경우를 의미한다.[20] 토큰형 CBDC는 재산적 가치가 표창된 데이터 그 자체이므로, 중앙은행 이외의 자가 데이터 자체를 부정하게 작출한 경우가 데이터의 위조에 해당하고, 진정한 CBDC에 대한 데이터를 복사함으로써 그것과 완전히 동일한 데이터를 생성하는 것이 데이터의 복제에 해당한다.[21]

---

20) 中央銀行デジタル通貨に關する法律問題研究會(2020), 21면.
21) 상동

나. 결제의 유효성

위조·복제된 데이터를 이용한 결제는 무효로 보아야 한다는 견해와 일단 진정한 것으로 취급하되 손해배상청구 등에 의하여 해결하자는 견해를 상정할 수 있다.22) 전자는 위조은행권을 이용해 유효한 결제를 할 수 없다는 것과 마찬가지라고 본다.23) 계좌간 이체 방식으로 이루어지는 CBDC의 이전은 진정하게 작성된 데이터의 존재를 전제로 하는 것이고, 토큰형 CBDC의 경우에도 진정하게 창출되지 않은 데이터에 대해 금전적 가치가 있다고 평가할 수 없기 때문이다.24) 한편 후자는 진위의 구별이 불가능한 형태로 데이터가 복제되었을 경우에 한해, 복제된 모든 데이터를 일단 진정한 것으로 취급하고 복제자 등에 대한 손해배상청구 등으로 해결하는 법률 제·개정을 검토할 여지가 있다는 견해이다.25) 만일 이와 같이 법률 제·개정을 할 경우, 중앙은행에 실제로 손해가 발생하는 시점은 복제된 데이터를 이용하여 중앙은행에 현금 교환이 청구되어 그에 따라 교환이 이루어진 때라고 볼 수 있다.26)

다. 중앙은행 또는 중개기관의 책임

(1) 직접형 CBDC

중앙은행은 현행 전자금융거래법상 각종 의무를 부담하는 수범주체가 아니다.27) 동법상 금융기관이나 전자금융업자, 전자금융보조업자에 해당하지 않아, 이들에게 요구되는 보안·관리 의무 등을 부담하지 않는다. 따라서 별도의 관련 법령 개정이 없다면, 중앙은행은

---

22) 中央銀行デジタル通貨に關する法律問題硏究會(2020), 21-22면.
23) 中央銀行デジタル通貨に關する法律問題硏究會(2020), 21면.
24) 상동
25) 中央銀行デジタル通貨に關する法律問題硏究會(2020), 22면.
26) 상동
27) 동법 제2조 제3호, 제4호 등 참조.

각 모델 구현에 따라 일반 이용자와 CBDC 계좌 개설이나 전자지갑 개설 등에 관한 약관에 따른 계약을 체결하여 그에 따라 계약상 선관주의 의무를 부담하게 될 것으로 예상된다. 중앙은행이 일반 이용자에 대하여 CBDC 이용 시스템을 제공하는 만큼, 일반 이용자의 개인정보 및 CBDC 계좌정보(계좌형), CBDC 전자지갑 관련 전산정보(토큰형) 등 각종 금융거래정보를 안전하게 보관하고 처리할 일반적 의무를 부담하고, 예외적으로 면책되는 경우를 나열하는 방식으로 구성될 수 있다.

이에 따라 중앙은행이 운영하는 시스템에 대한 해킹사고가 발생하거나 중앙은행의 과실로 전산장애가 발생하여 일반 이용자가 재산상의 손해를 입는 경우, 일반 이용자는 중앙은행에 대해 선관주의 의무 위반을 이유로 채무불이행 책임을 물을 수 있을 것이다. 이 경우 입증책임 원칙상 일반 이용자는 중앙은행의 채무불이행 및 손해의 발생과 인과관계를 입증하여야 한다. 이용자가 중앙은행의 세부 운영 메커니즘, 보안 기술이나 안전 조치, 해킹 기술 등에 대한 구체적인 정보를 취득하기 쉽지 않아 채무불이행과 손해발생 사이 인과관계 입증 등이 용이하지 않은 측면이 있을 것으로 생각된다.

나아가 약관상 중앙은행에 귀책 없는 사유로 인하여 일반 이용자에게 손해가 발생하는 경우 책임을 부담하지 아니한다는 면책규정이 들어가는 경우를 상정할 수 있다. 해당 면책규정이 약관의 규제에 관한 법률에 따라 고객에게 부당하게 불리한 조항에 해당하거나(제6조 제2항 제1호) 상당한 이유 없이 손해배상 범위를 제한하는 경우에 해당하는(제7조 제2호) 등의 사유로 무효로 되는 예외적 경우가 아닌 한, 제3자가 중앙은행을 해킹하여 이용자에게 손해가 발생하더라도 중앙은행이 약관상 중앙은행에 요구되는 선관주의 의무를 다한 경우에 해당한다면, 이용자의 중앙은행에 대한 손해배상 책임이 제한될 수 있다.[28]

한편, 일반 이용자가 중앙은행에 대해 불법행위에 기한 손해배상
책임을 물을 수 있는지에 대하여 검토할 필요가 있다.

토큰형의 경우 CBDC 보유자는 물권적 성격의 권리를 보유한다.
물권법정주의에 따라 물권적 성질을 명확히 하는 입법이 뒷받침된
다면, 제3자의 해킹 행위와 관련하여 중앙은행이 CBDC 시스템 관리
및 운영 등에 관한 과실이 있는 경우 불법행위에 기한 손해배상을
청구할 수 있다.

반면 계좌형의 경우 예금에 관한 법리가 적용된다. 일반 이용자
가 중앙은행에 대하여 가지는 CBDC에 대한 권리는 채권적 권리에
해당하여, 제3자의 해킹은 이용자가 중앙은행에 대하여 가지는 채권
을 침해하는 행위가 된다. 판례에 따를 때 제3자의 행위가 채권을 침
해하는 것으로서 불법행위에 해당한다고 할 수 있으려면, 그 제3자
가 채권자를 해한다는 사정을 알면서도 법규를 위반하거나 선량한
풍속 기타 사회질서를 위반하는 등 위법한 행위를 함으로써 채권자
의 이익을 침해하였음이 인정되어야 한다.[29] 중앙은행이 운영하는
CBDC 시스템을 제3자가 해킹하는 경우, 제3자가 이에 대해 해킹행
위를 함으로서 이용자의 권리를 해한다는 사실을 알면서도 위법한

---

[28] 이와는 달리 전자금융거래법 제9조는 이용자를 보호하는 입법 태도를 취
한다. 이와 관련하여 판례는 구 전자금융거래법 제9조의 규정 취지에 대
하여, 원칙적으로 금융기관 또는 전자금융업자로 하여금 손해배상책임
을 지도록 하되, 예외적으로 이용자가 거래지시나 이용자 및 거래내용
의 진실성과 정확성을 확보하기 위하여 사용되는 접근매체를 대여하거
나 누설하는 등의 경우 및 이용자가 법인인 경우로 금융기관 또는 전자
금융업자가 보안절차의 수립과 준수 등 충분한 주의의무를 다한 경우에
한하여 이용자가 책임의 전부 또는 일부를 부담하게 할 수 있도록 함으로
써 전자금융거래의 안전성과 신뢰성을 확보함과 아울러 이용자를 보호하
려는 데 취지가 있다고 판시한 바 있다(대법원 2015. 5. 14., 선고, 2013다
69989,69996, 판결).

[29] 대법원 2009. 10. 9. 선고 2008다82582 판결 등.

행위를 한 것으로 볼 수 있다. 따라서 일반 이용자는 제3자에 대하여 불법행위에 따른 손해배상청구를 할 수 있다. 나아가 중앙은행에 CBDC 시스템 관리 및 운영 등에 관한 과실이 있는 경우 중앙은행은 선관주의 의무를 다하지 않아 제3자의 불법행위를 방조하였다고 볼 경우가 발생할 수 있다. 이 경우 이용자는 중앙은행과 제3자를 상대로 민법 제760조 공동불법행위에 따른 손해배상청구를 할 수 있다. 중앙은행과 제3자가 CBDC 이용자에 대해 동일한 내용의 가분급부의무를 부담하고, 양자 상호 간에는 위임 또는 이와 유사한 관계가 인정될 여지가 없어, 공동불법행위는 부진정연대채무로 해석된다.[30]

(2) 하이브리드형 CBDC
(가) 전자금융거래법의 적용

중개기관의 책임에 대하여는 현행 전자금융거래법 적용을 생각해볼 수 있다. 중앙은행은 CBDC를 발행하고, 중개기관은 CBDC 유통에 주된 역할을 담당한다. 이 방식은 중앙은행이 화폐를 발행하여 금융기관(주로 은행)을 통해 유통시키는 현행 화폐 유통 방식과 근본적으로 동일하다. 이에 따라 CBDC 중개기관 중 상당수는 현행 전자금융거래법 적용대상인 금융회사 또는 전자금융업자에 해당할 것으로 예상된다.[31]

그런데 금융회사 및 전자금융업자간에 따로 정하는 계약에 따라 이루어지는 전자금융거래 중 한국은행이 운영하는 지급결제제도[32]를 이용하는 전자금융거래는 전자금융거래법의 적용대상이 아니다.[33] 이

---

30) 편집대표 김용담, 주석민법 채권총칙(1) 제4판(2014) 490, 491면.
31) 전자금융거래법 제2조 제3호, 제4호 참조; 현행 전자금융거래법으로 포섭되지 않는 중개기관에 대한 입법의 필요성에 대하여는 본절 II. 2. 참조.
32) 한국은행법 제81조; 지급결제제도 운영·관리규정(제정 2001. 12. 27. 제36차 금융통화위원회) 제3조 제3항에 따라, 현재 한국은행은 거액결제시스템인 한국은행금융결제망(BOK-Wire+)을 직접 운영하고 있다.

에 한국은행이 CBDC 관련 전산시스템 제공 및 운영조직 구성, 원장 관리 등의 업무를 수행하는 경우, 이를 (i) 금융회사 및 전자금융업자 간에 따로 정하는 계약에 따라 이루어지는 전자금융거래로 볼 수 있을지와 (ii) 한국은행이 운영하는 지급결제제도로 볼 수 있을지 살펴볼 필요가 생긴다.

한국은행이 CBDC 관련 전산시스템 제공, 원장 관리 등의 업무를 수행하는 경우, 한국은행법상 지급결제제도에 대하여 정의하고 있는 지급결제제도 운영·관리규정(제정 2001. 12. 27. 제36차 금융통화위원회) 제2조 제2호의 '지급결제시스템' 및 제2조 제1호의 '지급수단'의 해석상 CBDC를 이전하는 시스템은 지급결제제도에 해당한다고 보는 견해[34]가 있다. 한국은행법에서 규정한 지급결제제도의 취지를 고려하고, 현행 규정을 문언해석할 때 타당하다.

다음으로 일반 이용자 사이 CBDC 거래가 전자금융거래법 제3조 제1항 단서에서 규정하는 '금융회사 및 전자금융업자간에 따로 정하는 계약에 따라 이루어지는 전자금융거래'에 해당하는지[35]에 대하여 살펴보면, 모든 CBDC 거래가 이에 해당한다고 보기는 어렵다고

---

33) 전자금융거래법 제3조 제1항, 동법 시행령 제5조 제1항 제2호.
34) 한국은행·정순섭·정준혁·이종혁, (2021), 60-61면.
35) 동법 시행령 제5조 제1항에 의하면 (i) 금융회사와 전자금융업자 사이에 전자금융거래정보를 전달하여 자금정산 및 결제에 관한 업무를 수행하는 금융정보처리운영체계인 결제중계시스템을 이용하는 전자금융거래 및 (ii) 한국은행법 제81조 제1항에 따라 한국은행이 운영하는 지급결제제도를 이용하는 전자금융거래를 들고 있다. 전자금융거래의 일방 계약당사자가 개인인 경우, 금융회사나 전자금융업자가 아닌 법인인 경우는 이에 해당하지 않는다. 동조의 취지는 결제중계시스템 및 지급결제제도를 이용하는 전자금융거래로써 금융회사와 같은 기관간 별도 계약에 따라 주로 기관 사이 이루어지는 거래의 경우 한국은행법 등 다른 법령에서 규율하도록 하고, 동법은 일반 이용자와 기관 또는 일반 이용자간 이루어지는 거래를 규율하도록 한 것으로 판단된다.

판단된다. 이 논문의 논의 대상인 소액결제용 CBDC 거래의 경우, CBDC의 발행근거 등에 대한 최소한의 입법 과정을 거친 이후에는 개인 이용자와 중개기관 사이 전자지갑 개설·이용 계약 등 추가적 계약에 기초하여 CBDC 이전 거래 등이 이루어질 것으로 생각된다. 분산원장 처리 과정에서 중개기관인 금융회사 및 전자금융업자간 따로 정하는 계약에 따라 CBDC 거래 검·인증 절차가 이루어질 수는 있을 것이다. 그러나 일반 이용자 간 CBDC 거래가 금융회사 및 전자금융업자간 따로 정하는 계약만에 의해 이루어질 것으로 상정하기 어렵다. 소액결제용 CBDC 거래의 경우 현금과 마찬가지로 거래시 자금의 이전과 동시에 지급결제까지 이루어지면서, 기관만이 CBDC 거래 시스템 등을 이용하는 것이 아니라 일반 이용자까지 한국은행이 제공하는 해당 시스템 등을 이용하게 된다. 따라서 일반 이용자와 금융회사 등 사이 계약에 따라 일반 이용자가 CBDC 및 CBDC 분산원장 등 CBDC와 관련한 지급결제제도를 이용하여 전자금융거래를 하는 경우는 현행법 해석상 적용대상의 배제 대상이 아니다.

따라서 CBDC의 발행부터 유통, 폐기에 이르는 CBDC 제도는 한국은행법 제81조 제1항에 따른 지급결제제도로 볼 수 있을 것이나, 일반 이용자 사이 소액결제용 CBDC 거래 과정에서 이루어지는 전자금융거래 일체가 '금융회사 및 전자금융업자간 따로 정하는 계약에 의해 이루어지는 전자금융거래'에 해당한다고 해석하기는 쉽지 않다. 전자금융거래법 적용의 예외를 규정한 제3조는 애초에 기관 간 별도 계약에 따른 기간 사이의 거래를 상정한 것이고 CBDC 제도 도입 시 CBDC 및 CBDC 거래가 동법의 적용대상이 될지에 관하여 향후 관련 법제 정비가 있을 것으로 예상된다. 이하에서는 일단 현행 조문의 취지 및 문언해석에 기반하여 일반 CBDC 이용자의 CBDC 거래가 전자금융거래법상 동법 적용범위의 예외에 해당하지 않는다고 보고 계좌형과 토큰형으로 나누어 적용 법조를 살핀다.

하이브리드형 중 계좌형의 경우, CBDC 계좌를 이용한 계좌이체는 전자금융거래법상 전자자금이체에 해당하는 것으로 해석할 수 있다(제2조 제12호). 즉, 계좌형 CBDC 이전은 지급인과 수취인 사이에 자금을 지급할 목적으로 금융회사 또는 전자금융업자에 개설된 계좌[36]에서 다른 계좌로 전자적 장치에 의하여 지급지시나 추심지시로 자금을 이체하는 것이다. 그리고 CBDC 계좌를 이용한 거래대금 지급 및 결제는 동법상 전자지급거래에 해당한다(제2조 제2호). 즉, CBDC를 통한 대금지급은 일반 이용자인 지급인이 중개기관으로 하여금 전자자금이체(제2조 11호)를 이용하여 수취인에게 자금을 이동하게 하는 전자금융거래(제2조 제1호)에 해당한다고 볼 수 있다.

하이브리드형 중 토큰형의 경우, CBDC 이전은 분산원장에 CBDC 이전 내역이 기록되거나, 일반 이용자 A의 전자지갑이 설치되어 있는 단말기 등의 전자적 장치에서 B의 전자지갑이 설치되어 있는 단말기 등의 전자적 장치로 CBDC가 이전되는 방식을 취하므로 계좌를 이용하지 아니한다. 따라서 전자자금이체에는 해당하지 아니하고, 전자지급거래에 포함되는 것으로 보인다.

어느 경우나 모두 전자금융거래의 문언해석상 전자금융거래의 하위 개념에 해당하여, 금융회사, 전자금융업자, 전자금융보조업자(이하 '금융회사등')는 동법 제21조에 따른 전자금융거래가 안전하게 처리될 수 있도록 선관주의 의무를 부담한다. 나아가 전자금융거래의 안전성과 신뢰성 확보를 위해 정보기술 부문, 전자금융업무, 전자서명법에 따른 인증서의 사용 등 인증방법에 대해 금융위원회가 정하는 기준을 준수할 의무를 부담하며, 제22조에 따라 전자금융거래 기록을 생성·보존 및 파기할 의무 등을 부담한다.

따라서 금융회사나 전자금융업자에 해당하는 중개기관으로써 (i)

---

36) 현행 법문과 마찬가지로 CBDC의 경우에도 금융회사에 연결된 계좌로 운영될 것으로 예상된다.

제9조 제1항 각 호37)에서 규정한 경우뿐만 아니라, (ii) 권한 없는 제3
자에 의하여 전자금융거래가 이행되거나 (iii) 이용자의 거래지시가
없었음에도 전자금융거래가 이행되거나 (iv) 이용자의 거래지시가 있
었으나 그에 따라 전자금융거래가 이행되지 아니한 경우38) 등에 해
당하는 경우, 일반 이용자는 해당 사고와 관련하여 주의의무를 위반
한 중개기관을 상대로 하여 현행 전자금융거래법 제9조에 따른 손해
배상책임을 청구할 수 있을 것이다.

　　이에 따라 분산원장상 CBDC 발행 및 이전 기록, 일반 이용자가
예치한 계좌형 CBDC나 보관을 위탁한 토큰형 CBDC의 개인키 등에
대하여 보안절차를 준수하여 안전하게 보관·관리할 의무는 중개기
관이 이용자에게 부담하는 주의의무 중 하나로 볼 수 있다.39) 중개

---

37) 전자금융거래법 제9조 제1항은 다음과 같은 각호의 규정을 둔다: 1. 접근
　　매체의 위조나 변조로 발생한 사고; 2. 계약체결 또는 거래지시의 전자적
　　전송이나 처리 과정에서 발생한 사고; 3. 전자금융거래를 위한 전자적 장
　　치 또는 「정보통신망 이용촉진 및 정보보호 등에 관한 법률」 제2조제1항
　　제1호에 따른 정보통신망에 침입하여 거짓이나 그 밖의 부정한 방법으로
　　획득한 접근매체의 이용으로 발생한 사고.
38) 구 전자금융거래법 제9조 제1항에 따라 금융기관 또는 전자금융업자가 손
　　해배상책임을 부담하는 '사고'의 의미에 관한 대법원 판시사항을 참고하
　　였다(대법원 2015. 5. 14., 선고, 2013다69989,69996, 판결).
39) 구 전자금융거래법 제9조의 규정 취지에 대하여 대법원은 다음과 같이 판
　　시한 바 있다. 중개기관의 손해배상책임 및 주의의무의 내용에 대해 참고
　　할 수 있다. 대법원은, 동조는 직접 대면하거나 의사소통을 하지 아니하고
　　전자적 장치를 통하여 자동화된 방식으로 이루어지는 전자금융거래의 특
　　성을 고려하여 일반적인 대면 거래라면 발생하지 아니하였을 권한 없는
　　제3자에 의한 거래나 이용자의 거래지시와 거래의 이행 결과 사이의 불
　　일치로 인하여 이용자에게 손해가 발생한 경우에는 원칙적으로 금융기
　　관 또는 전자금융업자로 하여금 손해배상책임을 지도록 (이하 중략) 함으
　　로써 전자금융거래의 안전성과 신뢰성을 확보함과 아울러 이용자를 보
　　호하려는 데 취지가 있다.'고 판시하였다(대법원 2015. 5. 14., 선고, 2013다
　　69989,69996, 판결).

기관이 관리하는 분산원장 거래기록, 중개기관이 보관하는 계좌형 CBDC나 토큰형 CBDC의 개인키 등을 제3자가 해킹하여 이용자가 중개기관을 상대로 주장할 수 있었던 CBDC에 대한 권리 또는 CBDC 자체를 상실하는 경우, 이용자는 해당 사고와 관련한 중개기관의 선관주의 의무 위반을 이유로 손해배상청구를 할 수 있을 것으로 생각된다. 이 경우 금융회사와 전자금융업자가 사고 방지를 위한 충분한 주의의무를 다하여 면책 또는 책임이 경감된다는 점 등에 대한 입증책임을 부담한다(전자금융거래법 제9조 제2항).

나아가 CBDC 거래 내역은 분산원장에 기록되어 여러 중개기관이 관여할 수 있다. 중개기관들이 전자금융거래법상 주의의무를 게을리하여 금융사고를 방지하지 못한 경우 중개기관들은 민법 제760조 제3항이 규정한 과실에 의한 불법행위 방조책임에 따라 공동으로 불법행위 책임을 부담할 수 있을 것이다.[40]

(나) 중앙은행과 중개기관 간 관계

이처럼 중개기관과 중앙은행 모두 각자의 주의의무 위반으로 CBDC 이용자에게 손해가 발생하면 공동불법행위 책임을 부담할 수 있다. 그런데 중앙은행이 중개기관을 통해 CBDC를 공급하는 형태를 취하므로, 실제 설계양상에 따라 이러한 주의의무에 관한 중앙은행과 중개기관 간의 분담 문제가 발생한다. 또한 중개기관의 상당수는

---

[40] 대법원 2014. 1. 29. 선고 2013다86489 판결 참조. 다만, 이 사안에서 원고는 공인인증서 재발급 시 이용자에게 이에 대해 통지해야 할 주의의무가 있으나 금융기관인 피고들이 이를 게을리하여 이 사건 금융사고를 방지하지 못하였다고 주장하면서 피고들을 상대로 민법 제760조 제3항에 따른 불법행위 방조책임을 주장하였으나, 법원은 피고들에 이러한 주의의무가 있다고 할 수 없고, 설령 피고들에게 그러한 주의의무가 있다고 하더라도 이를 이행하지 아니함으로써 이 사건 금융사고가 발생하였다고 할 수 없으므로, 원고의 위 주장은 이유 없다고 판단하였다.

전자금융거래법의 수범주체가 되어 이에 따른 손해배상책임을 부담하나, 중앙은행은 약관 또는 일반 민사법리에 따른 손해배상책임을 부담하여 동일한 위법행위에 대한 적용 법률 및 법리가 달라지게 된다.41) 이에 대하여는 중앙은행, 중개기관, 일반 이용자가 계약 당사자가 되는 약관을 통하여 주요 사고 유형별로 연대책임 또는 면책조항 등을 정하는 방안을 생각할 수 있다. 입법론적으로는 CBDC 운영의 안정성 및 예측가능성 도모를 위해 주요 위임사항 또는 기관별 고유업무에 대한 설정, 문제 발생 시 법적 책임을 부담하는 주체 등 책임배분에 대하여 모색할 필요가 있다.

---

41) 중앙은행의 채무불이행 및 불법행위에 따른 손해배상책임에 대하여는 다.
  (1)항 참조: 전자금융거래법에서 규정한 사고의 유형 및 이에 대한 손해배상책임 법리에 관하여는 다. (2). (가)항 참조.

제5장 CBDC의 집행법 및 규제법적 쟁점

제1절 CBDC와 집행법

I. 서설

1. CBDC의 사법상 성질과의 관련성

CBDC는 유통 과정에서 집행 문제와 마주하게 된다. 이는 민사상 강제집행이나 형사상 강제처분으로 나누어 생각할 수 있다. 그런데 민사상 강제집행이나 형사상 강제처분은 실물화폐의 존재를 염두에 두고 규정되어 있다. 민사집행법은 유체동산 해당 여부를 일응의 기준으로 하여 강제집행 방법을 정하고,[1] 형법은 몰수의 대상을 물건으로 한다.[2] 이에 CBDC가 민사집행법상 동산이나 형법상 물건[3]에 해당하는지를 살피는 것은 집행대상·방법 검토에 선행된다. 이처럼 현행 집행법 규정 체계상 CBDC에 대한 권리의 사법상 성질은 CBDC의 집행 문제를 다룰 때 고려할 사항이 된다.

2. 제도 설계의 원칙

현행 민사상 강제집행이나 형사상 강제처분 규정은 실물이 있는

---

1) 민사집행법 제2장 제4절은 금전채권에 기초한 강제집행방법 중 동산에 대한 압류에 관하여 규정하는데, 동산에 대한 압류는 다시 유체동산에 대한 압류(제2관)와 채권과 그 밖의 재산권에 대한 압류(제3관)로 분류된다. 민사집행법은 금전을 유체동산으로 보아 집행관이 점유의 방법으로 압류하고, 집행관이 압류한 금전을 채권자에게 인도한다(제201조 제1항).
2) 형법 제48조 참조.
3) 후술하는 바와 같이 형법은 물건의 정의를 규정하지 않아 민법상 물건과 동일한지 여부가 문제된다.

화폐를 전제로 하기 때문에, CBDC에 대한 압류나 몰수 방법이 불확실한 경우가 발생할 수 있다. 가상자산의 예를 들면, 전자지갑에 보유하는 개인키에 대한 정보를 임의로 제공하지 않으면 현실적으로 압류나 몰수가 쉽지 않다. CBDC에 가상자산과 마찬가지의 불확실성이 발생한다면, CBDC에 대한 신뢰와 거래의 안정성에 부정적 영향을 미치게 된다. 따라서 CBDC의 경우 이러한 집행 또는 강제처분 문제가 발생하지 않도록 설계할 필요가 있다. 이에 현행 법체계에 따른 CBDC 압류 및 몰수 방법과 그 한계를 살펴본 후, CBDC 설계방안내지 입법의 필요성을 검토한다.

II. CBDC의 민사집행

1. 민사집행법상 강제집행의 체계와 CBDC

민사집행법은 금전채권에 기초한 강제집행(이하 '금전집행')과 금전채권 외의 채권에 기초한 강제집행으로 나뉘고, 금전집행은 집행대상의 종류에 따라 부동산, 선박, 동산으로 나뉜다. 동산집행은 다시 유체동산에 대한 금전집행과 채권과 그 밖의 재산권에 대한 금전집행으로 나뉜다.[4]

금전집행은 압류, 현금화, 배당의 절차를 거치는데, 현금은 별도의 현금화 절차가 필요 없다. 이하 유체동산에 대한 금전집행과 채권과 그 밖의 재산권에 대한 금전집행을 차례로 살펴본다.

먼저 유체동산의 경우 집행관이 그 물건을 점유하는 방법으로 압류하고, 채권자의 승낙이 있거나 운반이 곤란한 경우에는 봉인 그 밖의 방법으로 압류물임을 명확히 하여 채무자에게 보관시킬 수 있

---

4) 민사집행법 제2장 제4절, 유체동산에 대한 압류(제2관)와 채권과 그 밖의 재산권에 대한 압류(제3관) 참조.

다.5) 그리고 집행관의 입찰 또는 경매의 방법으로 압류물을 매각하여 현금화한다. 금전은 유체동산과 마찬가지로 집행관이 점유의 방법으로 압류하는데, 금전은 별도로 현금화할 필요가 없어 집행관이 압류한 금전을 채권자에게 곧바로 인도한다.6)

다음으로 채권과 그 밖의 재산권의 경우, 집행법원이 압류명령을 제3채무자에게 발송하는 방법으로 압류하고, 압류명령이 제3채무자에게 송달되면 압류의 효력이 발생한다.7) 이는 추심명령이나 전부명령의 방법으로 현금화된다.8)

이처럼 민사집행은 유체동산 유무에 따라 집행방법이 달라지고, 집행관의 점유를 통해 압류한 금전은 곧바로 채권자에게 인도하는 방법으로 절차가 진행되는데, CBDC는 기존 실물화폐와는 달리 실물이 없어 집행방법 및 입법의 필요성을 살펴볼 필요가 있다.

2. 유형별 강제집행 방식 검토

가. 계좌형 CBDC

계좌형 CBDC 보유자는 CBDC에 대한 채권적 권리를 가진다.9) 집행 대상은 중앙은행에 대한 일종의 예금채권이며, 그 방법은 상업은행에 대한 예금과 마찬가지로 채권의 압류(민사집행법 제223조)에 의할 수 있다. 압류명령은 채무자인 일반이용자 및 제3채무자인 중앙은행에 송달되어(동법 제227조 제2항), 중앙은행이 그 채무자(일반이용자)의 CBDC의 처분을 제한하는 대응(계좌의 동결, 압류명령에 대응하는 액수의 예금채권의 별도계좌로의 이전 등)을 취하면, 처분

---

5) 민사집행법 제189조 제1항 참조.
6) 민사집행법 제201조 제1항 참조.
7) 민사집행법 제227조 참조.
8) 민사집행법 제229조 참조.
9) 이 논문 제3장 제2절 III. 1. 나항 참조.

금지(동조 제4항)의 실효성을 확보하는 것이 가능하다. 다만, 이 경우 중앙은행이 모든 경제주체 사이 강제집행 관련 업무를 처리하여야 하므로, 중앙은행의 업무 부담 증가 측면을 고려할 측면이 있다.

한편, 계좌형을 하이브리드형으로 구현하는 경우, 일반 이용자는 중개기관 사이에 계좌 개설에 관한 계약을 체결하고 중개기관이 CBDC 거래계좌를 관리하므로, 민사집행법 또는 민사집행규칙 개정으로 중개기관에 압류명령을 발하고, 그로 하여금 처분을 제한하는 대응을 취하도록 하는 방안을 생각해볼 수 있다. 중앙은행이 일반 이용자에 대하여 계좌형 CBDC를 직접 발행하고 계좌형 CBDC에 대한 채무를 부담하나, 분산원장 기술을 이용할 때 CBDC 분산원장 참여기관인 특정 중개기관이 얼마든지 계좌를 동결하거나, 압류명령에 대응하는 금액을 별도 계좌로 이전하도록 설계할 수 있기 때문이다. 다만 현행법제상 제3채무자는 압류한 채권의 채무자인데(제224조 제2항) 하이브리드형 CBDC에 대한 채무를 부담하는 자는 중앙은행이므로, 이러한 집행방법을 취하기 위해서는 중앙은행과 중개기관 간 일반 이용자 CBDC 압류 시의 법률관계를 정립하는 것이 선행되어야 하고, 관련 법제의 정비가 필요하다.

나. 토큰형 CBDC

토큰형 CBDC의 경우 CBDC 데이터 자체를 특정할 수 있고 개인키를 통한 배타적 지배 가능성이 있으며, 각 CBDC 데이터별 거래 내역 기재만으로 전전유통될 수 있다. 따라서 토큰형 CBDC에 대한 압류 및 배당 방법으로서, 집행관이 개인키를 통해 전자지갑에 접속한 후, CBDC를 채권자에게 직접 이전하는 방법[10]을 생각할 수 있다. 즉, 예금채권처럼 제3채무자에게 계좌의 동결 등의 조치를 취하도록 하는

---

10) CBDC는 금전이므로 별도의 현금화가 불필요하다.

집행방법을 택할 필요가 없다.

　　그런데 현행 민사집행법은 크게 유체물 또는 채권으로 집행대상을 분류하고 그에 따른 집행방법을 규율하여, 유체물이 아니나 물권적 성질을 가지는 토큰형 CBDC의 경우 이 중 어디에도 속하지 않는다.[11] 그리고 유체동산의 집행방법은 실물의 점유 및 인도 등 집행방법만을 규정하고, 데이터 압류의 구체적인 방법은 정비되어 있지 않다. 따라서 집행관이 개인키와 비밀번호를 통해 전자지갑에 접속한 후, CBDC를 채권자에게 직접 이전하는 방법은 현재 민사집행 법제상 가능하지 않다.

　　무엇보다 일반 이용자가 배타적 권한을 행사하는 개인키는 그만이 알고 있어, 집행관이 개인키 수색을 통해 그 번호를 찾아내지 않는 한[12] 현행법 하에서는 채무자의 자발적 협조를 얻어야 강제집행이 가능하다. 채무자가 더 이상 CBDC 이전을 위한 시도를 하지 아니하고 실종 또는 사망하는 경우에는 이와 같은 방안조차 취할 수 없다.[13] 따라서 강제집행을 위한 기술적인 해결이 뒷받침되어야 한다.

---

11) 그 밖의 재산권에 관한 집행(민사집행법 제251조)은 CBDC에 적용될 수 있는 집행방법이 아니다.

12) 민사집행법 제5조는 집행관에게 집행에 필요한 범위 내에서 주거, 창고 그 밖의 장소를 수색할 권한, 잠근 문과 기구를 열 권한 등을 부여한다. 집행관은 동조에 근거하여 집행절차에 수반되는 필요 최소한의 범위 내에서 채무자의 개인키 수색을 할 수 있을 것이다. 그러나 수첩 등에 개인키를 적어 놓거나, 채무자 PC 웹브라우저 내 개인키가 패스워드화되어 저장되어 있는 경우 등 채무자가 개인키를 허술하게 관리한 예외적 경우가 아닌 한, 집행관이 암호화된 개인키를 찾아내는 것은 쉽지 않을 것이다. 전승재·권헌영, 비트코인 강제집행 방안, 정보법학 제22권 제1호 (2018), 93면.

13) 가상자산 강제집행에 대하여, 분산원장의 투명성에 기대어 채무자의 임의처분을 감시하고, 압류물을 임의처분한 경우 공무상봉인등무효죄로 처벌하여 처분금지를 간접적으로 강제하는 방안에 대한 설명으로, 전승재·권헌영(2018), 94-96면; 즉, 전자지갑을 통한 거래 내역이 있어 공개키를 알 수 있는 경우, 이를 기초로 집행관이 압류 집행 시점에 전자지갑 공개키

예를 들어 중개기관이 개인키의 변경 기능을 제공하여 압류금액 상당의 CBDC를 압류하는 방법[14] 등을 생각해볼 수 있을 것이다.[15]

3. 개정의 필요성 및 기본원칙

우선 현행 민사집행법은 현금을 제외하고는 재산 등 처분을 통한 '현금화' 절차를 두고 있는데, CBDC는 현금과 동일한 법화로서 현금화 절차가 필요하지 않다. 따라서 민사집행법과 민사집행규칙에서 CBDC를 현금과 마찬가지로 취급하여 CBDC 제공을 집행방법으로 인정하고, 별도의 현금화 절차가 필요 없다는 취지를 명시하는 것이 바람직하다. 나아가 CBDC에 대해 현금과 동일한 지위를 인정하게 되면 재산 등을 처분하여 주화나 한국은행권과 같은 '현금'을 받는 것뿐만 아니라 'CBDC'를 받는 것도 이와 동등하게 취급하는 것이 필요하다.[16]

주소와 함께 그 잔액을 봉인표에 기재하여 두고, 향후 그 전자지갑의 잔액이 압류 시점의 잔액 대비 줄어든 경우 채무자가 압류물을 임의처분한 것으로 보아 공무상봉인등무효죄로 처벌하는 방안이다. 전승재·권헌영 (2018), 95-96면.

14) 개인키 변경 기능은 압류 또는 개인키 분실 등의 경우로 엄격히 제한하여야 할 것이다.

15) 중개기관이 위·수탁 등의 방법으로 개인키를 보관하여 해결하는 방안도 생각할 수 있다. 이에 대해서는 중개기관이 대규모로 보관 중인 개인키 해킹 등의 사고 시 CBDC 제도 자체 및 일반 이용자에 미칠 심각한 파급력을 충분히 고민하여야 할 것이고, 보안 등 기술적인 방지대책을 마련하여야 할 것이다. 또한 개인키가 개인정보보호법상 개인정보에 해당할 수 있으므로(동법 제2조 제1호), 개인정보보호법상 가명처리 등 방안을 모색하고 동법상 각종 의무를 준수하여야 할 것이다; 이와 관련하여 아예 개인키나 비밀번호가 없이도 중개기관이 채무자의 CBDC를 이전할 수 있는 권한을 확보할 수 있는 방법으로 발행되는 것이 필요하다는 견해로, 한국은행·정순섭·정준혁·이종혁(2021), 99면. 예를 들어 강제집행 대상이 되는 사용자의 CBDC 계정을 동결하여 해당 계정과 연결된 CBDC 금액을 폐기한 후 동액 상당의 CBDC를 신규로 발행하여 집행하는 방법을 제시한다(상동).

다음으로 강제집행을 위한 기술적 수단을 확보함을 전제로, 이에 대응되도록 민사집행법 및 민사집행규칙을 정비하여야 할 것이다. 예를 들면, 중개기관이 개인키의 변경 기능을 제공하여 집행관이 변경된 개인키로 압류금액 상당의 CBDC를 압류할 수 있도록, 중개기관이 필요한 정보를 집행관에게 제공하고 기타 CBDC 원장에 접근하는데 협조하도록 할 법적 근거를 마련하여야 할 것이다. 민사집행규칙 상 전자등록주식등에 관한 규정을 참조할 수도 있다.[17] 전자등록주식등을 압류하는 경우 채무자에 대해서는 계좌대체의 전자등록신청, 말소등록의 신청이나 추심 및 그 밖의 처분이 금지되고, 제3채무자에 대하여는 계좌대체와 말소가 금지된다.[18] 이로써 CBDC에 압류의 불확실성이 발생하지 않도록 법제도를 설계하는 것이 필요하다.

III. 몰수 등 형사적 강제

1. 몰수의 대상 여부

가. 형법 및 특별법상 몰수의 대상

형법은 범인 이외의 자의 소유에 속하지 아니하거나 범죄 후 범인 이외의 자가 정을 알면서 취득한 '물건'의 전부 또는 일부를 몰수의 대상으로 규정하여(동법 제48조 제1항), 몰수의 대상을 물건으로 규정한다. 형법은 몰수의 대상이 되는 '물건'에 대한 정의가 별도로 규정하지 아니하여 민법상의 '물건'의 개념을 유추하여 해석할 수밖

---

16) 한국은행·정순섭·정준혁·이종혁(2021), 98면.
17) 「주식·사채 등의 전자등록에 관한 법률」이 2016. 3. 22. 공포되어 2019. 9. 16.부터 시행됨에 따라, 관련 내용을 반영하여 2019. 9. 17. 민사집행규칙 [시행 2019. 9. 17., 대법원규칙 제2858호]이 일부 개정되었다.
18) 민사집행규칙 제182조의3 참조.

에 없다.[19]

여기서 형법상 물건과 민법상 물건이 동일한지에 관한 의문이 있을 수 있으나, 형법상 물건은 민법에서 규정한 물건과 동일한 개념이 아니고 유체물뿐만 아니라 권리 또는 이익도 포함하는 개념[20]으로 보는 것이 타당하다. 형법 제48조 제3항은 '문서, 도화, 전자기록 등 특수매체기록 또는 유가증권의 일부가 몰수에 해당하는 때에는 그 일부를 폐기한다'고 규정하는데, 이는 민법상 물건에 해당하지 않는 전자기록 등 특수매체기록이 몰수에 해당할 수 있음을 전제로 한 규정이다.[21] 특히 한국은행법이나 입법을 통해 CBDC를 현금과 동일하게 취급한다면 형법상 몰수 대상이 되는 물건에 해당하는 것으로 보는 것이 타당하다.[22]

한편, 형법 이외의 특별법인 범죄수익은닉의 규제 및 처벌 등에 관한 법률(이하 '범죄수익은닉규제법')[23], 마약류 불법 거래 방지에 관한 특례법[24], 공무원 범죄에 관한 몰수특례법[25] 등 다수의 법에서

---

19) 집필대표 박상옥, 김대휘, 주석형법 제3판 형법총칙, 한국사법행정학회 (2020), 444면(이상원); 집필대표 박재윤, 주석형법 제2판, 형법총칙(2), 513면(이상·김대휘).

20) 오영근, 형법총론 제3판, 박영사 (2014), 519면.

21) 이와 관련하여 뇌물죄의 경우를 살펴보면, 뇌물죄의 몰수 대상은 뇌물이다(형법 제134조). 뇌물은 물건뿐만 아니라 금전, 물품 기타의 재산상 이익 등을 포함하는 개념이다(대법원 2002. 11. 26. 선고 2002도3539 판결 등). 따라서 뇌물죄의 재산상 이익은 뇌물로서 몰수의 대상이 된다.

22) 한국은행·정순섭·정준혁·이종혁(2021), 101면.

23) 제8조 제1항은 몰수의 대상을 범죄수익, 범죄수익에서 유래한 재산 등으로 규정하고, 제2조 제2호는 범죄수익을 별표 및 제2조 제2호 나목에 열거된 중대범죄에 해당하는 범죄행위에 의하여 생긴 재산 또는 그 범죄행위의 보수로 얻은 재산 등으로 정의한다.

24) 제13조 제1항은 몰수의 대상을 불법수익, 불법수익에서 유래한 재산 등으로 규정하고, 제2조 제3항은 불법수익을 마약류범죄의 범죄행위로 얻은 재산, 그 범죄행위의 보수로 얻은 재산 등으로 정의한다.

25) 제3조 제1항은 몰수의 대상을 불법재산으로 하고, 제2조 제4호는 불법재

몰수 제도를 규정한다.[26] 특별법에서는 몰수의 대상을 범죄·불법수익 또는 범죄·불법수익에서 유래한 재산 등으로 규정하여, 몰수의 대상을 형법보다 넓게 규정한다.

나. 판례의 입장

최근 대법원은 피고인이 음란물유포 인터넷사이트를 운영하면서 정보통신망 이용촉진 및 정보보호 등에 관한 법률 위반(음란물유포)죄와 도박개장방조죄에 의하여 비트코인(Bitcoin)을 취득한 사안에서, 피고인이 취득한 비트코인을 몰수할 수 있다고 판시하였다(대법원 2018. 5. 30. 선고 2018도3619 판결).

대법원은 '범죄수익은닉규제법의 입법 취지 및 법률 규정의 내용을 종합하여 보면, 범죄수익은닉규제법에 정한 중대범죄에 해당하는 범죄행위에 의하여 취득한 것으로 재산적 가치가 인정되는 무형재산도 몰수할 수 있다'고 판시하였다. 원심 판결 역시 이와 같은 취지에서 '범죄수익은닉의 규제 및 처벌 등에 관한 법률은 몰수 대상을 물건에 한정하지 않고 그 범위를 재산으로 확장'하여 '사회통념상 재산적 가치가 인정되는 이익이라면 몰수의 대상이 된다'고 판시하였다(수원지방법원 2018. 1. 30. 선고 2017노7120 판결).

나아가 대법원은 비트코인이 재산적 가치가 있는 무형의 재산으로 판단하는 이유로 (i) 비트코인은 경제적인 가치를 디지털로 표상하여 전자적으로 이전, 저장 및 거래가 가능하도록 한, 이른바 '가상화폐'의 일종인 점, (ii) 피고인은 위 음란사이트를 운영하면서 사진과 영상을 이용하는 이용자 및 음란사이트에 광고를 원하는 광고주들로부터 비트코인을 대가로 지급받아 재산적 가치가 있는 것으로

산을 불법수익과 불법수익에서 유래한 재산으로 정의한다.
26) 김기범·이관희, 전기통신사업자 보관 몰수 대상 정보의 압수실태 및 개선 방안, 경찰학연구, 제16권, 제3호 (2016), 11면.

취급한 점을 들었다.

다. 검토

CBDC는 앞에서 살펴본 바와 같이 현행 민법상 '물건'의 개념에 포섭되지 않으나, 형법상 몰수의 대상은 민법상 물건에 한정하지 아니하고 재산상 이익도 포함된다고 해석하면, CBDC는 몰수가 가능하다. CBDC는 전자기록 등의 특수매체기록에 해당하여, 휴대전화나 단말기 등 전자적 기기나 분산원장의 일부 CBDC 데이터가 몰수에 해당하는 때에는 그 부분을 폐기하는 방법으로 몰수할 수 있을 것이다.27) 나아가 CBDC와 관련한 범죄가 재산상의 이익 또는 재산을 몰수의 대상으로 규정한 특별법의 적용대상이 되는 경우, CBDC는 재산상의 이익 또는 재산에 해당한다고 볼 수 있으므로, 특별법의 적용에 따라 몰수의 대상이 된다.

2. 개정의 필요성 및 기본원칙

앞서 살펴본 바와 같이 CBDC는 형사상 몰수의 대상이 된다. 그리고 CBDC 몰수는 CBDC 자체를 특정하여 수사기관의 전자지갑에 이전하는 방법 등으로 이루어질 수 있다. 그러기 위해서는 먼저 전자지갑에 접근할 수 있는 개인키 내지 비밀번호 등을 파악할 수 있어야 한다. 이렇듯 몰수를 진행하기 위해 하기 위한 전 단계로 CBDC에 대한 압수·수색을 하여야 하므로, 이러한 강제처분을 용이하게 하는 기술적 수단 확보 및 형사소송법상 강제처분 규정 개선이 필요할 것이다.28) 나아가 검찰압수물사무규칙(법무부령 제231호)에서 몰수물

---

27) 형법 제48조 제3항.
28) 이에 대하여 현행 형사법상 가상화폐에 대한 압수·수색의 한계, 거래소의 협력의무 인정범위의 제한 등을 검토한 후, 현행 형사소송법이 압수 대상

처분방법에 대하여 규정하고 있으므로, 해당 규정에서 CBDC에 대한 구체적 처분방법을 정비하는 것이 필요하다.

인 전자정보를 직접 규정하고 있기 보다는 '정보저장매체등'을 압수함으로써 거기에 기록된 전자정보를 압수하는 방식으로 규정되어 있어, 분산원장을 사용하는 경우 영장을 집행하는 수사기관이 '원격수색'이 가능하도록 하는 압수수색 법제가 필요하다는 견해로, 윤배경, 가상화폐의 법적 성질과 민·형사상 강제집행 (2018), 인권과 정의 제474권, 19-21면.

제2절 CBDC와 금융정보 취득에 관한 규제

Ⅰ. 서설

디지털 혁신은 개인정보 보호 규정에 대한 개선을 요한다.[1] 새로운 기술은 개인의 지급결제 관련 데이터의 활용도를 확대하고 있으며, 동 데이터가 개인정보 보호 규정에 의해 적절히 보호받도록 하는 것은 데이터 접근, 비용 등에 영향을 준다. 효율성과 개인정보 보호간의 균형은 국가별로 다르게 나타나는데, 일부 소비자는 자신의 개인정보 보호에 높은 가치를 부여하는 데 반해, 일부는 금융서비스 개선을 위해 자신의 정보를 공유하는 데 보다 적극적이다. 정책적 개입은 소비자의 개인정보를 보호하는 데 도움이 되어야 할 것이다. 이 과정에서 불필요한 비용 발생은 없어야 하며 금융기관의 금융취약계층에 대한 포용도 지속될 필요가 있다.

동시에 디지털 혁신은 다양한 정책목표 달성에 기여할 수 있다.[2] 예를 들어 전자 지급수단 사용 확대는 비공식 경제(informal economy) 규모를 축소할 것으로 예상된다. 디지털 지급거래 기록은 개인 및 법인이 여신 등 금융서비스에 활용할 수 있는 거래정보 이력 형성을 가능케 한다. 나아가 금융서비스에 대한 감독, 세금징수, 법 집행, 사회보호 등의 정책 집행을 효율적으로 하는 데 도움이 될 것이다.

이처럼 CBDC의 도입은 거래를 추적하여 자금세탁방지를 가능하게 하는 등 다양한 정책목적 달성을 가능하게 하지만, 동시에 개인의 자기정보결정권 또는 개인정보 보호와 충돌할 수 있다. 예를 들어 자금세탁방지 규제 준수를 위하여 CBDC 거래 과정에서 신원확인

---

1) 이하 본 단락은 BIS(2020), 86면 인용.
2) 상동

이나 거래 추적이 가능하도록 설계한다면, 거래의 익명성 보장에는 한계가 있을 수밖에 없고 CBDC를 현금과 동일한 익명의 지급수단으로 설계하기는 어렵다.[3] 이렇듯 개인정보 보호 법익과 자금세탁방지 및 관련 법익은 일종의 교환(trade-off) 관계에 있다.[4] 그 선을 어디에 그어야 할 것인지는 CBDC 발행시 고려해야 할 중요한 문제이다.[5] CBDC 설계시 사생활 보호, 특히 개인정보 보호[6]와 자금세탁·불법자

---

[3] 기술적인 특성 때문에 현금과 동일한 익명성을 유지할 수 없다는 주장도 다수이다. 현금거래는 거래당사자 사이에서 이루어지고 거래 이력을 남길 필요가 없으나 CBDC 거래는 CBDC 원장 관리자 등 거래당사자 이외 제3자가 필요하고 원장이나 전자적 기기 등에 발행 및 거래 이력을 기록할 필요가 있다는 점 등을 든다. 예를 들어, European System of Central Banks, Exploring Anonymity in Central Bank Digital Currencies, ESCB Reports in Focus Issue No. 4 (2019); Sriram Darbha and Rakesh Arora, Privacy in CBDC Technology, Bank of Canada Staff Analytical Note 2020-9, (2020) 〈https://www.bankofcanada.ca/2020/06/staff-analytical-note-2020-9/〉 2022. 1. 2. 방문.

[4] 서자영, 중앙은행 디지털화폐(CBDC)와 금융거래정보 보호, 저스티스 제189호 (2022), 294-295면.

[5] 공공목적의 개인정보 수집·사용으로 국가에 의한 개인정보자기결정권 제한이 문제된 사안으로서, 주민등록번호 변경에 관한 규정을 두고 있지 않은 주민등록법(2007. 5. 11. 법률 제8422호로 전부개정된 것) 제7조가 과잉침해금지원칙 위반으로 헌법불합치 결정을 받은 바 있다(헌재 2015. 12. 23. 2013헌바68 등, 판례집 27-2하, 480, 489). 주된 요지는 국가가 주민등록번호를 부여·관리·이용하면서 그 변경에 관한 규정을 두지 않은 것은 주민등록번호 불법 유출 등을 원인으로 자신의 주민등록번호를 변경하고자 하는 청구인들의 개인정보자기결정권 침해라는 것이다. 다만, 헌법재판소는 주민등록제도 그 자체에 대한 입법목적의 정당성과 수단의 적합성은 인정할 수 있다고 보았다. 마찬가지로, CBDC 제도 구현 시에도, 개인정보자기결정권 보호와 자금세탁 방지 등 다른 정책목적 간 법익형량 및 비례원칙 준수가 주요 논의 대상이 될 것이다.

[6] 헌법재판소는 개인정보자기결정권과 사생활의 비밀과 자유의 관계에 대하여, 사생활의 비밀과 자유는 개인정보자기결정권의 헌법적 근거로 거론되는 것으로서 그 보호영역이 중첩되는 경우 개인정보자기결정권 침해 여부에 대하여만 판단한다(헌재 2005. 5. 26. 99헌마513, 판례집 17-1, 668,

금 방지 간 균형이 필요하고,[7] 양자의 목표와 대안에 대해 성찰해야
한다.[8]

이하에서는 자금세탁·불법자금 방지를 위한 규제에 대하여 검토
한 후, 개인정보를 포함한 CBDC 거래정보의 보호와 활용에 대하여
중점을 두어 살핀다.

II. CBDC와 자금세탁방지규제

1. CBDC와 AML/CFT 규제

가. 현금의 익명성과 익명성의 악용에 대한 우려

현금의 특징으로 익명성을 들 수 있다. 이는 거래(결제)가 이루어
진 사실 및 그 내용에 관한 정보가 그 후의 수취인을 포함한 제3자에
게 전해지지 않는 것을 의미한다.[9] CBDC에 대한 일부 논의는 CBDC
를 현금의 전자화로 파악하여, 현금과 동일한 수준의 익명성이 부여
되어야 한다고 본다.[10] 그러나 대면 현금 지급이 익명으로 이루어진
다는 점은 현금이라는 지급수단의 특성으로 인한 결과일 뿐,[11] 이를

683-684, 헌재 2016. 6. 30. 2015헌마924, 판례집 28-1하, 697, 706 등).

7) BIS(2020), 87면.

8) Rogoff(2016), 7면에서, Rogoff는 종이화폐의 단계적 폐지 도입과 관련하여,
   소액결제에 있어서 지폐의 편리성과 개인의 사생활 보호의 중요성을 강조
   한다. 이러한 맥락에서 Rogoff는 어떤 방식으로 화폐의 단계적 폐지가 진
   행되든 간에 소액권은 영구히 사용하게 하거나 아니면 대안이 나올 때까
   지 남겨놓아야 한다고 주장한다.

9) 古市峰子, 「現金, 金錢に關する法的一考察」, 『金融研究』第14卷 第4號, 日
   本銀行金融研究所 (1995), 101~152, 120면. 그런데 익명성이 현금의 본질적
   인 특징인지 여부에 대해서는 논란이 있으며, 古市峰子(1995), 120면에 의
   하더라도 현행법상 현금의 익명성을 기초로 하는 규정은 특별히 없다.

10) BOE(2020), 32면.

11) 상동

화폐의 속성으로 볼 수는 없다. 따라서 CBDC가 현금의 대용물로 사용된다고 하여, CBDC를 완전한 익명의 지급수단으로 설계할 당위성은 없다.

　나아가 현금의 익명성은 범죄수익 흐름의 파악 등을 어렵게 하므로, CBDC에 현금과 동일한 익명성을 부여하는 것에 대해 부정적인 논의가 있다.12) 이에 대하여는 거래에 관한 프라이버시를 보호하여 평상시에는 일반 이용자의 거래정보가 제3자나 정부에 공개되지 않으나, 자금세탁방지규제상 의심이 가는 경우에는 조사가 가능한 시스템을 마련할 필요성이 강조되고 있다.13) 이러한 견해는 CBDC의 발행·유통을 통해 금융의 무결성(integrity)이 손상될 리스크를 우려하는 것으로 보인다.14)

　결국 거래에 관한 프라이버시를 충분히 보장하면서 동시에 자금세탁방지규제상의 입법목적과 조화를 도모하는 관점에서, CBDC에 어느 정도까지 익명성을 부여해야 하는가에 대해서는 신중한 검토가 필요하다.15) 또한 어느 정도의 익명성 부여를 인정하더라도 국제적인 논의나 기준16)과의 정합성을 고려할 필요가 있다. 정리하면

---

12) ECB(2020), 27면; CPMI and MC(2018), 9면에 의하면, CBDC의 특성으로서 국제적(cross-boarder) 거래의 용이성을 들고, 이 때문에 익명성이 있는 CBDC가 널리 국제적으로 부정거래 등에 이용될 위험을 지적한다.

13) Lagarde(2018), 5-6면. 〈https://www.imf.org/en/News/Articles/2018/11/13/sp11 1418-winds-of-change-the-case-fornew-digital-currency〉 2020. 9. 9. 방문

14) Mancini-Griffoli, Tommaso, Maria Soledad Martinez Peria, Itai Agur, Anil Ari, John Kiff, Adina Popescu, and Celine Rochon, Casting Light on Central Bank Digital Currency, Staff Discussion Notes No. 18/08, International Monetary Fund (2018), 4면.

15) CPMI and MC(2018), 9-10면.

16) 국제기준으로는 The Financial Action Task Force(이하 'FATF')가 정하는 FATF 권고가 있다. FATF란 1989년의 아르슈 서밋 경제선언에 따라 설립된 정부간 회의로, 국제적인 금융 시스템의 진실성 내지 완결성(integrity)을 위협하는 자금세탁 테러자금 공여 및 기타 위협에 싸우기 위한 기준을

CBDC는 AML 규정을 준수하여야 하므로 완전한 익명의 지급수단으로 볼 수는 없고, 법 집행과 관련하여서는 익명성이 없다.[17] 그러나 일상생활에서는 얼마든지 거래 상대방에게 이용자의 신원을 공개하지 않고 CBDC를 지급하여 개인정보를 보호할 수 있도록 설계하여야 할 것이다.[18]

해외 중앙은행에서도 현행 AML/CFT 규제상의 의무를 토대로 CBDC를 발행했을 경우에 요구되는 중앙은행의 대응에 대해 검토하고 있다. 예를 들어 릭스방크는 유럽에서의 전자화폐에 대한 AML/CFT 규제를 바탕으로 가치보장형(value-based)인 토큰형 CBDC에 대해서는 잔액상한치가 250유로 상당 미만(2020년 이후에는 150유로 상당 미만) 선불형 카드라면 본인 확인이 필요 없다고 하는 한편, 그 이외의 가치 보장형 및 계좌형의 CBDC에 대해서는 일반 이용자의 정보를 등록할 필요가 있다고 판단한다.[19] 영란은행의 경우 CBDC 지급결제 시스템은 AML/CFT 규정을 준수하여야 함을 명시한다.[20] 이는 CBDC 사용자의 신원은 적어도 CBDC 네트워크 상 거래의 정당성을 검증할 수 있는 일부 기관에는 제공되어야 함을 의미하고, 각 사용자의 신원을 알고 있는 기관(PIP)들이 AML 준수의무를 부담하도

FATF 권고로 삼아 대응하고, 각국의 법제도, 규제의 실효성을 높이는 것을 목적으로 한다. ⟨https://www.fatf-gafi.org/about/whoweare/⟩ 2020. 10. 1. 방문.

17) BOE(2020), 32면.

18) 상동; CBDC가 분장원장기술을 이용하여 설계되는 경우, CBDC 거래정보가 가명성의 특성을 가진다는 점에 대하여는 본절 III. 2.항 참조.

19) Riksbank(2018a), 16, 23면; 릭스방크는 가치보장형 CBDC는 자국법상 전자화폐(e-money)의 성질을 가지는 것으로 판단한다. 다만 릭스방크가 중앙은행으로서 통화정책 수행의 일환으로 행위하는 경우 E-money 지침이나 자국의 전자화폐 관련 법률의 적용대상이 아니므로 관련 규정에 따른 제한을 받지 않는 것으로 판단한다. 한편, 계좌형 CBDC는 예금과 동일한 법적 성질을 가지는 것으로 본다. Riksbank(2018a), 20-21면.

20) BOE(2020), 31면.

록 제도를 설계한다.[21)]

나. 국내 AML/CFT 규제

자금세탁방지 및 테러자금조달금지(Anti Money Laundering and Counter-Financing of Terrorism, 이하 'AML/CFT') 규제상 상업은행 등은 예금계좌 개설 시 고객 본인확인이 의무화되어 고객에 관한 필요한 정보의 취득·보존 등의 의무를 부담한다. 국내에서 AML/CFT 규제를 정하는 주요 법령으로는 특정 금융거래정보의 보고 및 이용 등에 관한 법률(이하 '특정금융정보법'), 범죄수익은닉의 규제 및 처벌 등에 관한 법률(이하 '범죄수익은닉규제법')과 공중 등 협박목적 및 대량살상무기확산을 위한 자금조달행위의 금지에 관한 법률 (이하 '테러자금금지법') 등을 들 수 있다.

특정금융정보법은 금융거래 등을 이용한 자금세탁행위와 공중협박자금조달행위를 규제하는 데 필요한 특정금융거래정보의 보고 및 이용 등에 관한 사항을 규정하기 위한 법률이다(동법 제1조). 범죄수익은닉규제법은 범죄수익은닉 방지를, 테러자금금지법은 테러 자금조달 방지를 주된 목적[22)]으로 한다. 그러나 FATF 권고에서는 자금세탁 방지와 테러자금 공여의 방지를 일체적으로 실시할 것을 요구하고 있어, 광의의 '돈세탁 등' 방지 대책이라는 의미에서는 각 법률이 동일한 목적을 가지고 있다고 볼 것이다.

한편 범죄수익은닉규제법 및 테러자금금지법은 모두 의심스러운 거래에 대한 신고 의무가 정해져 있으나, 테러자금금지법은 범죄수익은닉규제법과는 달리 금융거래등 제한대상자와의 금융거래 자체

---

21) 상동
22) 테러자금금지법은 애초에 그 입법 목적을 「테러자금 조달의 억제를 위한 국제협약」과 대량살상무기확산 방지와 관련된 국제연합 안전보장이사회의 결의 등을 이행하는 것으로 규정한다(제1조).

를 제한하여, 고객의 본인 확인의무, 본인확인기록 및 거래기록의 작성·보존의무에 관한 규정은 두고 있지 않다. 한편 특정금융정보법은 고객의 거래정보 수집 시 수집주체의 본인확인의무부터 보고의무까지 특정금융거래정보의 보고 및 이용 등에 관하여 폭넓게 다루고 있다. 따라서 이하에서는 한국은행이 CBDC를 발행한 경우, 한국은행이나 중개기관이 특정금융정보법 및 금융실명법상 부담할 것으로 예상되는 의무나 책임을 중심으로 검토한다.

2. CBDC에 대한 특정금융정보법의 적용

가. 특정금융정보법에 따른 규제

(1) 한국은행과 중개기관의 '금융회사등' 해당 여부

특정금융정보법은 상업은행 등 '금융기관등'에 대하여 불법재산 등으로 의심되는 거래의 보고 의무(제4조), 고액 현금거래 보고의무 (제4조의2), 계좌개설 등의 경우 고객 확인의무(제5조의2), 금융거래 정보의 보존 의무(제5조의4) 등을 부과한다. 현행법상 한국은행은 위 의무를 부담하는 '금융회사등'[23]에 포함되어 있지 않아 수범주체에 해당하지 않는다. 이에 이하 논의는 중개기관이 있는 하이브리드형 과 관련된다.

하이브리드형으로 설계하는 취지가 현행과 동일한 2단계 통화제 도 유지에 있음을 고려하면, 상업은행이 CBDC 중개기관의 역할을 할 것으로 예상된다. 그런데 특정금융정보법 제2조 제1호의 금융회 사등에는 은행법에 따른 은행이 포함된다. 따라서 하이브리드형의 경우 계좌형과 토큰형을 불문하고 대고객 업무를 수행하는 중개기 관이 금융기관등에 해당할 것으로 예상된다. 금융회사등의 범위에

---

23) 2020. 3. 24. 법 개정으로 가상자산사업자가 추가되어, 기존 가상자산에 대 한 거래소를 운영하는 사업자는 동법의 적용대상이 된다(2021. 3. 25. 시행).

포함되지 않는 중개기관은 법 개정을 통해 추가할 필요가 있다.

(2) '금융거래등' 해당 여부

법 제2조 제2호 가목에 의하면 금융회사등이 금융자산(금융실명법 제2조 제2호에 따른 금융자산을 말한다)을 수입·매매·환매·중개·할인·발행·상환·환급·수탁·등록·교환하거나 그 이자·할인액 또는 배당을 지급하는 것과 이를 대행하는 것을 의미한다. CBDC는 금전인데, 금전은 금융실명법 제2조 제2호[24])에 따른 금융자산에 해당하므로, CBDC는 금융자산에 해당한다. 이에 따라 현행법상 한국은행이 CBDC를 발행하는 행위는 '금융회사등이 금융자산을 발행'하는 것에는 해당하지 않는다. 그러나 금융회사 등에 해당하는 중개기관이 CBDC를 이전하는 거래 등을 수행하는 행위는 동법상 금융거래 등에 해당한다.

다음으로는 하이브리드형인 경우를 전제로, 계좌형과 토큰형에 달리 적용 가능한 개별 규정을 살펴본다.

나. 유형별 적용규정 검토

(1) 계좌형 CBDC

특정금융거래정보법상 금융기관등은 고객이 예금계좌를 신규로 개설하는 경우 고객의 신원에 관한 사항 등을 확인할 의무를 부담한다(제5조의2 제1항). 계좌형의 CBDC 역시 한국은행과 일반 이용자 간에 예금계약과 실질이 동일한 CBDC 계좌 개설계약이 체결된다. 법적 성질의 유사성을 감안하여 예금계약과 같은 수준의 동법상의 규율을 상정할 수 있다. 이때 계좌형 CBDC을 취하는 경우, 금융기관등에 해

---

24) '금융자산'이란 금융회사등이 취급하는 예금·적금·부금(賦金)·계금(契金)·예탁금·출자금·신탁재산·주식·채권·수익증권·출자지분·어음·수표·채무증서 등 금전 및 유가증권과 그 밖에 이와 유사한 것으로서 총리령으로 정하는 것을 말한다.

당하는 중개기관은 CBDC 계좌 개설계약 체결시에 이름이나 주소 등 고객의 신원에 관한 특정 사항 등을 확인하는 책임을 부담하게 된다. 또한 송금인, 결제 일시나 수취인, 결제액과 같은 CBDC의 이전에 관한 거래 기록을 보존할 책임도 부담하게 된다(제5조의4 제1항).

(2) 토큰형 CBDC

특정금융거래정보법 및 동법 시행령에 따르면 원화 전산송금의 경우에는 1백만 원 이상, 외국통화로 표시된 외국환거래의 경우에는 1만 미합중국달러 또는 그에 상당하는 다른 통화로 표시된 금액에 해당하는 경우, 일회성 금융거래의 경우에도 원칙적으로 본인 확인의 대상으로 규정한다(동법 제5조의2 제1항, 동법 시행령 제10조의3). 토큰형 CBDC의 경우, 중개기관과 일반 이용자와의 사이에 전자지갑 제공계약을 체결하는 것이 예상된다. 따라서 해당 전자지갑 제공계약을 통한 원화 기준 1백만 원 이상의 송금의 경우에도 원칙적으로 중개기관은 본인 특정사항 등을 확인하는 책임을 지게 된다. 이 경우 중개기관에는 거래기록의 보존 등을 실시할 책임도 부담하게 된다. 입법론적으로는 금액을 기준으로 하는 일회성 금융거래 보다는 전자지갑 개설에 대하여 계좌 개설과 마찬가지로 본인확인의 대상으로 규정하는 것이 필요하다고 생각된다.

다. CBDC의 가상자산 해당 문제

개정 특정금융정보법 제2조 제3호는 가산자산을 경제적 가치를 지닌 것으로서 전자적으로 거래 또는 이전될 수 있는 전자적 증표(그에 관한 일체의 권리를 포함한다)로 규정하여, 문언해석상 CBDC도 이에 포함되게 된다. 그러나 CBDC와 가상자산은 그 법적 성질이 달라 양자를 동일 선상에 놓고 함께 취급할 수 없다. 가상자산의 정의를 광의로 규정한 입법자의 의도는 가상자산 발행 및 유통의 기반

기술이나 가상자산 개개의 특성을 최대한 포괄하는 개념을 상정하기 위한 것이지, 입법 당시 CBDC 연구가 본격화되지 않은 상황에서 화폐의 성질을 가지는 CBDC까지 포함시키기 위하여 이와 같이 규정하였다고 추단할 수도 없다. 그런데 동법 제2조 제1호 하목은 가상자산과 관련하여 일정한 행위를 '영업으로' 하는 자를 가상자산사업자로 규정하는데, 한국은행의 경우 영리성이 부정되어[25] 가상자산사업자에 해당하지 않을 것이나, 중개기관의 경우 이에 해당할 수 있다. CBDC 제도 도입 시, 가상자산에 제외되는 것을 열거하는 제2조 제3호 단서 각목의 하나로 CBDC를 추가할 필요가 있다.

3. CBDC에 대한 금융실명법의 적용

가. 중앙은행 및 중개기관의 의무

(1) 금융실명법상 금융회사등의 의무 부담

금융실명법에 의하면 금융회사등은 금융실명거래(제3조), 금융거래의 비밀보장(제4조), 거래정보등의 제공사실의 통보(제4조의2), 거래정보등[26]의 제공내용의 기록·관리(제4조의3) 등의 의무를 부담한다.

금융실명법상 금융회사등에는 한국은행과 상업은행이 포함된다(제2조 제1호). 나아가 금융거래란 금융회사등이 금융자산을 수입(受入)·매매·환매·중개·할인·발행·상환·환급·수탁·등록·교환하거나 그 이자, 할인액 또는 배당을 지급하는 것과 이를 대행하는 것 또는 그

---

25) 영리성은 상법상 영업성의 요건인데, 한국은행이 이윤 획득을 목적으로 CBDC를 발행하는 것이 아니므로 영리성이 부정된다.

26) 금융거래의 내용에 대한 정보 또는 자료로서(동법 제4조 제1항), 금융위원회가 정하는 표준양식에 의하면 1. 명의인의 인적사항, 2. 요구 대상 거래기간, 3. 요구의 법적 근거, 4. 사용 목적, 5. 요구하는 거래정보등의 내용, 6. 요구하는 기관의 담당자 및 책임자의 성명과 직책 등 인적사항이 기재되어야 한다(동법 제4조 제2항).

밖에 금융자산을 대상으로 하는 거래이다(제2조 제3호). 금융자산이란 앞서 특정금융정보법 검토 시 살펴본 바와 같이 금전이 해당되므로, CBDC가 해당된다. 그렇다면 상업은행 또는 한국은행이 CBDC를 발행하거나 CBDC로 거래하는 행위, 현금과 CBDC를 교환하는 행위는 금융회사등이 금융자산을 발행, 매매, 교환 내지 상환하는 행위로서 금융거래에 해당한다.

(2) 실명확인의무의 당사자

직접형의 경우 한국은행이 일반 이용자에 대해 CBDC 발행 및 계좌 개설 등과 관련한 실명확인의무를 부담한다. 하이브리드형으로 발행하는 경우 중개기관은 일반 이용자에 대한 실명확인의무를 부담한다고 해석할 수 있다.

나. 다른 법률과의 관계 및 CBDC 거래정보등의 보호와 활용

(1) 다른 법률과의 관계

금융실명법과 다른 법률이 서로 일치하지 아니하는 경우에는 이법에 따른다(제9조 제1항). CBDC 거래정보가 동법상 금융거래의 내용에 대한 정보 또는 자료(거래정보등)에 해당하면서 후술하는 바와 같이 개인정보보호법[27]상 개인정보나 전자금융거래법[28]상 전자금융거래정보에 해당하고 서로 일치하지 아니하는 경우, 금융실명법이 우선 적용된다.

(2) CBDC 거래정보등의 보호와 다른 법익들 간의 균형 모색

금융거래정보에 대한 보호와 다양한 정책목적에 따른 통제 사이의 갈등 관계와 법익형량의 문제는 새로운 쟁점이 아니다. 오래전부

---

27) 동법 제6조 참조.
28) 동법 제3조의2 제1항 참조.

터 국가는 금융실명법, 특정금융정보법 등 법률로써 경제주체의 금융거래정보에 대해 접근 권한을 가지고 이를 통제하여 왔고, 이에 대응하여 사용 목적에 필요한 최소한의 범위에서 규제를 설정하고 집행할 것에 관한 요청이 있어 왔다. 그렇다면 CBDC 발행에 왜 다시 금 사생활의 보호를 우려하는가.

CBDC 발행을 사생활의 보호나 개인정보와 관련하여 주목하는 이유는 CBDC가 (i) 블록체인 기술을 이용한 (ii) 법화이기 때문이다. 현금은 유통기록이 남지 않는다. 반면, 정상적 거래상황에서의 법적인 취급은 별개로 하고,[29] 블록체인의 기술적 특성상 CBDC 거래에 대한 추적이 가능하다. 모든 거래정보는 CBDC 발행·유통주체에 연쇄적으로 축적된다. 설계에 따라서는, 중앙은행과 중앙은행이 제공하는 분산원장에 참여할 수 있는 제한된 수의 중개기관[30]이 독과점 형태로 개인과 법인이 화폐인 CBDC를 사용한 경제활동에 대한 방대한 양의 정보를 끊임없이 수집할 수 있다. 비록 중개기관이 유통에 관한 역할을 담당하고 이와 관련한 정보를 처리하나 궁극적으로 중앙은행이 제공하는 거래망(분산원장)에서 이루어지고, 처리한 정보는 자동적으로 분산원장 참여기관에게 공유된다. 나아가 빅데이터 기술의 발달로 CBDC 제도 운용으로 집적된 개인에 관한 정보가 개인의 재산변동내역, 주된 활동지, 사적 영역의 생활패턴 파악 등에 활용될 수 있다. 이처럼 CBDC 제도 운영이 궁극적으로는 공적 영역에서 전국민이 사용 가능한 화폐 유통 이력에 관한 정보를 수집하는 것이라는 점, 분산원장을 사용하는 경우 참여자들이 실시간으로 같은 거래 이력을 공유하고 연쇄적으로 축적되는 정보는 변경이나 삭

---

29) 본 논문 제3장 제1절에서 화폐의 성질 중 혼합으로 인하여 법적으로 추적이 어려운 것으로 취급한다는 부분 참조.
30) 프라이빗 블록체인 기술을 사용하여 하이브리드형으로 구현되는 경우를 전제로 한다.

제가 매우 어렵다는 점, CBDC 이용량이 늘면 늘수록 CBDC 정보수집 내용과 양적 측면에서 민간이 제공하는 지급수단 보다 방대한 양을 독·과점의 형태로 수집할 가능성이 있다는 점을 고려하면, 다음의 사항을 고려할 필요가 있다.

우선 금융실명법에 따른 금융거래의 비밀보장 원칙(제4조 제1항 본문)과 예외적 거래정보등의 제공은 엄격하게 해석되어야 할 것이다(동조 동항 단서). 다음으로 실지명의 거래 원칙(제3조 제1항)의 예외로서 '실명이 확인된 계좌에 의한 계속거래(繼續去來)'를 두고 있듯이(동조 제2항 제1호), 실명이 확인된 CBDC 계좌 또는 전자지갑에 의한 계속거래의 경우 역시 예외로 규정하는 것을 생각해볼 수 있다. 특히 토큰형의 경우 일단 전자지갑 등의 개설 이후 거래 시에는 실명이 아닌 공개키를 활용한다. 이에 토큰형 CBDC의 기술적인 운영방식을 반영하도록 일부 문구만 개정한 후 동조 제2항 제1호를 적용하는 것이 어렵지 않다. 이렇게 하더라도 CBDC 계좌 또는 전자지갑을 개설한 상업은행이 실명정보를 보유하고 있고, 블록체인 기술에 의한 거래의 계속 추적이 가능하므로, 국가기관 등이 거래정보등을 제공받을 필요가 있을 경우 얼마든지 필요한 정보를 얻을 수 있다. 이로써 정상적인 경제주체의 거래활동 시 최초 CBDC 계좌 또는 전자지갑 개설 이외에는 비실명 거래를 보장하여 CBDC 제도 운영으로 매 거래마다 실명과 직결된 거래정보가 축적되는 것을 방지하게 된다.

CBDC 제도 설계에 따라 개인정보 보호의 정도는 달라질 수 있다.[31] 이에 설계 단계에서 개인정보 보호법익을 선제적으로 적용하여 설계에 반영(privacy by design)하는 것이 중요하다.[32] 익명성은 현금의

---

31) 이하 이 단락은 서자영(2022), 319면 인용 또는 참조.
32) Sriram Darbha and Rakesh Arora, Privacy in CBDC Technology, Bank of Canada Staff Analytical Note 2020-9 (2020) 〈https://www.bankofcanada.ca/2020/06/

물리적 속성의 부산물이고, 화폐에 내재한 본질적 속성이 아니다. 자금세탁방지와 같은 금전거래에 적용되는 주요 규범은 CBDC에도 적용되므로, CBDC를 완전한 익명성을 보장하는 지급수단으로 설계하기는 어렵다. 자금세탁방지 등 다양한 법익과 개인정보 보호 사이에 균형을 이루어 화폐의 원활한 유통이 이루어지도록 CBDC를 설계할 필요가 있다.33) 예를 들어 분산원장에 공유되는 거래정보는 필요 최소한도로 하고, 분산원장기술과 개인정보 보호 강화 기술(Privacy Enhancing Techniques, 이하 'PET')의 가명성을 적극적으로 활용하는 CBDC 구현 방식에 대해 고민할 필요가 있다. 이를 위하여 CBDC 발행 및 유통 과정에서 취득하는 금융거래정보는 무엇인지 파악하고, 살아 있는 개인에 관한 정보와 그 밖의 정보로 나누어 관련된 주요 법률 간 관계에 대하여 검토하는 것이 선행되어야 한다. 이하 III.에서 금융거래 정보의 보호와 활용 방안에 대하여 상술한다.

---

staff-analytical-note-2020-9/〉 2022. 1. 2. 방문.

33) CBDC는 그 자체가 분산원장이나 단말기 등 전자적 기기에 기록되고 CBDC의 거래 내역은 다름 아닌 금전의 유통에 관한 정보이다. 따라서 현행 개인정보 보호 관련 법률의 개인정보의 범위를 넓게 해석하여 이 모든 정보를 개인정보로서 보호하는 경우 경제의 기초가 되는 CBDC 거래정보의 자유로운 흐름을 저해할 가능성이 존재한다; 이와 관련하여 정보의 자유로운 유통은 경제를 지탱하는 기초가 되고, 지식에 대한 갈증을 해소시키고, 기관과 조직이 내부적으로 작동할 수 있도록 하며, 혁신과 표현의 자유를 누릴 수 있도록 하므로, 개인정보보호에 관한 입법을 함에 있어서는 정보의 무제한적인 흐름에 따라 발생하는 이익과 이에 수반되는 비용을 평가하여야 하며, 이익이 손해를 초과하는 경우에 한하여 부담을 가할 수 있도록 정밀하게 법을 가다듬어야 한다는 견해로, Paul Ohm, Broken Promises of Privacy, 57 UCLA L. REV. 1701, 1746 (2010).

Ⅲ. 금융거래정보의 보호와 활용

1. CBDC를 발행하여 취득하는 금융거래정보[34]

가. 현행법제에 따른 분류[35]

중앙은행 내지 중개기관은 CBDC 발행·유통 과정에서 광범위한 금융거래정보를 취득한다. 소비활동, 수입, 임금, 투자활동 등 CBDC 이용자의 금융거래기록이 데이터 형태로 분산원장에 축적될 수 있다. 이에 대해 현행법상으로는 크게 ① 개인정보[36], ② 신용정보[37], ③ 전자금융거래기록[38]으로 범주화할 수 있다.

(1) 살아 있는 개인에 관한 정보

CBDC 계좌 또는 전자지갑을 개설할 때 개별 중개기관은 개인인 일반 이용자의 성명, 주소, 주민등록번호, 외국인등록번호, 여권번호, 성별, 국적 및 직업 등 살아 있는 개인을 식별할 수 있는 정보를 취득하게 된다. 이는 개인정보보호법 제2조 제1호의 개인정보에 해당

---

34) 이하 1항은 저자의 박사학위논문의 해당 부분을, 서자영, 중앙은행 디지털화폐(CBDC)와 금융거래정보 보호, 저스티스 제189호 (2022), Ⅲ. 2항, 3항으로 교체; 해당 논문은 저자의 박사학위논문을 기반으로 이를 보완·발전시킨 것으로, 저자의 박사학위논문의 인용 부분이 표시되어 있음.

35) 이하 가항은 서자영, 중앙은행의 디지털화폐 발행에 관한 연구, 서울대학교 대학원 박사학위논문 (2021), 제5장 제2절 Ⅲ. 1. 나. (1)-(3)항 인용 내지 참조.

36) 개인정보보호법 제2조 제1호, 신용정보의 이용 및 보호에 관한 법률(이하 '신용정보법') 제2조 제2호 참조.

37) 금융거래 등 상거래에서 거래 상대방의 신용을 판단할 때 필요한 정보이다(신용정보법 제2조 제1호, 제2호). 동법 제2조 제2호에 따른 개인신용정보를 포함한다.

38) 전자금융거래의 내용을 추적·검색하거나 그 내용에 오류가 발생할 경우에 이를 확인하거나 정정할 수 있는 기록이다(전자금융거래법 제22조 제1항).

한다. 다만, 해당 정보가 거래 상대방인 개인의 신용을 판단할 때 필요한 정보인 경우에는 신용정보법상 개인신용정보에 해당한다.[39]

개인신용정보가 아닌 개인정보를 처리하거나 신용정보법 적용대상이 아닌 기관이 개인정보를 처리하는 경우에는 개인정보보호법이 적용된다(개인정보보호법 제6조). 개인신용정보를 처리하는 경우, 개인정보보호법에 우선하여 신용정보법이 적용된다(신용정보법 제3조의2 제2항).

(2) 신용정보

신용정보란 금융거래 등 상거래에서 거래 상대방의 신용을 판단할 때 필요한 정보로서, 신용정보주체의 거래내용, 신용도, 신용거래능력을 판단할 수 있는 정보와 위 각 정보와 결합하여 특정 신용정보주체를 식별할 수 있는 정보 등을 의미한다(신용정보법 제2조 제1호). 여기서 신용정보주체는 개인뿐 아니라 법인, 단체까지 포함된다(동법 제2조 제1의2호).

신용정보법상 신용정보란 거래 상대방의 신용을 판단할 때 필요한 정보이다. 따라서 CBDC의 유통 과정에서 생기는 CBDC 거래정보가 신용 판단과 관련이 없으면 신용정보에 해당하지 않는다. 현금소지자가 현금의 제공으로 자신의 변제의무를 즉시 이행하고 결제가 완결되듯이, CBDC 보유자는 CBDC 제공으로 자신의 변제의무를 즉시 이행하고 결제는 완결된다. 또한 CBDC는 현금과 마찬가지로 신용위험이 없는 지급수단으로 설계된다. 이는 CBDC 거래 시 위조·

---

39) 신용정보법 제2조 제1호 가목은 특정 신용정보주체를 식별할 수 있는 정보를 신용정보로 규정하면서, '나목부터 마목까지의 어느 하나에 해당하는 정보와 결합되는 경우에만 신용정보에 해당한다'고 규정한다. 따라서 신용정보주체의 거래내용, 신용도, 신용거래능력 등과 결합되는 경우에만 신용정보에 해당한다. 그리고 개인신용정보란 살아 있는 개인에 관한 신용정보이다(신용정보법 제2조 제2호).

복제되지 않은 진정한 CBDC의 존재 및 제공 사실 확인이 필요할 뿐, 별도로 CBDC를 보유하고 있는 자와 거래 상대방의 신용을 판단할 필요는 없다는 해석으로 귀결된다. 즉, 거래 당사자에 대한 신용에 기반한 거래가 아닌 것이다. 결국 이미 유통단계에 있는 CBDC 거래와 관련하여 CBDC 보유자인 거래 상대방의 신용 판단이 요구되는 경우를 쉽게 상정하기 어렵고, 따라서 CBDC 거래 시 신용정보를 취득하는 경우는 적을 것으로 보인다.

다만, 신용정보법의 수범자인 신용정보제공·이용자[40] 등에 해당하는 중개기관이 CBDC 발행 및 유통 과정에서 수집하는 개인정보를 거래 상대방의 신용을 판단할 때 필요한 정보로서 수집·이용하거나, 이미 수집하여 둔 CBDC 거래정보를 거래 상대방의 신용 판단이 필요한 정보로서 활용하는 경우가 생길 수 있다. 이러한 경우 거래 상대방의 신용을 판단할 때 필요한 정보로서, 신용정보주체의 CBDC 거래[41] 기간, 금액 등에 관한 정보는 동법상 신용정보에 해당할 수 있다(동조 제1의3호 나목[42]). 개인신용정보에 해당한다면 그 제공·활용에 대한 동의를 받는 등 신용정보법에 따른 수집 및 처리 절차를 준수하여야 할 것이다.[43]

---

40) 신용정보법 제2조 제7호, 동법 시행령 제2조 제18항 참조.

41) 신용정보법은 '금융실명법상 금융거래의 종류, 기간, 금액, 금리 등에 관한 정보를 신용정보로 규정한다(신용정보법 제2조 제1호 나목, 동조 제1의3호 나목). CBDC는 금전으로서 '금융자산'이고(금융실명법 제2조 제2호), CBDC 거래는 금융자산을 대상으로 하는 거래로서 금융실명법상 '금융거래'에 해당한다(동법 제2조 제3호).

42) 신용정보법 제2조(정의) (중략) 1의3. (중략) 나. 「금융실명거래 및 비밀보장에 관한 법률」 제2조제3호에 따른 금융거래의 종류, 기간, 금액, 금리 등에 관한 정보.

43) 동법 제15조, 제17조, 제17조의2, 제31조부터 제44조 등.

(3) 전자금융거래정보

전자금융거래법상 전자금융거래기록은 전자금융거래의 내용을 추적·검색하거나 그 내용에 오류가 발생할 경우에 이를 확인하거나 정정할 수 있는 기록을 의미한다(동법 제22조 제1항). 구체적으로는 (i) 전자금융거래의 종류 및 금액, 전자금융거래의 상대방에 관한 정보, (ii) 전자금융거래의 거래일시, (iii) 전자적 장치의 종류 및 전자적 장치를 식별할 수 있는 정보, (iv) 지급인의 출금 동의에 관한 사항, (v) 해당 전자금융거래와 관련한 전자적 장치의 접속기록, (vi) 전자지급수단의 이용과 관련된 거래승인에 관한 기록 등이 포함[44]된다. 전자금융거래기록 생성·보존·파기시 발생하는 관리의무 규정(동법 제22조)의 수범주체는 금융회사·전자금융업자 및 전자금융보조업자인 '금융회사등'[45]이다.

하이브리드형 CBDC의 경우, 중개기관은 전자적 장치를 통하여 금융서비스를 제공하고, 이용자가 중개기관이나 중앙은행과 직접 대면하거나 의사소통을 하지 아니하고 자동화된 방식으로 이를 이용하는 거래를 하여 전자금융거래법상 전자금융거래를 한다(동법 제2조 제1호). 상업은행을 CBDC의 중개기관으로 설계한다면 CBDC 중개기관의 상당수는 동법상 금융기관에 해당하여(제2조 제3호) 동법의 수범주체가 된다. 동법상 전자금융업자(제2조 제4호)나 전자금융보조업자(제2조 제5호) 등에 대하여 중개기관으로 지정하는 경우 역시 마찬가지이다.

한편, 전자금융거래법 제3조 제1항 단서, 동법 시행령 제5조 제1항 제2호에 따라 금융회사 및 전자금융업자간 별도 계약에 따른 전자금융거래로서 한국은행이 운영하는 지급결제제도를 이용하는 경우에는 동법 적용에서 제외된다. 한국은행이 운영하는 CBDC 제도는 한국은행법

---

44) 전자금융거래기록의 보관의무기간에 대하여 항목별로 구분하여 규정한 전자금융거래법 시행령 제12조 제1항, 제7조 제4항 참조.
45) 전자금융거래법 제6조 제4항.

제81조에 따른 지급결제제도로 평가할 수 있으나, 현행 전자금융거래법 제3조 취지나 문언해석상 일반 이용자와 중개기관 사이 계약 등에 따른 일반 이용자 사이 CBDC 거래는 전자금융거래법 적용대상에서 제외된다고 보기는 어렵다.[46] 결국 동법 적용대상이 되는 중개기관은 일반 이용자와의 계약에 따라 일반 이용자 사이 이루어지는 CBDC 거래 과정에서 동법상 전자금융거래기록을 취득한다고 볼 수 있다.

나. 각 정보간 관계 및 적용 법률[47]

(1) 개인 식별에 관련한 거래정보의 경우

개인정보는 살아 있는 개인인 정보주체 식별, 신용정보는 거래

---

46) '금융회사 및 전자금융업자간에 따로 정하는 계약에 따라 이루어지는 전자금융거래 중 한국은행이 운영하는 지급결제제도를 이용하는 전자금융거래'는 전자금융거래법의 적용대상이 아니다. 이에 한국은행이 CBDC 관련 전산시스템 제공 및 운영조직 구성, 원장 관리 등의 업무를 수행하는 경우, 이를 (i) 금융회사 및 전자금융업자간에 따로 정하는 계약에 따라 이루어지는 전자금융거래로 볼 수 있을지와 (ii) 한국은행이 운영하는 지급결제제도로 볼 수 있을지 살펴볼 필요가 생긴다. 우선 한국은행법에서 규정한 지급결제제도의 취지를 고려하고, 현행 규정을 문언해석할 때 한국은행이 운영하는 지급결제제도로 보는 것이 타당하다(한국은행·정순섭·정준혁·이종혁(2021) 60~61면). 다음으로 일반 이용자 사이 CBDC 거래가 전자금융거래법 제3조 제1항 단서에서 규정하는 '금융회사 및 전자금융업자간에 따로 정하는 계약에 따라 이루어지는 전자금융거래'에 해당하는지에 대하여 살펴보면, 모든 CBDC 거래가 이에 해당한다고 보기는 어렵다고 판단된다. 이 논문의 논의 대상인 소액결제용 CBDC 거래의 경우, CBDC의 발행근거 등에 대한 최소한의 입법 과정을 거친 이후에는 개인 이용자와 중개기관 사이 전자지갑 개설·이용 계약 등 추가적 계약에 기초하여 CBDC 이전 거래가 이루어질 것으로 생각된다. 따라서 일반 이용자와 금융회사 등 사이 계약에 따라 일반 이용자가 CBDC와 CBDC 분산원장 등 CBDC 관련 지급결제제도를 이용하여 전자금융거래를 하는 경우는, 입법은 별론으로 하고, 현행법 해석상 적용대상의 배제 대상이 아니다. 이 논문 제4장 제4절 II. 3. 다. (2) (가)항 참조.
47) 이하 나항은 서자영(2021), 제5장 제2절 III. 1. 나. (4)항 인용.

상대방의 신용 판단, 전자금융거래기록이란 전자금융거래 관련 거래기록 등에 각각 초점을 맞추나, 각 영역은 중첩될 수 있다. 살아 있는 개인을 식별할 수 있는 정보는 원칙적으로 개인정보에 해당하나, 살아 있는 개인을 식별할 수 있는 정보가 포함된 거래정보가 거래 상대방의 신용을 판단할 때 필요한 정보에 해당하는 경우 개인신용정보에 해당한다(신용정보법 제2조 제1호, 제2호). 금융거래의 종류, 금액, 일시 등 전자적 형태로 거래되어 생성되는 신용정보는 전자금융거래기록에도 해당되는 경우가 있다.

개인 식별 및 신용판단과 관련한 전자금융거래정보의 경우, 일반적으로 전자금융거래법, 신용정보법, 개인정보보호법 순서로 적용되는 것으로 해석된다.[48] 개인신용정보의 경우, 신용정보법을 우선 적용하고 신용정보법에 규정되어 있지 않은 사항은 개인정보 보호법을 적용하되, 전자금융거래법, 금융실명법 등 개별법에서 특별히 정하는 사항에 대해서는 해당 법률을 적용한다.[49] 개인신용정보를 제외한 개인정보의 경우, 개별 법률[50]에서 특별히 정하는 바가 있는 경우를 제외하고, 개인정보보호법이 적용된다.

개인정보보호법은 개인정보처리자를 수범자로 한다. 따라서 업무를 목적으로 개인정보파일을 운용하기 위하여 스스로 또는 다른 사람을 통하여 개인정보를 처리하는 경우, 한국은행과 모든 중개기관은 동법의 적용대상이 될 수 있다.[51]

---

48) 전자금융거래법 제3조 제1항, 신용정보법 제3조의2, 개인정보보호법 제6조; 다만, 전자금융거래법 제22조 제2항은 보존기간 경과 등으로 파기하여야 하는 전자금융거래기록에서 신용정보법상 신용정보를 제외하는 것으로 규정한다.
49) 금융위원회·금융감독원·행정안전부, 금융분야 개인정보보호 가이드라인 (2016), 10면.
50) 전자금융거래법에서 전자금융정보거래에 대하여 규정하고 이에 대한 보존의무기간을 두는 경우 등이 이에 해당한다.
51) 개인정보보호법 제2조 제5호; 설계방식에 따라 한국은행이 개인정보보호

한편, 한국은행은 신용정보법과 전자금융거래법의 수범자가 아닌 것으로 판단된다.52) 신용정보법상 수범자인 신용정보제공·이용자는 본인의 영업과 관련하여 얻은 신용정보를 본인의 영업에 이용하는 자인데, 한국은행법상 한국은행은 무자본특수법인으로서 한국은행이 물가안정 도모 등의 목적으로 통화신용정책의 일환으로서 행하는 CBDC 제도 운영행위에 대하여 영리성을 인정하기 어렵고, 이를 두고 영업으로 하거나 영업을 위해 하는 상행위로 보기도 어렵기 때문이다.53) 그리고 전자금융거래법의 수범자는 금융회사·전자금융업자 및 전자금융보조업자(제6조 제4항)로서, 한국은행은 이에 해당하지 않는다.

(2) 개인 식별과 무관한 거래정보의 경우

금융거래정보 중 기업·법인에 관한 정보 및 개인을 식별할 수 없는 정보의 경우, 전자금융거래법, 신용정보법 순서로 적용되는 것으로 보인다. 한국은행은 양 법의 적용대상이 아니다. 중개기관이 어느 한 법의 수범주체임을 전제로 할 때, CBDC 발행·유통 목적, CBDC 거래의 성질 등을 고려하면 신용정보법보다는 주로 전자금융거래법이 적용대상이 된다. 그리고 중개기관과 일반 이용자와의 사이 계약에 따른 전자금융거래에 해당하는 CBDC 거래는 현행 전자금융거래법의 적용대상이 될 수 있다.54)

법상 개인정보를 처리하게 되는지가 달라지므로, 아래 2. 나. (1)항에서 한국은행이 동법의 수범주체가 되는지에 대하여 설명한다.
52) 신용정보법 제2조 제7호; 전자금융거래법 제6조 제4항.
53) 한국은행법 제1조, 제2조, 제5조 등; 상법 제46조, 제47조; 또한 한국은행의 경우 회사와 같이 주주나 사원에 대한 이윤 배분에 상응하는 절차도 존재하지 않는다.
54) 이 논문 제4장 제4절 II. 3. 다. (2) (가)항에서 상술한다; 하이브리드형으로서 일반 이용자의 개별거래가 한국은행이 제공하는 분산원장에서 최종 지급 결제되는 경우, 한국은행법 및 전자금융거래법 등 관련 법제를 정비하여 중개기관과 일반 이용자 사이까지 전자금융거래법의 적용대상에서 제외할

다. 시간순서에 따른 구분

토큰형으로 발행되는 하이브리드형을 기준으로 CBDC 발행과 유통의 시간적 순서에 따라 각 기관이 취득하는 거래정보를 살펴보면 아래와 같다. 직접형의 경우 한 기관, 즉 중앙은행에 모든 정보가 취합되어 발행단계와 유통단계의 구분이 법적 측면에서 큰 의미가 없어 별도로 논하지 않는다.[55] 한편, 계좌형은 본질적으로 CBDC 이용자의 신원(identity)과 관련되나, 앞서 검토한 바와 같이 개인정보 보호 강화 기술(PET)을 통하여 토큰형과 마찬가지로 개인정보에 해당하는 거래정보를 가명화할 수 있고, 이 경우 토큰형의 경우와 개인정보 보호 관련 법적 쟁점은 크게 다르지 않아 별도로 살피지 않는다.

(1) 발행단계

먼저 일반 이용자는 어느 한 중개기관과 사이에 CBDC 사용을 위한 계정 또는 공개키와 개인키를 생성하고 전자지갑[56]을 개설하여야 한다. 이러한 CBDC 발행과 유통 시에는 AML/CFT 규정 준수를 고려할 수밖에 없다.[57] 그리고 전자금융거래법상 전자금융거래에서 본인확인이 요구된다. 동법상 금융회사나 전자금융업자는 원칙적으

것인지와 같은 법 적용의 범위 설정에 관한 입법적 판단이 필요하다(상동).
55) 서자영(2021), 240면.
56) 전자지갑(Digital Wallet)은 이용자가 CBDC나 가상자산 시스템과 상호 작용하는 소프트웨어 응용 프로그램이다. 일반적으로 전자지갑에서 사용자는 하나 이상의 계정에서 자신의 잔액을 확인하고, 다른 이용자로부터 CBDC나 가상자산을 받고, 금융거래를 실행할 수 있다. Sarah Allen, Srđjan Čapkun, Ittay Eyal, Giulia Fanti, Bryan A. Ford, James Grimmelmann, Ari Juels, Kari Kostiainen, Sarah Meiklejohn, Andrew Miller, Eswar Prasad, Karl Wüst, Fan Zhang, Design Choices For Central Bank Digital Currency: Policy And Technical Considerations, NBER Working Paper series No. 27634(2020.8), 31면; 전자지갑은 본인 인증, 거래 인증, 금융거래를 위한 이용자 인터페이스라는 세 가지 주요 기능을 제공한다. Allen S. et. al.(2020), 32면.
57) Allen S. et. al.(2020), 46면.

로 접근매체58)를 발급할 때 본인확인의무를 부담한다.59) 이에 중개기관이 동법상 금융회사 또는 전자금융업자인 경우, CBDC 전자지갑을 개설할 때 전자적 정보나 비밀번호 등을 발급하면서 동법상 본인확인의무를 부담할 수 있다. 이에 따라 최초로 CBDC 전자지갑을 개설할 때, 중개기관은 일반 이용자의 이름, 주민등록번호, 전화번호, 전자우편주소 등 살아 있는 개인을 식별할 수 있는 정보 및 주소, 직업 등 해당 정보만으로는 특정 개인을 알아볼 수 없더라도 다른 정보와 쉽게 결합하여 특정 개인을 알아볼 수 있는 정보를 취득한다(개인정보보호법 제2조 제1호 가목, 나목).60)

다음으로 일반 이용자는 본인의 예금 중 일정 금액을 CBDC로 전환하도록 예금을 예치한 중개기관에 지급지시를 하게 된다.61) 이 경우 예금 이체지시를 받은 중개기관은 전자금융거래법상 전자금융거래정보, 개인정보보호법상 개인정보 등62)을 취득한다. 한편, 현금과의 교환으로도 CBDC를 발행할 수 있을 것인데, 이 경우 전자지갑 개설 업무를 담당한 중개기관이 계속하여 관련 업무를 수행하여 새로이 정보를 취득하는 제3의 중개기관은 존재하지 않는다.63)

이후 중개기관은 중앙은행에 특정 계정 또는 분산원장상 주소(이하 '전자지갑 주소')로 CBDC 발행을 요청하고, 중앙은행은 중개기관

---

58) 접근매체란 전자금융거래에 있어서 거래지시를 하거나 이용자 및 거래내용의 진실성과 정확성을 확보하기 위하여 사용되는 수단 또는 정보로서, 전자식 카드 및 이에 준하는 전자적 정보, 전자서명생성정보, 공인인증서, 이용자의 생체정보가 포함된다(전자금융거래법 제2조 제10호).
59) 전자금융거래법 제6조 제2항.
60) 서자영(2021), 241면.
61) 상동
62) 그 외 특정금융정보법, 금융실명법의 적용대상이 될 수 있을 것이다. CBDC 유통과정에서 취득하게 되는 거래내역에 관한 정보 역시 마찬가지이다.
63) 서자영(2021), 241면.

의 요청에 따라 CBDC를 발행하게 된다.[64] CBDC가 분산원장에 최초
로 발행되면, 발행 사실은 분산원장 참여기관에 동시에 기재되어, 위
CBDC 발행 요청 중개기관, 요청 일시, 요청금액, 그리고 전자지갑
주소 등의 거래정보를 분산원장 참여기관이 공유한다.[65] 아래 3항에
서 후술하는 바와 같이 전자지갑 주소와 거래정보 해시값은 개인정
보보호법상 가명정보에 해당하는 것으로 판단되고,[66] 중개기관에는
해당 정보가 전자금융거래법상 전자금융거래정보에도 해당한다.

  (2) 유통단계

  이용자가 CBDC 거래를 위하여 앱이나 인터넷 사이트를 통하여
전자지갑에 접속할 때 신원인증(본인확인) 절차를 거치도록 설계할
수 있다.[67] 이러한 경우 개별 중개기관은 이용자의 신원을 확인하는
정보를 취득한다. 개별 중개기관이 이용자의 전자지갑 접속 단계에
서 취득하는 정보로서, 분산원장 접근 권한을 가진 여러 중개기관이
이용자의 CBDC 거래 단계에서 분산원장 기록을 공유하는 정보와는
구별된다. 이용자가 전자지갑에 접속할 때 중개기관이 취득하는 정
보는 전자금융거래와 관련한 업무를 수행하는 과정에서 취득하는
이용자의 신원을 확인할 수 있는 정보라는 점에서 개인정보보호법
상 개인정보 및 전자금융거래법상 전자금융거래정보에 해당한다.

  일반 이용자가 CBDC 거래를 위하여 전자지갑에 접속한 이후에

---

64) 설계에 따라서는 중개기관이 중앙은행에 요청하여 먼저 발급받아 놓은
   CBDC 중 일부를 개인에게 지급하는 방식도 가능하다. 개별 이용자의
   CBDC 발행 및 유통 과정에서 취득 가능한 개별 이용자의 금융거래정보의
   내용에는 차이가 없다.
65) 서자영(2021), 242면 참조.
66) 중앙은행이 CBDC 분산원장 참여기관에 해당하거나 분산원장의 개별 소액
   결제 내역을 제공받도록 설계하는지에 따라, 중앙은행의 가명정보 취득
   여부가 달라진다. 아래 2. 나. (1)항에서 상술한다.
67) 예를 들어 전자금융거래법 제6조 제1항.

는, 개인 또는 법인의 공개키가 CBDC 거래에 활용된다. A가 토큰형 CBDC를 B에게 송금하는 경우를 예로 들어 본다.[68] 우선 (i) A와 B는 거래 전에 전자지갑 개설로 한 쌍의 개인키(private key)와 공개키(public key)를 각자 만들어 둔 상태이다. 이후 A가 (ii) B의 전자지갑 주소로 보낼 CBDC 금액을 입력하고, (iii) 개인키로 거래내용에 대해 디지털 서명[69]을 하면, (iv) A의 거래내용이 B에게 송부되고, (v) 해당 거래내용이 복호화되고 인증되는 순서로 이루어지도록 설계할 수 있다. 이때 분산원장 참여기관은 거래당사자인 개인 또는 법인의 각 전자지갑 주소[70]와 거래금액, 일시 등이 암호화된 해시값 등의 정보를 취득한다. 분산원장에 실시간 기록되는 전자지갑 주소 및 해시화된 거래정보의 경우, 아래 라항에서 후술하는 바와 같이 개인정보보호법상 가명정보에 해당한다.[71] 따라서 분산원장 참여기관인 중개

---

68) 이하 예시는 서자영(2021), 232면.

69) 지급인은 개인키를 이용하여 디지털 서명을 하는데, 디지털 서명은 어떠한 정보가 특정인에 의하여 작성되었다는 것을 보장하는 암호화법이다. 이대희, 블록체인 기술과 개인정보 쟁점, 정보법학 제22권 제3호 (2018), 249면.

70) 공개키를 해시함수로 얻어 낸 해시값으로, 비트코인을 송수신하기 위하여 사용되는 주소는 은행의 계좌번호와 같은 역할을 한다. 이대희(2018), 253면에서 비트코인 주소에 대한 설명 참조.

71) 한편, 오프라인 CBDC의 경우 단말기와 같은 전자적 기기에 거래정보가 기록되고, 전자적 기기에는 분산원장기술을 사용하지 않아 암호화 처리가 되지 않도록 설계할 수 있다. 이러한 오프라인 CBDC 거래정보의 개인정보 해당 여부는 설계에 따라 달라질 수 있다. 온라인 CBDC와 마찬가지로 오프라인 CBDC의 공개키와 개인키가 '인별로' 서로 다른 것이 되도록 할당하고, 원격 원장(remote ledger) 사용 등을 통하여 CBDC 거래에 대한 추적이 가능하도록 설계한다면, 오프라인 CBDC의 공개키와 개인키, 그리고 이와 함께 처리되는 거래내역은 개인정보에 해당한다. 그러나 오프라인 CBDC의 공개키와 개인키가 '단말기별로' 서로 다른 것이 되도록 할당하고, 공개키와 개인키가 저장된 단말기 간 접촉 등으로 거래가 이루어지고 지급과 동시에 결제가 완료되며 거래 이력이 단말기에만 기록되도록 설

기관은 개인정보보호법상 가명정보를 취득한다. 중앙은행의 경우, 후술하는 바와 같이 CBDC 이용자의 개별 소액거래를 기록하는 분산원장의 참여기관에 해당하거나 중개기관으로부터 해당 정보를 제공받는지에 따라 개인정보보호법상 가명정보를 취득하는지에 관한 결론이 달라진다. 한편, 중개기관에는 해당 정보가 전자금융거래법상 전자금융거래정보에도 해당한다. 신용정보법이 적용되는 중개기관으로서 해당 정보가 신용 판단을 위해 사용되는 경우 신용정보법상 신용정보에 해당하는 경우도 발생할 것이다. 이하 분산원장에 기재되는 정보를 예상하면 아래와 같다.

· 지급인 정보: 전자지갑 주소, 거래금액 및 이용시간 등 거래내역에 대한 해시값[72]

계할 수 있다. 즉, 최초 오프라인 CBDC 발행 및 단말기 발급 당시에는 누가 이를 받았는지 기록이 남으나, CBDC 전자지갑 접속 및 이전 단계에서는 당사자의 신원 확인을 요하지 않고 아예 단말기 자체를 누구에게나 이전할 수 있어 더 이상 인별로 특정이 이루어지지 않도록 하는 방안을 상정할 수 있다. 예를 들어 A가 오프라인 CBDC 및 단말기를 지급받은 후 단말기를 B에게 이전하여 그로 하여금 CBDC를 사용하게 하고, B는 다시 제3자에게 단말기를 이전하여 제3자가 단말기에 저장된 CBDC를 사용하게 하는 등 단말기의 전전유통에 상관 없이 단말기에 저장된 CBDC로 오프라인 금전거래가 가능하도록 설계하는 방안을 생각해볼 수 있다. 이 때 오프라인 CBDC의 공개키와 개인키, 그리고 이와 함께 처리되는 거래내역은 개인정보에 해당하지 않는다고 평가할 수 있다. 이러한 오프라인 CBDC는 국민의 개인정보나 사생활의 자유를 적극적으로 보호·보장하는 측면에서 마련되는 것이나 AML/CFT 규제를 준수하기 위해 소액에 한정될 것으로 예상된다. 또한 오프라인 CBDC 위조·복제가 불가능하고, 이중지급(double spending)이나 안정성 문제가 기술적으로 해결된 상태를 전제로 한다. 이처럼 오프라인 CBDC의 경우 설계 가능성이 열려있으므로, 아래 라항에서는 분산원장에 거래정보가 기록되는 온라인 CBDC를 중심으로 논의한다.
72) 이하 분산원장에 기재될 것으로 예상되는 정보에 대하여, 서자영(2021), 233면.

· 수취인 정보: 전자지갑 주소 등
· 특정 블록에 대한 정보: 이전 블록의 해시값, 거래로 인해 생성
되는 블록에서 거래내역을 제외한 해시값 등

라. 전자지갑 주소 및 거래정보 해시값의 개인정보 해당 여부
(1) 검토의 필요성

토큰형은 CBDC 이전 시 당사자의 신원 확인 절차를 요하지 않
고[73] 원장 등에 각 CBDC 발행 및 거래 내역이 기재되는 방식으로 거
래가 이루어진다.[74] 즉, 가상자산이 개인의 실명으로 거래를 하는 대
신, 공개키의 해시값에 해당하는 주소(address)를 사용하듯이,[75] 분산
원장기술을 사용하는 토큰형 CBDC의 경우 공개키의 해시값에 해당
하는 전자지갑 주소를 거래에 사용한다. 따라서 분산원장에 기록되는
지급인과 수취인에 대응하는 정보는 지급인의 전자지갑 주소와 수취
인의 전자지갑 주소이다.[76] 나아가 CBDC 거래는 완전한 익명성을 보
장받기 보다는 가명성(pseudonymity)의 특징[77]을 가진다. CBDC 거래
시 금액, 이용시간 등에 관한 거래기록이 생성되어 분산원장에 기록
되나, 이러한 거래정보는 해시함수를 통해 해시값으로 변환된다.

이러한 블록체인 기술의 가명성과 추가로 개인정보 보호 강화 기
술(Privacy Enhancing Techniques, 'PET')[78]을 활용할 가능성을 고려할

---

73) 계좌형은 은행 예금계좌와 같이 특정인의 신원에 그가 보유한 CBDC의 가
치를 대응시켜 권리 확인에 권리자의 신원 확인이 요구된다. 이에 대하여
Auer R and Böhme R.(2020), 93-95면.
74) BOE(2020), 46-47면.
75) Narayanan, Arvind et. al.(2016), 139면.
76) 서자영(2021), 246면.
77) 민간 가상자산의 경우에도 실명으로 거래를 하는 것은 아니지만 모든 거
래가 기록되어 있고 실명이 나타나지 않는 거래당사자와 해당 거래 내역
을 연결시킬 수 있다는 점에서 가상자산의 특징을 익명성이 아닌 가명성
으로 설명한다. Narayanan, Arvind et. al.(2016), 139면; 서자영(2021), 250면.

때, CBDC 거래에 사용되는 전자지갑 주소와 거래내역 해시값이 개인 정보에 해당하는지 검토할 필요가 생긴다. 전자지갑 주소나 공개키, 해시화된 거래정보가 개인정보에 해당하는지에 따라 CBDC 시스템 운영자 및 참가기관들의 개인정보보호법의 적용 여부·의무 부담 범 위가 달라질 수 있기 때문이다.[79] 이하에서는 해시값으로 전환되기 전 상태인 공개키와 거래정보의 개인정보 해당 여부를 먼저 살핀 후, 전자지갑 주소와 거래정보 해시값의 개인정보 해당 여부를 살핀다.

(2) 공개키와 해시화되기 이전 거래정보에 대한 검토
(가) 공개키의 개인정보 해당 여부
우선 온라인 CBDC의 공개키는 개인정보보호법상 개인정보에 해 당할 것으로 판단된다.[80] 공개키는 개인키와 한 쌍으로 조합이 되어

---

78) 공개키를 개인키에서 분리하여 모호하게 하는 은신처 주소(stealth addresses) 기술, 일방 당사자의 진술이 진실이라는 사실 이외 어떠한 정보도 공개하 지 않고 다른 당사자에게 하는 진술의 진실성을 증명할 수 있도록 하는 0 지식 증명(zero knowledge proof) 등을 들 수 있다. International Organization for Standardization, Blockchain and distributed ledger technologies– Privacy and personally identifiable information protection considerations. ISO/TR 23244:2020, First edition (2020).

79) 서자영(2021), 246면; 개인정보보호법상 익명정보는 더 이상 특정 개인을 식별할 수 없도록 불가역적으로(irreversibly) 처리되어(Article 29 Working Party, Opinion 04/2014 on Anonymisation Techniques, 0829/14/EN (2014) 20 면) 개인 식별이 불가능한 정보로서 동법상 개인정보로 취급되지 않는다 (이하 이 단락은 서자영(2022), 293-294면 인용). 한편, 가명정보는 동법상 개인정보의 하위분류에 속하여 동법에 따른 개인정보 보호의 대상이다. 그 외 개인정보에 비하여 동법 적용범위에 예외를 둘 뿐이다. 따라서 개 인정보를 보호하는 기술을 통해 개인을 식별할 수 없게 CBDC 제도를 설 계하더라도 이 정보가 익명정보인지 가명정보인지, 아니면 다른 정보와 쉽게 결합하여 개인 식별이 가능한 정보에 해당하는지를 살펴볼 필요가 있다.

80) 오프라인 CBDC의 공개키는 설계에 따라 개인정보 해당 여부에 대한 평가

기능한다.[81] 개인키는 전자적 방식에 의해 발급된 문자, 숫자, 기호 등이 나열된 조합으로 CBDC 이용자마다 서로 다른 것이 되도록 할당될 것으로 예상된다. 따라서 이는 특정인을 고유하게 식별하기 위해 부여한 정보로서 개인정보에 해당한다.[82] 공개키는 이러한 개인키로부터 생성된다. 설계방식에 따라서는 공개키가 단 하나가 아니라 거래마다 생성할 수 있어 복수로 생성될 수 있으나,[83] (i) 전자적 방식으로 발급된 문자, 숫자, 기호 등이 나열된 조합으로 CBDC 이용자마다 서로 다른 것이 되도록 할당되어 특정 거래주체를 식별할 수 있도록 기능하고, 또한 (ii) 개인키와 결합되어 개인을 식별할 수 있다. 따라서 온라인 CBDC의 개인키와 공개키는 개인정보에 해당하는 것으로 생각된다.[84]

가 달라질 수 있다. 다만, 오프라인 CBDC의 공개키 등이 개인정보에 해당하지 않는 것으로 판단되더라도, 개인을 식별하는 수단이 사용하기에 용이하고 비용도 저렴해지면 널리 사용될 수 있으므로, 식별기술이 발달하면 시간이 경과하면서 이에 대한 평가는 달라질 수 있다. 예컨대 현재의 데이터에 의하여 특정 개인이 식별되지 않더라도, 기술이나 보안 측면의 발전이나 일정한 기록을 일반 공중이 이용할 수 있게 되었는지를 고려한다면 식별가능성은 달라질 수 있고, 과거 손쉽게 식별할 수 없었던 정보가 현재 식별할 수 있게 된다면 개인정보가 된다(UK Information Commission's Office (ICO), Personal Information Online Code of Practice 9 (2011), 9면). 그리고 어떠한 정보에 의하여 특정 개인이 식별되는지 여부는 개별적인 경우의 상황에 따라 결정된다(Article 29 Working Party(2014), 12-13면). 오프라인 CBDC 이용자가 발급받은 단말기를 제3자에게 이전하지 않고 계속 사용하는 경우로서 식별기술 발달이 뒷받침된다면 오프라인 CBDC의 공개키에 대한 법적 평가는 달라질 수 있을 것이다.

81) 이하 이 단락은 서자영(2021) 제5장 제2절 Ⅲ. 2. 나. (2) (나)항 인용.

82) 참고 규정으로, 신용정보법 제2조 제1의2호 가목 2), 동법 시행령 제3항 제2호.

83) 비트코인의 공개키에 대한 설명으로, Fergal Reid, and Martin Harrigan, An Analysis of Anonymity in the Bitcoin System, in (ed) *Security and Privacy in Social Networks*, Springer New York, (2012), 203면.

84) 다른 정보와 결합하여 개인을 식별할 수 있다는 점을 들어 IMEI(국제모바일

(나) 해시화되기 이전 거래기록의 개인정보 해당 여부

다음으로 해시화되기 이전의 거래기록이 개인정보에 해당하는지를 살펴본다. CBDC 거래 일시, 거래 금액 등에 관한 정보의 경우 그 자체로는 개인을 바로 식별할 수 없다.[85] 그런데 다른 정보와 쉽게 결합하여 특정한 개인을 알아볼 수 있다면 이 역시 개인정보에 해당한다. 이처럼 현행법은 다른 정보와의 결합의 용이성을 개인정보 해당 여부의 판단 기준으로 들고 있고, 결합의 용이성에 대하여는 다른 정보의 입수가능성 등 개인을 알아보는 데 소요되는 시간, 비용, 기술 등을 합리적으로 고려[86]하게 된다.

그렇다면 CBDC 거래정보는 다른 정보와 쉽게 결합하여 개인을 식별할 수 있는가. 이에 대한 법적 평가는 CBDC 제도의 구현방식에 따라 달라지는데, 분산원장에 공개키와 함께 기록되는 온라인 CBDC 거래정보의 경우 공개키와 결합하여 특정 개인을 알아볼 수 있으므로 개인정보로 평가될 수 있다. 즉, 금액, 시간 등의 CBDC 거래내역이 공개키와 함께 해시값으로 전환되어 하나의 블록으로써 분산원장에 기록될 것으로 예상된다. 이 경우 CBDC 거래내역이 공개키와 항상 결합하여 개인을 식별할 가능성이 있으므로, CBDC 거래정보는 개인정보에 해당한다.

단말기 인증번호, international mobile equipment identity) 및 USIM (universal subscriber identity module) 일련번호 등을 개인정보로 인정하는 사례가 있다(서울중앙지방법원 2007.1.26. 선고 2006나12182 판결; 대법원 2008.8.21. 선고 2007다17888 판결; 서울중앙지법 2007.2.8. 선고 2006가합33062, 53332 판결). 한국 법원이 개인정보의 개념을 비교적 광범위하게 해석하고 있어 이에 의하면 공개키나 비트코인 주소는 개인정보에 해당할 가능성이 매우 높다는 견해로, 이대희(2018), 260면.

85) 이하 이 단락은 서자영(2021), 251면 인용.

86) 동법 제2조 제1호 나목.

(3) 전자지갑 주소와 거래정보 해시값에 대한 검토

토큰형 CBDC의 공개키는 블록체인 기술을 사용하여 해시함수로 암호화되어 전자지갑 주소로 변환되고, 거래금액이나 이용시간과 같은 거래내역은 해시화된다.[87] 그리고 공개키와 거래내역은 함께 해시화되어 분산원장에 기록될 것으로 예상된다. 따라서 이하에서는 전자지갑 주소와 거래정보가 결합하여 처리되는 것을 전제로 살핀다.

온라인 CBDC는 공개키 및 거래내역 전부를 암호화하여 대체하는 등의 방법으로 특정 개인을 알아볼 수 없도록 처리되었으나 추가 정보를 통해 개인을 알아볼 가능성이 있는 가명처리가 이루어진 것으로 평가된다.[88] 따라서 온라인 CBDC의 전자지갑 주소와 거래내역 해시값은 개인정보보호법 및 신용정보법상 가명정보에 해당하는 것으로 해석된다. 이하에서 제도 설계 측면과 기술적 특성 측면으로 나누어 살핀다.

우선 CBDC 제도의 취지 등을 고려하면, 개별 온라인 CBDC 보유자와 연결고리 역할을 하는 전자지갑 주소를 불가역적으로 개인을 식별할 수 없는 익명화 처리방식으로 설계하기는 어려울 것으로 생각된다.[89] CBDC 제도는 AML/CFT 규정을 준수하도록 설계될 것이 예상된다. 만약 전자지갑 주소에 대해 익명화 처리하면 CBDC 보유자별 거래내역 추적이 사실상 불가능하여 AML/CFT 규정 준수 등 정책 목적 달성이 어렵다. 따라서 CBDC 거래 시 해시화된 정보만이 분산

---

87) 오프라인 CBDC의 경우 단말기와 같은 전자적 기기에 분산원장기술이나 개인정보 보호 강화 기술을 사용하지 않도록 설계할 수도 있다. 이 경우 오프라인 CBDC의 공개키나 거래정보가 개인정보에 해당하도록 설계하더라도, 원격 원장 등과 연결되지 않아 별도로 가명처리 되지 않는다면, 오프라인 CBDC의 공개키나 거래정보의 가명정보 해당 여부는 추가로 검토할 필요가 없다.

88) 블록체인 기술을 기반으로 한 암호화뿐 아니라 개인정보 보호 강화 기술(PET)을 활용하여 추가 정보의 사용·결합 없이는 개인 식별이 어렵도록 처리할 수 있다; 개인정보보호법 제2조 제1호, 제1의2호 참조.

89) 이하 이 단락은 서자영(2021), 249-250면 인용 또는 참조.

원장에 기록되도록 하여 경제주체의 일상 거래에 대한 사생활의 자
유를 보장하되, 추가 정보를 통해 다시 공개키 및 이와 함께 처리된
거래내역을 확인할 길을 열어두는 방향으로 설계하는 경우, 전자지갑
주소 및 이와 함께 처리된 거래내역 해시값은 가명정보로 판단된다.

다음으로 온라인 CBDC의 전자지갑 주소와 거래내역은 해시함수
로 암호화되고 개인정보 보호 강화 기술(PET)을 활용하여 추가 정보의
사용·결합 없이는 개인 식별이 어렵도록 처리될 것이다. 따라서 그 자
체로 개인을 식별할 수 있는 정보가 아니다. 그러나 추가 정보의 사
용·결합을 통하여 개인을 식별할 수 있는 정보가 될 가능성이 존재하
고,[90] 그와 같이 설계할 수 있다. 해시화된 정보는 해당 해시값을 다시
계산함으로써 해시화된 정보가 원래의 정보와 동일하다는 것을 증명
하는 것이 가능하고 데이터 세트(dataset)와 개인 정보주체를 연계시키
는 것이 가능하다.[91] 블록체인이 암호화 해시(cryptographic hash)를 사
용하는 이유 중의 하나가 바로 거래내역 데이터와 이를 해시화한 해
시값을 비교함으로써 거래 내역을 인증하고 데이터의 유효성을 확
인하기 위한 것이다.[92] 나아가 CBDC 발행 과정에서 중개기관과 최초
전자지갑을 개설하는 이용자는 해당 중개기관에 개인정보를 제공하는

---

90) 비트코인에 대한 익명성 연구를 예로 들면, 적절한 공개 네트워크를 이용
하면 많은 공개키를 서로 연결하고 네트워크 외부에 존재하는 식별정보
와 연결할 수 있고, 적절한 도구를 사용하면 사용자의 활동을 자세히 관
찰할 수 있다는 견해가 제기된다. Reid F. and Harrigan M.(2012), 221면; 한
편, 블록체인 거래 기록들(cluster)의 분석을 통해 특정 공개키가 실제 현실
세계의 특정인과 관련될 가능성을 알아낼 수 있다는 견해로, Sarah
Meiklejohn et. al., A Fistful of Bitcoins: Characterizing Payments among Men
with No Names, in the *Proceedings of the Internet Measurement Conference*,
Association for Computing Machinery (2013)

91) Article 29 Working Party(2014), 20면.

92) Blockchain BundesVerband, Blockchain, data protection, and the GDPR 4,
v.1.0 (2018).

한편, 분산원장에 기록되는 CBDC 거래정보는 추적이 가능하다.[93] 공개키와 같은 일부 개인정보를 암호화하고 CBDC 전전유통 시 최초 수집한 개인정보와의 사용·결합 또는 개별 이용자들의 CBDC 거래내역 추적 등을 통해 신원 파악을 할 수 있는 기술적 가능성이 존재한다. 따라서 전자지갑 주소와 해시화된 거래기록은 블록체인 기술 및 개인정보 보호 강화 기술을 통하여 가명처리가 이루어진 것으로 평가할 수 있고, 가명정보로 봄이 타당하다.[94]

2. 개인정보 보호를 위한 CBDC 설계방안[95]

가. 최소한의 수집과 가명처리

(1) 발행단계 및 접속단계에 수집한 개인정보의 망 분리 저장

개별 중개기관은 CBDC 발행을 위한 전자지갑 개설 시점에 전자지갑 개설자의 성명, 생년월일과 같은 개인정보를 취득하여, 해당 중개기관은 개인정보보호법상 개인정보처리자에 해당한다.[96] 또한 일반 이용자가 CBDC 거래를 위하여 전자지갑에 접속·접근(access)할 때 본인확인 절차를 거치게 된다면, 마찬가지로 개별 중개기관은 동법상 개인정보처리자로서 개인정보를 취득하게 된다. 따라서 해당

---

93) 서자영(2021), 250면.

94) 공개키는 EU의 General Data Protection Regulation(이하 'GDPR')에 따른 가명정보에, 분산원장기술을 사용하여 공개키를 해시화한 비트코인 주소는 GDPR에 따라 가명처리된 정보에 해당한다는 견해로, Michèle Finck, Blockchains and Data Protection in the European Union 1, Max Planck Institute for Innovation and Competition Research Paper No. 18-01 (2017), 14, 16면; GDPR 제4조 제5항 및 전문 제26항에 의하면, 가명처리한 정보는 추가적 정보의 사용을 통하여 개인 식별 가능성이 있으므로 개인정보로 본다.

95) 이하 2항은 저자의 박사학위논문의 해당 부분을 서자영(2022), IV항으로 교체함.

96) 서자영(2021), 255면; 개인정보보호법 제2조 제1호 가목 또는 나목.

중개기관은 개인정보 보호 법령[97])에서 정하는 바에 따라 해당 정보를 안전하게 처리하는 등 각종 의무를 부담한다.[98])

그런데 분산원장기술을 사용하여 토큰형으로 설계하면, 해당 개인정보는 앞서 1. 다항에서 살펴본 바와 같이 CBDC 거래에 활용되는 정보는 아니다. 따라서 이를 수집한 개별 중개기관이 별도로 보유하도록 할 수 있다. 이를 반드시 분산원장에 기록하여야 CBDC 제도가 운영되는 것도 아니다.[99]) CBDC 원장 관리·운영을 위해 필수적인 정보가 아니라면, 이러한 개인정보를 분산원장에 기재하여 나머지 CBDC 중개기관이 해당 정보를 수집하도록 하는 것은 최소한의 개인정보 수집 원칙에 부합하지 아니한다(개인정보보호법 제3조 제1항).

또한, 블록체인은 불가역성의 특성이 있어, 현행 법제상 개인정보의 파기나 삭제조치에 대해 유연하게 대처하기 어려운 면이 있다.[100]) 발행 및 접속 단계에서 수집하는 정보는 유통 과정에서 수집하는 정보와 구분하여 별도로 저장하고, CBDC 분산원장이 아닌 정보처리시스템 등에 저장하도록 설계하는 방안을 생각할 수 있다.[101])

---

97) 앞서 1. 나항에서 살펴본 바와 같이 경우에 따라 개인정보보호법뿐 아니라 신용정보법 등이 적용될 수 있다.
98) 서자영(2021), 255면.
99) 기술적 측면에서도 CBDC 원장에 기록되도록 하는 정보의 양을 필요한 범위 내로 조정하는 것이 효율성을 높일 수 있다.
100) GDPR 역시 삭제권 또는 잊혀질 권리에 대하여 규정하여 블록체인의 불가역성과 충돌하는 문제가 제기된다. 즉, 정보주체는 컨트롤러에게 부당한 지체없이 본인에 관한 개인정보를 삭제하도록 하는 권리를 가지며, 컨트롤러는 (i) 개인정보가 수집 또는 처리된 목적과 관련하여 더 이상 필요하지 않은 경우, (ii) 정보주체가 동의를 철회한 경우 및 (iii) 처리의 다른 법적 근거가 없는 경우 등에는 부당한 지체없이 개인정보를 삭제할 의무를 부담한다(GDPR 제17조 제1항 참조). 이 점에서 정보가 추가될 뿐 수정되거나 제거되지 않는 블록체인의 특성은 GDPR의 개인정보 삭제권(제17조) 및 정정권(제16조)과 충돌된다는 지적이 있다. EU Blockchain Observatory and Forum, Blockchain and the GDPR (2018).

이로써 정보주체가 발행 및 접속 단계에서 수집하는 개인정보에 대하여 원칙적으로 개인정보 정정·삭제권을 행사할 수 있고, 보유기간이 지나면 삭제가 가능하게 할 수 있다.[102]

따라서 개별 중개기관만이 발행단계 및 전자지갑 접속단계에서 수집한 개인정보[103]를 처리할 수 있도록, 해당 단계에서 수집한 개인정보를 CBDC 분산원장과 별도의 정보처리시스템 등에 분리저장하도록 설계하는 방안이 개인정보 보호에 적합하다. 전전유통되는 개인정보의 범위를 한정하고 해당 정보를 취급하는 자의 확산을 방지하기 위함이다.[104] 이 경우 개별 중개기관 이외 나머지 중개기관과 중앙은행은 CBDC 발행 및 전자지갑 접속 단계에서의 개인정보를 취득하지 아니하고, 개인정보 관련 법률상 의무 역시 부담하지 아니한다.[105]

(2) 유통단계에 수집한 CBDC 거래기록의 가명처리

유통단계에 수집한 CBDC 거래기록을 가명처리하는 것은 개인의 거래이력 파악을 어렵게 하여 개인정보 보호에 도움이 된다. 분산원장기술을 기반으로 거래기록을 암호화·해시화하고 개인정보 보호 강화 기술을 적용하여 CBDC 거래기록의 가명성을 확보하는 설계는[106] 개인정보보호법상 가명처리에 해당한다. 이에 토큰형 CBDC 유통과정에서 온라인 분산원장에 기록되는 전자지갑 주소와 거래내

---

101) 서자영(2021), 259면.
102) 상동; 개인정보보호법 제36조, 제21조; 해당 정보가 개인신용정보에 해당하는 경우 신용정보법 제38조의3, 제20조의2.
103) 개인정보보호법 제2조 제1호 가목 또는 나목.
104) 서자영(2021), 255면.
105) 상동.
106) 분산원장 기술을 기반으로 개인정보 보호 강화 기술을 활용하여 기밀성(confidentiality)와 감독 가능성(auditability)의 균형을 찾는 실험 연구로, European Central Bank and Bank of Japan, Project Stella: Balancing confidentiality and auditability in a distributed ledger environment (2020).

역 해시값은 가명정보로 볼 수 있다.107)

가명정보 역시 개인정보보호법상 개인정보에 해당한다.108) 다만, 가명정보의 경우 그 외 개인정보에 비하여 동법의 적용범위에 상당한 예외가 있다.109) 따라서 개인정보보호법상 개인정보처리자에 해당하는 CBDC 분산원장 네트워크 참여기관들(nodes)110) 입장에서는 개인정보보호 관련 법령 준수를 위한 사무 부담이 경감된다는 이점이 있다.111) 이처럼 발행 및 접속 단계에서 수집하는 정보는 분산원

---

107) 서자영(2021), 255면.

108) 개인정보보호법 제2조 제1호 다목; 신용정보법상 가명정보 역시 가명처리한 개인신용정보에 해당한다(제2조 제16호).

109) 정보주체 이외로부터 수집한 개인정보의 수집 출처 등 고지의무(제20조), 개인정보 파기의무(제21조), 영업양도 등에 따른 개인정보의 이전 제한 관련 의무(제27조), 개인정보 유출 시 정보주체에 대한 통지의무(제34조 제1항), 정보주체의 개인정보처리자에 대한 개인정보 열람, 정보 정정 및 삭제, 처리정지 청구권 행사(제35조부터 제37조까지), 정보통신서비스 제공자 등에 대한 특례조항(제39조의3, 제39조의4, 제39조의6부터 제39조의8까지의 규정)상 각 의무를 부담하지 아니한다(제28조의7). 서자영(2021), 256면; 또한, 개정 신용정보법[시행 2021. 8. 4., 법률 제16957호, 2020. 2. 4., 일부개정]에 의하면, 개인신용정보에 해당하는 개별 거래정보를 블록체인을 통해 사용하는 경우 금융상거래 종결일로부터 최장 5년 후 삭제하도록 한 보유기간 원칙의 예외가 적용될 수 있게 되었다(제20조의2 제2항). 즉, 개인신용정보를 처리하는 기술의 특성 등으로 개인신용정보를 보존할 필요가 있는 경우 개인신용정보 보유 기간에 대한 특례를 부여한다(동조 제2항 다호). 서자영(2021), 260면.

110) CBDC 제도 운영자 이외 분산원장 참여기관들(nodes)까지 포함되는지에 대하여 의문이 들 수 있으나, 참여기관들(nodes) 역시 CBDC 발행 및 거래라는 공동의 목적을 위하여 분산원장을 통하여 복수의 원장에 공통된 기록을 실시간 공유함으로써 개인정보인 가명정보를 취득하게 되므로 이들 역시 개인정보처리자로 해석함이 타당하다.

111) 한편, 개인정보보호법은 서로 다른 개인정보처리자 간의 가명정보의 결합 시 개인정보 보호위원회 또는 관계 중앙행정기관의 장이 지정하는 전문기관이 수행하도록 규정하는데(동법 제28조의3 제1항), 서로 다른 개인정보처리자인 중개기관 간 가명정보인 전자지갑 주소 및 거래정보 해시

장 밖에 저장하고 필요 최소한의 가명정보가 분산원장에 기록되며
양자의 연계·결합이 어렵도록 CBDC 체계를 구성하는 것은 원활한
CBDC 유통이나 원장의 안정성 유지에 기여한다.[112] 이로써 발행 및
유통 과정에서 CBDC 발행기관과 참가기관별로[113] 노출되는 정보의
정도와 수준에 차이를 발생시킬 수 있다.[114]

나. 개인정보 수집기관의 제한 및 국가기관의 접근통제

(1) 개인정보 수집기관을 제한하는 설계방식의 채택

하이브리드형은 중앙은행이 개별 보유자의 CBDC 보유 및 거래
내역을 기록하는가에 따라서 다시 하이브리드형(Hybrid)과 중개형

값을 분산원장 사용으로 상시 공유하는 것을 두고 개별 개인정보처리자
가 보유하던 가명정보의 '결합'으로 볼 수 있을지에 관한 검토가 필요하
다. 동조는 서로 다른 개인정보처리자가 각자 보관하던 가명정보를 결합
하는 경우에 이에 대한 안전한 처리를 위해 마련된 것이고, 이러한 동조
의 취지를 고려할 때 서로 다른 개인정보처리자가 분산원장을 통해 자연
스럽게 공유하는 가명정보인 CBDC 거래정보까지 동조의 '결합'으로 보
기 어렵다. 나아가 개개의 전자지갑 주소는 서로 결합한다라기 보다는
분산원장을 통해 개별 전자지갑 주소에 관한 정보를 공유하는 것이고,
거래내역 해시값은 각 해시값이 동일성을 유지하며 기관간 결합한다라
기 보다는 매 거래마다 새로이 생성되는 것이므로 이를 두고 결합한다고
해석하기에는 어려운 측면이 있다. 따라서 개인정보처리자간 가명정보
의 결합으로 해석하기 어렵다고 판단된다.

112) 그리고 CBDC 유통과정에서 수집한 정보가 발행 및 접속 단계에서 수집한
정보와 결합이 어렵도록 설계함으로써 유통과정에서 수집한 정보가 개인
정보보호법 제2조 제1호 나목의 개인정보에 해당하는 것을 방지할 수 있다.

113) 분산원장기술을 이용할 때 거래정보가 암호화 처리된다. 추가로 다양한
개인정보 보호 기술을 활용하여 거래에 관여하지 않은 분산원장 참여기
관이 볼 수 있는 정보의 양을 줄이는 형태가 가능할 것인데, 이러한 설계
를 고려할 필요가 있다는 견해로, ESCB(2019), 9면.

114) Sriram Darbha and Rakesh Arora, Privacy in CBDC Technology, Bank of Can
ada Staff Analytical Note 2020-9 (2020) 〈https://www.bankofcanada.ca/2020/
06/staff-analytical-note-2020-9/〉 2022. 1. 2. 방문.

(Intermediated)으로 나눌 수 있다.115) 이하에서는 개인정보 보호 측면에서 직접형, 간접형의 취약점을 살피고, 다음으로 하이브리드형 중에서도 중개형이 보다 개인정보 보호에 유리한 측면이 있음을 살핀다.

직접형의 경우 CBDC 발행 및 유통 과정에서 발생하는 모든 금융거래정보를 중앙은행이 직접 기록하고 이러한 정보가 중앙은행에 집중된다. 제도가 중앙으로 집중되면 될수록 시스템 관리자인 중앙은행이 개인정보 보호 정책을 시행해야 할 가능성이 높아지고,116) 유출 시 피해가 우려된다.117) 간접형의 경우 여러 민간기관이 발행한 스테이블코인(stablecoin)을 활용할 수 있는데118) 스테이블코인이 정부 당국의 승인 및 규제 하에 중앙은행 인프라와 상호 작용하면서 민간기관의 다면적 플랫폼 내에서 민간기관에 의해 개인 데이터가 사용되는 방식에 대한 문제가 제기될 수 있다.119) 스테이블코인은 '빅 테크(big tech)' 플랫폼의 기존 데이터 네트워크 활동 루프 또는

---

115) Raphael Auer, Jon Frost, Leonardo Gambacorta, Cyril Monnet, Tara Rice and Hyun Song Shin, "Central Bank Digital Currencies: Motives, Economic Implications and the Research Frontier", BIS Working Paper No. 976 (2021), 12면.

116) Bank of Canada, Central Bank Digital Currency, (2020), 14면 [Graph 2].

117) 일반 대중을 위한 사용자 친화적인 서비스를 구축하는 것은 민간이 중앙은행 보다 비교우위에 있으므로 직접형은 적절하지 않다는 견해로 BOE(2020), 24면; 한편, 가계의 자금이 CBDC로 몰리면 상업은행이 일부 예금을 잃을 수 있기 때문에 이러한 직접형은 민간 상업은행 부문의 탄력성을 감소할 수 있다는 견해로, Wadsworth, Pros and Cons of Issuing a Central Bank Digital Currency, in a Reserve Bank of New Zealand bulletin 81, No. 7. (2018), 15면.

118) 페이스북(Facebook)이 설립한 Diem(舊 Libra Association)과 같은 사적 단체는 자체 플랫폼이나 기타 플랫폼에서 사용할 스테이블 코인(stablecoin)을 제공할 수 있는 권한을 부여받을 수 있다.

119) Ellie Rennie, Stacey Steele, Privacy and Emergency Payments in a Pandemic: How to Think about Privacy and a Central Bank Digital Currency, Law, Technology and humans Vol. 3(1), (2021), 13면.

'DNA' 루프를 확장하여[120) 소비자 데이터를 삼각 측량하고 사용하는 능력을 강화하기 때문이다. 하이브리드형은 이윤 창출에 활용할 동기가 없는 중앙은행이 참여기관들에게 CBDC 분산원장을 제공하고, 이때 개인정보 보호 강화 기술을 적용하며 기본적인 지급결제기능만 제공하는 것을 원칙으로 설계할 수 있다는 이점이 있다.

한편, 중앙은행이 참가기관과 공유하는 금융거래정보의 양이 적으면 적을수록 개인정보 보호나 정보보안 문제로부터 자유로워질수 있으나, 동시에 제도운영의 복잡함이 증가하고 참가기관이 수행하는 소액결제에 관한 감시·감독이 필요성이 증대한다.[121) 하이브리드형의 경우 중앙은행이 CBDC 이용자별 CBDC 보유 및 거래내역을 참가기관으로부터 제공받아 백업(backup) 사본으로 보유하나, 중개형의 경우 중앙은행이 개별 참가기관의 고객인 CBDC 이용자들의 보유분과 참가기관의 고유분 총액을 파악할 수 있을 뿐[122) 개별 CBDC 소액결제 내역은 파악하지 않는다.[123) 위 2. 가항에서 살펴본 바와같이 분산원장에 공유되는 CBDC 소액거래 내역은 가명정보에 해당하고, 이러한 가명정보 역시 개인정보이다. 하이브리드형은 모든 CBDC 거래정보가 궁극적으로 중앙은행에 집중되어, 정보 유출과 남용 위험에 대한 우려에서 자유로울 수 없다.[124) 개인정보 보호 및 데

---

120) Gary Gensler, Examining Facebook's Proposed Cryptocurrency and Its Impact on Consumers, Investors, and the American Financial System, Testimony to the Financial Services Committee, United States House of Representatives, 17 July 2019. MIT Media Lab, (2019). ⟨https://www.media.mit.edu/posts/examining-facebook-s-proposed-cryptocurrency-and-its-impact-on-consumers-investors-and-the-american-financial-system/⟩ 2022. 1. 9. 방문.

121) Auer, Böehme(2021), 13면.

122) 즉, 참가기관으로부터 거액결제(wholesale) 거래내역만을 제공받는다.

123) Auer, Böehme(2021), 10면 [Graph 4], 12면.

124) Max Raskin and David Yermack, Digital Currencies, Decentralized Ledgers, and the Future of Central Banking, in Peter Conti-Brown and Rosa Maria

이터 보안 문제, 그로 인한 책임부담 측면이나 중앙은행이 자금세탁
방지 규율 대상이 아니라는 측면에서는 중개형이 바람직하다.[125) 중
개형으로 설계하는 경우 중앙은행이 가명정보가 포함된 소액결제내
역을 수집·이용하지 않으므로 개인정보보호법의 적용대상이 되지
않는다.

(2) 국가기관의 접근을 제한하는 설계방식의 채택

개인정보 보호 수준이 낮고 거래 투명성이 높게 제도를 설정하여,
국가기관이 CBDC 거래 데이터에 접근하기 위해 CBDC 시스템 운영
자를 거치지 않아도 되고, CBDC 이용자의 신원을 파악하는 것이 가
능한 시나리오를 상정할 수 있다.[126) 이 시나리오는 국가에 의한 감
시·감독의 최소화 측면이나 국가기관의 정보 오용의 위험 측면을 고
려할 때 타당하지 않다.

한편, 자금세탁 및 테러자금조달 방지 규정(AML/CFT) 준수를 위
하여, 일정 금액 이하의 CBDC 거래에는 거래의 익명성을 보장하되
일정 금액을 초과하는 CBDC 거래는 자금세탁방지기관의 거래 승인
을 거치도록 설계하는 방안이 제시된다.[127) 이 경우 자금세탁방지기
관이 CBDC 시스템의 일부로서 일정 거래에 관하여 개인별 CBDC 보
유액이나 거래내역을 파악할 수 있다. 자금세탁방지기관이 국가에
따라서는 정부기관에 해당할 수 있어 이러한 방식의 설계 역시 신중

Lastra, Research Handbook on Central Banking, Edward Elgar (2018), 483면.

125) 정순섭, CBDC와 금융시스템에 관한 법적 연구-화폐법과 중앙은행법상
쟁점을 중심으로-, 디지털 이코노미 시대의 금융과 지배구조 법적 검토,
은행법학회 (2021), 41면.

126) David Ballaschk, Jan Paulick, The public, the private and the secret:
Thoughts on privacy in central bank digital currencies, Journal of Payments
Strategy & Systems Volume 15 Number 3 (2021), 283면.

127) ESCB(2019), 1면, 7면.

한 접근이 필요하다.

국가에 의한 감시·감독의 최소화 측면에서 국가기관이 CBDC 원장에 참여하거나 접근하는 것을 제한하도록 설계하는 것이 바람직하다. 중개기관 등 CBDC 지급결제 서비스 제공자가 의심스러운 거래를 관할당국에 보고할 수 있도록 사용자의 신원을 확인하고 활동을 모니터링하도록 하고, 정부기관은 예외적 상황에서 금융거래 감독 또는 법 집행을 위하여 중개기관으로부터 데이터를 제공받아 이를 사용할 수 있도록 설계하는 것이다.[128]

다. 현금 선택권 및 거래정보 제공 선택권의 보장

(1) 현금 지급 선택권의 보장

현재 CBDC 제도를 연구하는 국가 대부분은 CBDC와 현금을 병용하는 것을 염두에 둔다.[129] CBDC는 현금과 함께 발행되고, CBDC와 현금 또는 예금 사이 등가로 상호 교환이 가능한 것을 전제로 한다. 거래 상대방이 현금 수령을 거절하여 다른 지급수단으로 변제하는 것은 별론으로 하더라도, 중앙은행이 현금을 지속적으로 발행하여 현금을 지급수단으로 선택할 수 있도록 하면 CBDC 제도 하에서도 거래의 익명성을 보장하는 결과를 낳는다.

---

128) 현행법상 예를 들면 금융실명법 제4조 제1항 단서, 전자금융거래법 제26조; 같은 취지로, Allen S. et. al.(2020), 72면. 하이브리드형 CBDC로써 법 집행기관이 거래정보에 쉽게 접근하기 어렵도록 기술적으로 설계하고 미 연방 법 집행기관이 원장의 거래정보를 얻기 위하여 Right to Financial Privacy Act와 같은 법률에서 정한 절차와 요건을 따르도록 하는 것이 타당하다고 본다(상동).

129) Bank of Canada, European Central Bank, Bank of Japan, Sveriges Riksbank, Swiss National Bank, BOE, Board of Governors of the Federal Reserve and BIS(2020), 10면.

(2) 거래정보 제공 선택권의 보장

개인정보자기결정권의 보장 측면에서, 일반 이용자인 정보주체의 동의 하에 CBDC 거래정보를 이전하여 민간이 이를 활용할 수 있도록 하는 설계방안을 생각[130]할 수 있다(개인정보보호법 제18조 제1항). 즉, 중앙은행은 분산원장기술 및 개인정보 보호 강화 기술을 적용하여 기본적인 지급결제기능만 제공하는 CBDC 시스템을 설계한다. 일반 이용자들은 분산원장 참여기관 내지 기타 기업에 대가를 받고 자신의 CBDC 거래기록을 활용하도록 할지 선택할 수 있게 하는 것이다. 이러한 맥락에서 COVID-19와 관련하여 수집된 건강정보에 대한 사용 제한과 유사하게, 원칙적으로 CBDC와 관련하여 수집된 개인정보의 상업화를 금지하고 정보 오용을 방지하는 모델로 설정한다.[131] CBDC 분산원장에서는 거래정보의 상업적 이용이 불가능하도록 설계하고,[132] CBDC 이용자에게 지급결제 기능 이외에 데이터가 사용되는 방식과 공유 대상에 대한 통제권을 제공하는 것이다.[133] 이와 관련하여 신용정보법에서는 GDPR 제20조에서 규정하는 자기정보이동권(Right to Data Portability)을 동법 체계에 맞추어 수용한 '개인신용정보이동권'을 도입하여,[134] 동법 제33조의2에서 개인신용정보의 전송요구권 조항을 신설하였다.[135] 신용정보법의 수범

---

130) 中央銀行デジタル通貨に關する法律問題研究會(2020), 38면.
131) Rennie, Steele(2021), 13면.
132) 상동
133) BOE(2020), 31면.
134) 금융위원회, 금융분야 마이데이터 산업 도입방안 발표 (2018), 4면.
135) 한편, GDPR은 자기정보이동권의 대상이 되는 정보는 정보주체에 관한 개인정보 및 정보주체가 컨트롤러에게 제공한 정보에 한하며 컨트롤러가 이와 같은 정보를 입력정보로 사용하여 생성한 데이터(파생 혹은 추론된 정보)는 포함되지 않는다고 보고, 금융위원회가 발표한 마이데이터 도입방안에서도 이와 같은 관점에서, "개인정보를 기초로 금융기관 등이 추가적으로 생성, 가공한 2차 정보 등은 제외"한다고 설명한다(이준희,

주체인 중개기관이 개인신용정보에 해당하는 CBDC 거래정보를 처리하는 경우 적용될 수 있고, 그렇지 않은 경우에도 CBDC 제도 설계 시 참고할 수 있다. 개인정보자기결정권 존중이나 개별 거래정보의 활용을 통한 혁신 촉진이라는 관점에서, 기본적으로 CBDC 거래정보의 상업적 이용이 불가능하도록 설계하나, 본인에 의한 정보 이전·활용의 요청에 대해 대응할 수 있는 방안을 마련하는 것이 바람직하다.

3. 금융거래정보의 활용과 CBDC 설계

가. 정보 활용에 의한 금융사업 촉진

사회경제활동으로 생산되는 정보의 양은 비약적으로 증가하고 있으며, 정보는 새로운 부가가치를 창출하는 이른바 '21세기의 석유'로서 더욱 주목받고 있다.136) 지급결제 서비스의 분야에서도 개인 식별과 관련한 정보 및 결제정보를 상품명, 단가 등에 관한 거래정보와 결합시킴으로써, '누구에게, 무엇이, 언제, 어디서, 얼마나, 얼마에 팔리고 있는가'와 같은 상세한 구매 정보 등을 얻고 이를 통해 보다 정밀한 각종 마케팅 활동이 가능해져 높은 경제적 이익을 낳을 수 있고, 따라서 이를 활용하려고 하는 움직임이 활발하다.137)138) 고

금융분야 본인신용정보관리업(마이데이터 산업) 도입방안에 관한 소고, 고학수, 임용(편), 데이터 오너십-내 정보는 누구의 것인가?, 박영사 (2019), 285면). 그러나 개별 금융회사가 고객과의 금융거래에서 생성되는 1차적인 거래정보에 기반하여 2차적으로 생성되는 정보는 매우 다양하고, 향후 데이터의 분석기법과 활용방식이 다양화되는 추세에 기반하여 더욱 외연이 확장될 것으로 예상되며, 그러한 정보가 자기정보이동권의 대상이 되는지 여부도 반드시 명확한 것은 아닐 것이므로, 이러한 점을 고려하여 보다 구체적이고 명확한 기준설정이 요구된다는 견해가 제시된다 (상동).

136) World Economic Forum, Personal Data: The Emergence of a New Asset Class, World Economic Forum (2011) 5면.

객의 소비 정보 및 지불 능력 등에 대한 데이터는 맞춤형 서비스 제공 및 혁신적인 금융상품 개발을 가능하게 함에 따라 활용도가 증가할 것으로 예상되고, 기존 상업은행은 맞춤형 서비스를 위해 데이터를 활용하고 빅테크 기업은 지급결제 플랫폼 등에서 신상품 개발을 위해 데이터를 집적하고 활용할 것으로 예상된다.[139]

그리고 앞서 2항에서 살펴본 바와 같이 CBDC 제도 운용 과정에서 개인정보의 성격을 가지는 데이터와 그렇지 않은 데이터를 수집하고 이용하게 된다. 개인정보의 성격을 갖지 않은 데이터의 수집, 이용에는 특별한 문제가 없지만, 개인정보의 성격을 갖는 데이터에 대하여는 그 수집, 이용에 제한이 있다.[140] 그로 인해 데이터를 통한 가치 창출의 원천이 되는 데이터셋(dataset)에 개인정보가 포함될 경우 그 데이터셋에 접근할 수 있는 사업자와 그렇지 않은 사업자 간에 경쟁상 우위 확보에 차이가 발생할 수 있다.[141] 관점에 따라서는 CBDC의 발행 및 유통에 의해 얻을 수 있는 가치 있는 정보를 중앙은행이나 제한된 수의 중개기관이 독·과점하는 것이 바람직하지 않다는 평가가 있을 수 있다.[142]

---

137) 예를 들어, 금융위원회 보도자료, 2020. 4. 1. 금융위원회 혁신금융서비스 9건 지정 (2020), 7면 참조.

138) 예를 들어 중국에서의 알리페이(Alipay), 위챗페이(WeChatPay)와 같은 결제 서비스는 모체가 되는 서비스(e커머스나 게임, SNS 서비스 등)와 동일한 플랫폼에서 서비스를 제공하는 것에 의한 고객 포섭이나 빅데이터의 수집, 활용에 의한 수익 확보를 목표로 하고 있다. 中央銀行デジタル通貨に關する法律問題研究會(2020), 37면.

139) 금융감독원 거시건전성감독국, BDAI 활용에 따른 금융시스템 변화 및 감독상 대응방안 (2018), 5면.

140) 홍대식, 데이터 소유권(Ownership)을 둘러싼 법적 쟁점과 경쟁법 원칙의 적용, 고학수·임용(편), 데이터 오너쉽-내 정보는 누구의 것인가?, 박영사 (2019), 179면.

141) 상동.

142) 中央銀行デジタル通貨に關する法律問題研究會(2020), 37면; 이와 관련하

나. 거래정보의 활용과 개인정보 보호의 문제

CBDC 제도 운용 과정에서 생성되는 금융거래정보의 활용은 데이터 거버넌스[143] 설계의 문제와 연계된다. 데이터 거버넌스는 유용한 데이터에 대한 '접근(access)'을 누구에게 어떻게 어떤 형태로 제공할 것인지, 그리고 그에 대한 적절한 '통제(control)'를 어떻게 달성할 것인지 하는 것이 핵심적인 정책적 고려사항이 되고, 그러한 정책적 목적을 달성하기 위한 구체적 방안으로 다양한 방식이 존재할 수 있다.[144] 중앙은행 및 제한된 수의 중개기관에 의한 거래정보의 독·과점을 피하기 위하여, 보유하는 개별 CBDC 거래정보를 제3자에게 제공하는 다음과 같은 방안을 생각할 수 있다.

우선 개인정보에 해당하는 개별 거래정보를 마스킹 등의 가공을 통해 가명처리하여 가명정보의 형태로 제공하는 것을 생각[145]할 수 있다(개인정보보호법 제2조 제1호 다목, 제1의2호 참조).[146] 블록체

여, 고객 데이터 확보가 용이한 빅테크 기업(구글, 아마존 등)이 데이터 독점화 구조(winner-takes-all market structure)를 야기할 가능성을 증대시킨다는 평가가 있다. 금융감독원 거시건전성감독국(2018), 5면.

143) 데이터 거버넌스란, 데이터의 전반적인 수집, 보관, 처리, 활용 등의 과정에서 데이터를 관리하는 주체가 누구인지, 어떤 방식으로 관리되어야 하는지, 그에 관한 감시, 감독은 어떻게 이루어지는지 등에 관한 체계를 종합적으로 언급하는 것으로 생각할 수 있다. 고학수, 데이터 이코노미(Data-Driven Economy)의 특징과 법제도적 이슈, 고학수·임용(편), 데이터 오너십-내 정보는 누구의 것인가?, 박영사 (2019), 38면.

144) 고학수(2019), 37면.

145) 中央銀行デジタル通貨に關する法律問題硏究會(2020), 38면.

146) 현행 공공데이터의 제공 및 이용활성화에 관한 법률(이하 '공공데이터법')은 원칙적으로 개인정보를 제공의 대상이 되는 공공데이터의 범위에서 제외한다(공공데이터법 제17조 제1항 제1호, 공공기관의 정보공개에 관한 법률 제9조 제6호 참조). 그러나 개인정보성 데이터에 대한 수요가 상당하므로 공공데이터의 원활한 이용을 위하여 개인정보보호법의 영역에서 논의되는 익명화, 가명화 등의 안전성 확보조치의 개념을 공공데이터법에서도 채용한 후 공공데이터 제공의 대상을 실질적으로 확대하는

인 기술을 활용한 토큰형 CBDC의 경우, 앞서 2. 나. (2), (3)항에서 살펴본 바와 같이 CBDC 전자지갑 주소나 해시화된 거래정보는 블록체인 기술의 특성에 따라 가명정보에 해당한다. 그런데 제3의 기관은 CBDC 거래정보의 해시값이 아니라 해시화 이전의 CBDC 거래정보를 활용하고자 할 것이다. 따라서 해시화 이전의 CBDC 거래정보를 다시 가명처리 하여 가명정보의 형태로 제공하게 되고, 이때 제3자 제공 여부, 제공 정보의 범위 설정, 가명처리의 수준 등에 관한 문제가 생긴다. 이처럼 제공제도의 활용 가능성에 대해서는 향후의 해석이나 운용 동향을 바탕으로 한 신중한 판단이 요구된다.147)

　　나아가 데이터 이용 활성화를 통한 신산업 육성이라는 가명정보 도입 취지를 고려하더라도,148) 적절한 가명처리 수준을 판단하는 것은 여전히 어려운 과제이다. 개별 속성(식별자, 개인식별가능정보 등)에 대한 가명처리 수준은 가명처리 목적 및 가명정보의 이용환경

　　것이 바람직하다는 견해로, 전응준, 공공데이터의 이용과 통계 및 학술 연구 목적의 데이터 처리-데이터의 안전한 이용의 관점에서, 고학수, 임용(편), 데이터오너십-내 정보는 누구의 것인가?, 박영사 (2019), 218-219면, 254면.

147) 상동

148) 2020. 2. 4. 법률 제16930호로 개정된 개인정보 보호법 개정 이유를 살펴보더라도, 가명정보 개념은 데이터 이용 활성화를 통한 신산업 육성을 위해 정보주체 동의 없이 과학적 연구 등의 목적으로 이를 이용할 근거를 마련하기 위해 신설된 것이다. 즉, '4차 산업혁명 시대를 맞아 핵심 자원인 데이터의 이용 활성화를 통한 신산업 육성이 범국가적 과제로 대두되고 있고, 특히, 신산업 육성을 위해서는 인공지능, 클라우드, 사물인터넷 등 신기술을 활용한 데이터 이용이 필요한 바, 안전한 데이터 이용을 위한 사회적 규범 정립이 시급한 상황'이라고 판단 후, '이에 따라, 정보주체의 동의 없이 과학적 연구, 통계작성, 공익적 기록보존 등의 목적으로 가명정보를 이용할 수 있는 근거를 마련하되, 개인정보처리자의 책임성 강화 등 개인정보를 안전하게 보호하기 위한 제도적 장치를 마련'한다고 되어 있다.

과 가명정보 및 추가정보에 대한 보호조치 수준에 따라 달라질 수 있으며,149) 가명처리 단계에서 가명정보 이용환경(제3자 제공 여부, 외부 공개여부 등)과 기술적·관리적·물리적 보호조치 수립 여부 등을 고려하여 적절한 가명처리 수준을 결정150)해야 한다.151) 활용 목적상 가능하다면, 아예 개인정보의 범주에서 제외되는 익명정보의 형태로 가공하여 사용하는 방안도 생각할 수 있다.

이와 관련하여 개정 개인정보보호법[시행 2020. 8. 5.] [법률 제16930호, 2020. 2. 4., 일부개정]에 의하면, 개인정보처리자는 통계작성, 과학적 연구, 공익적 기록보존 등을 위하여 정보주체의 동의 없이 가명정보를 처리할 수 있도록 하되, 서로 다른 개인정보처리자 간의 가명정보의 결합은 개인정보보호위원회 또는 관계 중앙행정기관의 장이 지정하는 전문기관만 수행할 수 있도록 하였다(제28조의2 및 제28조의3 신설). CBDC 거래와 관련하여 수집하는 개인정보를 가

---

149) 예를 들어, 내부 연구목적으로 가명정보를 활용하려는 경우 생년월일 정보를 출생년도(1974년)로 이미 처리했더라도, 동일한 가명정보를 제3자에게 제공하는 경우에는 가명처리 수준을 연령대(40대)로 높일 수 있다. 개인식별가능정보는 개인 식별의 위험이 높지 않다면 원칙적으로 별도의 조치 없이 사용할 수 있다. 다만, 이용 상황에 따라 개인 식별 가능성이 높아진 경우에는 추가적인 조치를 통해 재식별 위험을 낮춰야 한다{이상 금융위원회, 금융감독원, 금융분야 가명·익명처리 안내서 (2020), 16면 인용}.

150) 구체적으로 가명처리시 식별자{예를 들어 성명, 전화번호(편집자 주)}는 원칙적으로 삭제하여야 하며, 개인식별가능정보는 금융분야에서 처리하는 개인(신용)정보 및 이용환경의 특성에 따라 개인식별가능정보 간의 조합, 외부에 공개된 정보와의 결합, 특이치(outlier) 등으로 인하여 개인 식별 가능성이 높은 경우 일반화, 범주화 등의 추가적인 조치를 통해 재식별 위험을 낮춰야 한다. 또한 개별 속성에 대한 가명처리 수준은 가명처리 목적, 가명정보 이용환경과 가명정보 및 추가정보에 대한 보호조치 수준에 따라 달라질 수 있다{이상 금융위원회·금융감독원(2020), 16면 인용}.

151) 금융위원회·금융감독원(2020), 5면.

명처리하여 중개기관 이외 제3의 기관에게 활용하도록 하는 경우, 전문기관의 가명정보 처리에 관한 규정을 활용할 수 있을 것이다.

나아가 신용정보법상 개인신용정보에 해당하는 정보의 경우, 개정 신용정보법[시행 2020. 8. 5.] [법률 제16957호, 2020. 2. 4., 일부개정] 상 신용정보회사 등은 자기가 보유한 정보집합물을 제3자가 보유한 정보집합물과 결합하려는 경우 금융위원회가 지정한 데이터전문기관152)을 통해서만 하도록 하고, 정보집합물의 결합 목적으로 데이터전문기관에게 개인신용정보를 제공하는 경우 신용정보주체의 동의 없이도 가명처리하여 개인신용정보를 제공할 수 있다(제17조의 2 및 제32조 제6항 제9호의3, 동법 시행령 제14조의2 제3항).

다음으로 일반 이용자인 정보주체의 동의 하에 개별 거래정보를 이전시키는 것을 생각153)할 수 있다(개인정보보호법 제18조 제1항). 신용정보법에서는 GDPR 제20조에서 규정하는 자기정보이동권(Right to Data Portability)을 동법 체계에 맞추어 수용한 '개인신용정보이동권'을 도입하여,154) 동법 제33조의2에서 개인신용정보의 전송요구권 조항을 신설하였다.155) 본인의 프라이버시 존중이나 개별 거래정보

---

152) 금융위원회는 2020. 8. 5. 개정된 신용정보법(법률 제16957호)와 함께 시행될 신용정보업 감독규정을 개정하였다. 개정 규정에 의하면 데이터전문기관의 인력·조직, 시설·설비, 재정능력 등 데이터전문기관이 갖추어야할 인적·물적 세부요건을 규정한다. 또한 안 제22조의5에서 개인신용정보 삭제 예외에 대한 보호조치를 규정하였다. 동조에 의하면 개인신용정보를 암호화하여 이용하는 경우에 개인신용정보를 재식별할 수 없도록 재식별에 필요한 정보를 삭제하는 등 조치를 한 경우 개인신용정보를 금융거래 등 상거래가 종료된 이후 5년이 경과하였더라도 관리대상에서 삭제하지 아니할 수 있도록 예외를 규정한다.

153) 中央銀行デジタル通貨に關する法律問題研究會(2020), 38면; 이는 앞서 2. 다. (2)항에서 살펴본 거래정보 제공 선택권과 관련된다.

154) 금융위원회, 금융분야 마이데이터 산업 도입방안 발표 (2018), 4면.

155) 한편, GDPR은 자기정보이동권의 대상이 되는 정보는 정보주체에 관한 개인정보 및 정보주체가 컨트롤러에게 제공한 정보에 한하며 컨트롤러

의 활용을 통한 혁신 촉진이라는 관점에서 중앙은행은 본인에 의한
정보 이전의 요청에 대해 적극적으로 대응하는 것이 바람직하다는
견해가 있을 수 있다.156) 한편, 이러한 요청에 일일이 대응할 경우
중앙은행의 사무부담이 증가할 것으로 예상되고, 제도 설계에 있어
서는 중앙은행 경영자원의 제약에도 유의할 필요가 있다.157) 이러한
측면에서 앞서 2. 나. (1)항에서 살펴본 하이브리드형의 하위 유형인
중개형을 제도 설계 시 고려할 필요가 있을 것이다.

　구체적인 CBDC 제도 설계 시 수집·이용하는 개인정보의 공공성
과 공익성, 원래 공개한 대상 범위, 개인정보 처리의 목적·절차·이용
형태의 상당성과 필요성, 가명정보로 처리되는 경우 개인정보 처리
로 침해될 수 있는 이익의 성질과 내용 등 여러 사정을 종합적으로
고려158)하여야 할 것이다. 궁극적으로 개인정보에 관한 인격권 보호

　　가 이와 같은 정보를 입력정보로 사용하여 생성한 데이터(파생 혹은 추
　　론된 정보)는 포함되지 않는다고 보고, 금융위원회가 발표한 마이데이터
　　도입방안에서도 이와 같은 관점에서, "개인정보를 기초로 금융기관 등이
　　추가적으로 생성, 가공한 2차 정보 등은 제외"한다고 설명한다(이준희
　　(2019), 285면; 이에 대하여는 2차적으로 생성되는 정보의 다양성, 데이
　　터 분석 및 활용 방식의 다양화 추세 등을 고려하여 고려하여 보다 구체
　　적이고 명확한 기준설정이 요구된다는 견해가 제시된다(상동).

156) 中央銀行デジタル通貨に關する法律問題研究會(2020), 38면.

157) 상동

158) 개인정보자기결정권이라는 인격적 법익을 침해·제한한다고 주장되는 행
　　위의 내용이 이미 정보주체의 의사에 따라 공개된 개인정보를 그의 별도
　　의 동의 없이 영리 목적으로 수집·제공하였다는 것인 경우에는, 정보처
　　리 행위로 침해될 수 있는 정보주체의 인격적 법익과 그 행위로 보호받
　　을 수 있는 정보처리자 등의 법적 이익이 하나의 법률관계를 둘러싸고
　　충돌하게 된다. 이때는 정보주체가 공적인 존재인지, 개인정보의 공공성
　　과 공익성, 원래 공개한 대상 범위, 개인정보 처리의 목적·절차·이용형태
　　의 상당성과 필요성, 개인정보 처리로 침해될 수 있는 이익의 성질과 내
　　용 등 여러 사정을 종합적으로 고려하여, 개인정보에 관한 인격권 보호
　　에 의하여 얻을 수 있는 이익과 정보처리 행위로 얻을 수 있는 이익 즉

에 의하여 얻을 수 있는 이익과 정보처리 행위로 얻을 수 있는 이익
즉 정보처리자의 '알 권리'와 이를 기반으로 한 정보수용자의 '알 권
리' 및 표현의 자유, 데이터 결합을 통한 빅데이터 분석·활용 등 정
보처리자의 영업의 자유, 사회 전체의 경제적 효율성 등의 가치 형
량이 요청된다.159)

정보처리자의 '알 권리'와 이를 기반으로 한 정보수용자의 '알 권리' 및
표현의 자유, 정보처리자의 영업의 자유, 사회 전체의 경제적 효율성 등
의 가치를 구체적으로 비교 형량하여 어느 쪽 이익이 더 우월한 것으로
평가할 수 있는지에 따라 정보처리 행위의 최종적인 위법성 여부를 판단
하여야 하고, 단지 정보처리자에게 영리 목적이 있었다는 사정만으로 곧
바로 정보처리 행위를 위법하다고 할 수는 없다(대법원 2016. 8. 17. 선고
2014다235080 판결)
159) 상동

제3절 CBDC 위·변조 행위에 대한 범죄의 성립 가부

Ⅰ. 통화 위·변조죄 해당 여부

1. 구성요건 해당성

가. 통화

통화위조죄(형법 제207조)의 객체는 통용하는 대한민국의 화폐, 지폐 또는 은행권(제1항), 즉 통용하는 대한민국의 통화이다. '통화' 란 국가 또는 국가에 의하여 발행권한이 부여된 기관에 의하여 발행된 금액이 표시된 지불수단으로서 강제통용력이 인정된 교환의 매개물을 의미한다.[1] 화폐란 금속화폐인 경화(硬貨)를 말하고, 이에 따르면[2] 현재 우리나라에서 통용하는 화폐는 주화(동전)만 있을 뿐이다.[3] 지폐란 정부 또는 발행권자에 의하여 발행된 화폐대용의 증권(법정화폐)을 말한다. 은행권이란 정부의 인허를 받은 특정은행이 발행하여 교환의 매개물이 된 증권을 말한다.[4] 우리나라에서는 한국은행만이 화폐의 발행권을 가지므로(한국은행법 제47조) 한국은행이 발행한 한국은행권이 통화에 해당한다.[5]

'통용하는'이란 법률에 의하여 강제통용력이 인정되어 있는 것을 의미한다.[6] 형법 제207조 제2항의 유통되는 외국의 통화와 비교하면

---

1) 편집대표 김대휘, 김신, 주석 형법, 형법각칙 제5판 (2017), 384면.
2) 형법학계 다수설로 보인다. 이재상, 장영민, 강동범, 형법각론 제10판 보정판, 박영사 (2017), 549면.
3) 상동: 편집대표 김대휘·김신, 주석 형법, 형법각칙 제5판 (2017), 384면.
4) 이재상·장영민·강동범(2017), 549면.
5) 상동
6) 상동

의미가 명확해진다. '내국에서 유통되는'이란 본조 제1항, 제3항과는 달리 강제통용력이 없이 사실상 거래대가의 지급수단이 되고 있는 상태를 의미[7]하기 때문이다. 이전에 강제통용력이 있었던 통화라도 범행 당시 강제통용력이 인정되지 않는다면 통용하는 통화에 해당하지 않는다.

나. 위·변조행위

위조란 통화의 발행권자가 아닌 사람이 진정한 통화인 것으로 오인할 정도의 외관을 가진 물건을 만드는 것을 의미한다.[8] 통화에 관한 죄에 있어서의 위조는 이른바 유형위조를 뜻하며, 그 방법에는 아무런 제한이 없다.[9] 한편, 통화위조죄가 성립하기 위해서는 진정한 화폐의 존재가 미리 전제되어야 하는가에 관하여는 견해가 대립하는데, 부정설이 우리나라의 통설이다.[10] 통설은 통화의 발행이 예정되어 있는 경우에는 아직 진정한 화폐가 존재하지 않는 경우라 하더라도 위화를 진화로 오인할 우려가 있다는 점에서 진화가 존재하지 않는 경우에도 통화위조가 성립된다는 점 등을 논거로 한다.[11]

---

7) 대법원 1948. 3. 24. 선고 4281형상10 판결, 대법원 1948. 3. 31. 선고 4280형상210 판결, 북한에서 통용되는 소련 군표는 내국에서 유통하는 외국의 지폐에 해당한다; 김신규, 형법각론, 청목출판사 (2015), 602면; 박상기, 형법각론 제8판, 박영사 (2011), 498면; 손동권, 형법각론 제3개정판, 율곡출판사 (2010), 598면; 임웅, 형법각론 제7개정판, 법문사 (2016), 667면; 정영일, 형법강의 각론 제3판, 학림 (2017), 319면.

8) 편집대표 김대휘, 김신, 주석 형법, 형법각칙 제5판 (2017), 386면.

9) 상동

10) 편집대표 김대휘, 김신, 주석 형법, 형법 각칙 제5판 (2017), 387면; 김선복, 신형법각론, 세종출판사 (2016), 496면; 김신규, 형법각론, 청목출판사 (2015), 600면; 김일수·서보학, 새로 쓴 형법각론 제8판 증보판, 박영사 (2016), 535면; 배종대, 형법각론, 제9전정판, 홍문사 (2015), 687면; 백형구, 형법각론 개정판, 청림출판 (2002), 498면; 손동권, 형법각론, 제3개정판, 율곡출판사 (2020), 596면; 이재상 외 2인, 형법각론 제10판, 박영사 (2016), 550면.

반면 소수설은 임의로 있지도 않은 화폐를 만들어내는 행위는 위조라고 할 수 없고, 새로운 화폐가 발행될 것이 예정되어 있더라도 '통용하는'의 의미를 확장해석하여 앞으로 통용될 화폐까지 행위 객체로 포함시키는 것은 죄형법정주의의 틀을 벗어나는 해석이어서 허용되지 않는다고 비판한다.[12] 판례는 소수설을 취하는 것으로 해석된다.[13]

한편 통화의 변조란 진정한 통화에 가공을 하여 그 명목가치나 실질가치를 변경하거나 객관적으로 보아 일반인으로 하여금 기존 통화와 다른 진정한 화폐로 오신하게 할 정도의 새로운 물건을 만들어 낸 것을 말한다.[14] 즉, 통화변조는 진정한 통화에 가공을 하여 변경함으로써 일반인이 그 지불수단으로서의 가치에 착오를 일으킬 성질을 갖게 하는 것을 말한다.[15] 따라서 통화위조나 변조에 해당하려면 일반인이 통화를 사용하는 거래 과정에서 진정한 통화라고 오인할 정도의 외관을 갖추어야 한다.

2. CBDC의 통화 위·변조죄 해당성

앞서 CBDC의 법화성과 관련하여 기술한 바와 같이, 한국은행법 제47조는 한국은행만이 유일한 화폐 발권력을 가진 기관임을 규정하고, 동법 제48조는 한국은행이 발행하는 한국은행권이 법화임을 명시

---

11) 편집대표 김대휘, 김신, 주석 형법, 형법 각칙 제5판 (2017), 387면.
12) 김성천·김형준, 형법각론 제4판, 소진 (2014), 639면.
13) 대법원 2004. 5. 14. 선고 2003도3487 판결; 이에 대한 판례해설[최종길, 일반인의 관점에서 통용할 것이라고 오인할 가능성이 있는 외국의 지폐가 형법 제207조 제3항에서 규정한 외국에서 통용하는 외국의 지폐에 해당하는지 여부, 대법원 판례해설 제50호 (2004)] 참조.
14) 김선복, 신형법각론, 세종출판사 (2016), 496면; 김일수·서보학, 새로 쓴 형법각론 제8판 증보판, 박영사 (2016), 537면; 박상기, 형법각론 제8판, 박영사 (2011), 497면.
15) 편집대표 김대휘, 김신, 주석 형법, 형법각칙 제5판 (2017), 389면.

하고 주화에 대해 동조를 준용한다. 법률상 법화로 인정하는 화폐는 한국은행권과 주화이고 이외 법화에 관한 규정은 없다. 따라서 동법 제47조에 따라 한국은행이 화폐로써 CBDC를 발행하면, 이때 CBDC가 제48조의 은행권에 포함되는지 견해 차이가 발생할 수 있고, 이는 형법 제207조 제1항의 객체 해당 여부에도 마찬가지로 적용된다.

형법 제207조 제1항의 화폐[16], 지폐, 은행권에 한국은행법상 화폐의 개념을 대입하면 다음과 같다. CBDC는 형법 제207조 제1항의 지폐에 해당하지 아니한다. 또한 화폐 중 주화에 해당하지 않는다. 결국 CBDC가 통용하는 은행권에 해당하는지를 살펴볼 필요가 있다. '통용하는'의 의미는 강제통용력이고, '은행권'의 문언해석상 CBDC가 이에 해당하는지에 대한 이견이 있을 수 있다. 명문으로 CBDC의 법화성에 대하여 규정하지 않는 이상, 죄형법정주의 원칙에 따라 형법상 화폐 또는 은행권에 해당하는지 여부가 명확하지 않다. 이는 법적 안정성에 부정적 영향을 미치게 된다. 이처럼 통화위조죄는 CBDC의 위조·복제행위에 대해 성립한다고 해석하기에는 어려운 측면이 있다. 따라서 CBDC가 법화에 해당함을 명문화하는 방식 등을 통하여 입법으로 해결할 필요가 있다고 생각된다

II. 통화 위조죄 개정의 필요성과 고려 요소

1. 통화위조죄 이외에 성립할 수 있는 범죄

통화위조죄 이외에 CBDC의 위·복제행위에 대하여 성립할 수 있

---

16) 화폐는 금속화폐인 경화(硬貨)를 말하는데 현재 우리나라에서 통용하는 화폐는 주화(동전)만 있을 뿐이라고 보는 견해(편집대표 김대휘, 김신, 주석 형법, 형법각칙 제5판 (2017), 389면)에 의하더라도 CBDC는 화폐에 해당하지 않는다.

는 범죄로서 전자기록위작·변작죄(형법 제227조의2, 제232조의2)를 생각할 수 있다. 동죄의 적용대상은 전자기록 등 특수매체기록이다. 전자기록이란 일정한 매체에 전기적·자기적 방식으로 저장된 기록을 말한다.[17] 일정한 매체란 집적회로·자기디스크·자기테이프 등을 의미하고, 특수매체기록에는 전자기록 이외 광기술이나 레이저기술을 이용한 기록이 포함된다.[18] 판례 역시 사전자기록위작·변작죄에서 말하는 전자기록 등 특수매체기록이라 함은 일정한 저장매체에 전자방식이나 자기방식에 의하여 저장된 기록을 의미한다고 판시하면서, 컴퓨터의 임시기억장치 또는 임시저장매체인 램(RAM, Random Access Memory)에 올려진 전자기록이 동조상 전자기록 등 특수매체기록에 해당한다고 판시한 바 있다.[19] 그러나 본죄의 전자기록은 문서죄와의 관계에서 의사가 표현된 것임을 요하므로 컴퓨터에 대한 작업명령을 내용으로 하는 프로그램은 여기의 기록에 해당하지 않는다.[20] 한편, 위작 또는 변작은 권한 없이 또는 권한의 범위를 일탈하여 전자기록을 작성·변경하는 것을 말한다.[21]

블록체인을 사용한 CBDC의 경우, 블록체인의 불가역성 특성상 CBDC에 관한 거래기록은 스마트폰 등 어느 저장매체에 기록되더라도 그 매체와 저장된 전자기록 사이의 결합강도가 약하지 아니하고, 각 매체별 전자기록의 지속성의 상대적 차이가 적으며, 전자기록의 계속성과 증명적 기능이 밀접한 관계에 있다는 점[22] 등을 고려하면,

---

[17] 이재상·장영민·강동범(2017), 613면.
[18] 상동
[19] 대법원 2003. 10. 9. 2000도4993 판결.
[20] 이재상·장영민·강동범(2017), 613면.
[21] 이재상·장영민·강동범(2017), 613-614면.
[22] 형법이 전자기록위·변작죄를 문서위·변조죄와 따로 처벌하고자 한 입법 취지, 저장매체에 따라 생기는 그 매체와 저장된 전자기록 사이의 결합강도와 각 매체별 전자기록의 지속성의 상대적 차이, 전자기록의 계속성과 증명적 기능과의 관계, 본죄의 보호법익과 그 침해행위의 태양 및 가벌성

각종 저장매체에 기록된 CBDC에 관한 거래정보는 동조의 전자기록에 해당한다고 해석된다. 한편, 컴퓨터에 대한 작업명령을 내용으로 하는 프로그램은 여기의 기록에 해당하지 않아,23) 악성프로그램 전달 또는 유포 등을 통한 CBDC 운용에 관한 작업명령 프로그램 방해행위 자체에 대해서는 동조를 적용하기 어려울 것이다.

　한편, 전자기록위작·변작죄 이외에도 컴퓨터 등 사용사기죄(동법 제347조의2)가 성립하는 경우가 발생할 수 있다. 그러나 전자기록위작·변작죄는 문서범죄에 있어서의 처벌의 흠결을 보완하여 컴퓨터범죄에 효율적으로 대처하기 위한 규정24)으로서 본죄의 보호법익은 전자기록에 대한 거래의 안전과 신용25)이라는 점에서, 동죄로 법화인 CBDC 위·복제행위를 처벌하는 것은 CBDC 위·복제행위에 대한 처벌규정의 불비로 인한 불가피한 조치로 평가된다.

　지폐, 주화와 CBDC는 모두 법정화폐에 해당하여 이와 관련한 범죄의 보호법익이 다르다 할 수 없다. 반면 IT기술 발달 등에 따라 지폐 또는 주화에 대한 위·변조행위보다 CBDC에 대한 위조·복제행위가 화폐에 대한 거래의 안전과 신용에 대하여 미치는 파급력이 중대할 가능성이 높다.26) 그럼에도 CBDC 위조·복제행위에 대하여 전자기록위작·변작죄를 적용한다면, 통화위조죄에 비해 법정형이 지나치게 경미27)하여 입법론상 타당하다고 할 수 없다. 나아가 컴퓨터

　　등에 비추어 볼 때, 위 램에 올려진 전자기록 역시 사전자기록위작·변작죄에서 말하는 전자기록 등 특수매체기록에 해당한다(대법원 2003. 10. 9. 2000도4993 판결).

23) 대법원 2003. 10. 9. 2000도4993 판결.
24) 이재상·장영민·강동범(2017), 612면.
25) 상동
26) 中央銀行デジタル通貨に關する法律問題研究會(2020), 41면.
27) 공전자기록위작·변작죄의 경우 10년 이하의 징역(제227조의2), 사전자기록위작·변작죄의 경우 5년 이하의 징역 또는 1천만원 이하의 벌금에 처하며(제232조의2), 미수범 처벌 규정이 있다(제235조). 반면, 통화위조죄의 경우

등 사용 사기죄는 위·복제한 CBDC를 이용한 기망행위를 처벌하는 것이고 위·복제행위 자체를 처벌하는 것이 아니다. 따라서 CBDC 위·복제행위에 대하여 컴퓨터 등 사용 사기죄를 의율하는 것에는 한계가 있다.[28]

2. 개정의 필요성 및 개정 시 고려요소

현행법 하에서 CBDC의 위조·복제 행위에 대해 통화위조죄가 성립한다고 보기 어렵다고 본다면, 법 개정에 의해 CBDC를 통화위조죄의 대상으로 삼을 때 다음 관점에서 검토할 필요가 있을 것이다.

우선 현금과 CBDC의 범죄행위의 양태나 법익침해 정도의 차이를 검토할 필요가 있다. CBDC는 통화위조죄의 객체인 '화폐, 지폐, 또는 은행권'과 달리 원본이 무체물이다. 따라서 ① 진정한 데이터를 복사해 완전히 동일한 데이터를 만들어 진위 판정이 불가능한 경우가 있고, ② 단기간 내에 대량 위조·복제가 가능해 일단 위조·복제가 이뤄지면 피해 규모가 현금의 경우보다 클 것으로 예상된다.[29] 또 ③ CBDC는 이전이 용이하고 위조·복제된 데이터가 단기간에 광범위하게 유통될 가능성이 있으며 ④ 정보기술의 진전은 매우 빠르기 때문에 CBDC에 관한 위조·복제 기술 향상에 대한 대처는 현금 이상으로 어려울 수 있다.[30] 이러한 특징을 감안할 때, CBDC의 위조·복제 행위는 현금 위조 행위보다 결제 시스템의 안정성이나 통화의 진정에 대

무기 또는 2년 이상의 징역에 처하고(제207조 제1항), 미수범은 물론이고 (제212조) 예비, 음모죄도 처벌한다(제213조).

28) 이와 관련하여, 위조통화를 행사하여 타인의 재물을 편취한 경우 판례는 위조통화 행사죄와 사기죄의 경합범이 된다고 본다(대법원 1979. 7. 10. 선고 78도840 판결).

29) 中央銀行デジタル通貨に關する法律問題研究會(2020), 41면.

30) 상동

한 공공 신용에 더 큰 영향을 미칠 가능성이 있다. 이 때문에 CBDC에 대해서는 '화폐, 지폐, 또는 은행권' 이상으로 형법적 보호가 필요하며, 적어도 통화 위조죄의 대상으로 삼아 CBDC의 위조·복제 행위에 대하여 무겁게 처벌하는 것이 필요할 수 있다.[31]

그리고 통화위조죄의 객체 요건(형법 제207조 제1항) 중 통용한다는 것은 사실상 유통되는 것이 아니라 강제통용력을 갖는 것으로 해석된다. 한국은행법 개정으로 CBDC에 대한 강제통용력 및 법화성을 명시하는 것은(제5장 참조), CBDC의 객체 해당성을 명확하게 한다.

마지막으로 법 개정으로 CBDC의 위조·복제 행위에 대한 통화위조죄의 성립을 인정하는 경우, CBDC를 통화위조죄의 객체로 포함할 뿐만 아니라 그 밖의 구성요건, 특히 CBDC 위조·복제행위에 대한 법문의 기술도 디지털 형태를 전제로 한 실행행위로 개정할 필요가 있다. 계좌형 CBDC의 경우, 제3자가 서버 해킹을 통해 일정액의 지급지시 권한을 나타내는 데이터를 부정하게 작출하는 것이 CBDC의 위조에 해당하고, 진정한 CBDC에 대한 데이터를 복사함으로써 그것과 완전히 동일한 데이터를 생성하는 것이 CBDC의 복제에 해당한다.[32] 그리고 토큰형 CBDC의 경우, 중앙은행이 아닌 자가 CBDC 데이터 자체를 새로이 부정하게 작출하는 것이 위조에 해당하고, 진정한 CBDC에 대한 데이터를 복사함으로써 그것과 완전히 동일한 데이터를 생성하는 것이 복제에 해당한다.[33] 이처럼 CBDC 모델의 설계방식에 따라 실행행위의 양태가 달라질 수 있고, CBDC와 완전히 동일한 데이터를 생성하는 복제행위 역시 형법상 통화위조죄의 실행행위로 포섭할 필요가 있다는 점을 고려하여야 할 것이다.

---

31) 中央銀行デジタル通貨に關する法律問題研究會(2020), 42면.
32) 中央銀行デジタル通貨に關する法律問題研究會(2020), 21면.
33) 中央銀行デジタル通貨に關する法律問題研究會(2020), 21-22면.

제6장 결론

본 논문은 과연 중앙은행이 CBDC를 발행해야 하는가, 발행한다면 주로 상사거래상 발생 가능한 쟁점은 무엇이 있는가, CBDC 제도 도입을 위하여 입법적 정비가 필요한 영역은 무엇이 있는가에 대하여 검토하였다.

첫째, 중앙은행이 새로이 화폐를 발행할 필요 및 CBDC 제도 도입의 의의를 검토하였다. 이를 위하여 화폐의 변천 과정에 대하여 법적으로 고찰하고, 화폐이론에 따른 화폐의 개념을 검토하였다. CBDC는 법정화폐라는 점에서 비트코인 등 민간 지급수단과 근본적 차이가 있다. 기술을 활용하여 통화법제 내에서 안정적 지급수단을 제공하는 데 CBDC 제도 도입의 의의가 있다.

둘째, 실물이 없는 CBDC에 대해 실물화폐를 전제로 발달한 금전에 관한 기존 법리가 그대로 적용될 수 있을지를 검토하였다. (i) 법화의 법적 성질, (ii) CBDC에 대한 사법상 권리의 성질로 나누어 살펴보았다. 우선 CBDC는 법화의 요건을 충족할 수 있으므로 법화로서의 지위를 부여할 수 있다. 다만, 한국은행법 해석상 CBDC 발행근거를 신설할 필요는 있다. 다음으로 무체물인 데이터는 현행 민법상 물건에 해당하지 않으므로 데이터의 일종인 CBDC 역시 물건으로 보기는 어렵다. 그러나 (i) 블록체인의 기술적 속성과 (ii) CBDC 구현방식을 법적으로 평가하면, 계좌형 CBDC 보유자는 채권적 권리를, 토큰형 CBDC 보유자는 CBDC에 대하여 물권에 유사한 권리를 가진다고 판단된다. 계좌형 CBDC는 그 구현방식이 기존의 예금계좌 개설 및 계좌이체 방식과 동일하여 예금법리가 적용되기 때문이고, 토큰형 CBDC는 데이터의 특정 및 이전이 가능하고 CBDC 이전을 통제하는 개인키 보유로서 CBDC에 대한 배타적 지배 가능성이 있기 때문이다. 따라서 토큰형 CBDC의 경우, 물권법정주의 원칙에 따를 때 법률의 제정을 통하여 물권적 성질을 인정할 필요가 있다. 그리고 어느 유형에 따르든지 간에, CBDC는 실물이 존재하지 아니하여 실물화폐와 동일한 방식으로 권리가 귀속되거나 이전하지 않으므로, 입법으로 CBDC 권리 귀속·이전 시점, 거래의 법적 효과 등에 관한 규정을 두어 법적 명확성을 확보해야 한다.

셋째, CBDC 분산원장 관리 주체는 CBDC 발행·유통 시 개인정보를 포함한 광범위한 금융거래정보를 취득하게 되므로, 개인정보의 보호와 활용, 자금세탁방지 등 다양한 정책목적 간 균형을 설정하기 위한 제도 설계 방향을 검토하였다. CBDC에 대한 모든 거래 내역은 삭제나 변경이 어려운 분산원장에 연쇄적으로 기록되고 제한된 수의 CBDC 분산원장 참여기관에 집적되어, CBDC 사용률이 높아질수록 일반 국민의 금전거래에 관한 데이터 독·과점화 구조의 발생 가능성이 커진다. 이는 CBDC 시스템에 담는 금융거래정보의 범위에 관한 제도 설계의 검토로 이어진다. 발행 시 취득하는 개인의 실명정보는 별도로 분리 보관하여 분산원장에 기재되는 개인정보를 필요 최소한도로 하거나, 분산원장기술(DLT)과 개인정보 보호 강화 기술(PET)의 가명성을 활용하는 구현방식에 대해 고민할 필요가 있다. 이와 동시에 자금세탁방지, 가명·익명처리한 빅데이터의 공익적 활용 등 다양한 정책목적을 고려하여, 개인정보 보호와 균형을 모색하는 방향으로 제도를 설계해야 한다.

오늘날 '한국은행권'은 내일의 '디지털 한국은행권'이 될 수 있다. 그러나 형태의 변화일 뿐, '돈'이라는 점에 변함은 없다. CBDC는 통화법제 하에서 발행·유통되고 금전적 가치의 구매력을 지니며, 일정한 구매력가치가 통화제도 하에서 안정적으로 관리된다. 어떤 기술을 사용하여 어떠한 방식으로 구현되든지 간에, 금전적 재산가치에 대한 처분권한을 가진 자의 지위를 보장하고, 금전거래의 본질과 기능에 적합하며, 거래당사자의 이해관계에 적정한 법적 효과를 부여할 수 있는 법리를 구성하여야 한다. 이 논문은 CBDC의 기반이 되는 기술의 속성과 구현방식을 반영하여, CBDC 거래를 합목적적으로 규율할 수 있는 법리구성 방안을 모색하고, 입법적 정비가 필요한 영역을 검토하였다는 점에서 의의를 가진다.

참고문헌

Ⅰ. 국내 문헌

고학수·임용(편), 데이터오너십-내 정보는 누구의 것인가?, 박영사 (2019)

곽윤직·김재형, 민법총칙 제9판, 박영사 (2013)

김보영, 중국의 법정 디지털화폐(CBDC) 발행 추진과 주요국의 입장 변화, 자본시장연구원 2020-12호 (2020)

김이수, 비트코인의 사법상 지위에 관한 고찰, 법학연구 제59권 제4호 (2018)

김은기, 전자화폐의 법적 문제, 상사법 연구 제16집 제2호, 한국상사법학회, (1997)

김증한·김학동, 민법총칙, 박영사 (2013)

김현숙, 가상공간과 형법상 재물의 개념 재구성, 비교형사법연구 제12권 제1호 (2020)

김홍기, 블록체인 기술의 지급결제적 특성과 전자금융거래법 개정 방안, 금융법연구, 제15권 제3호 (2018)

_____, 최근 디지털 가상화폐 거래의 법적 쟁점과 운용방안, 증권법연구, 제15권 제3호 (2014)

노혁준, 전자증권법의 상법상 쟁점에 관한 연구: 주식관련 법리를 중심으로, 비교사법 제24권 제4호 (2017)

박균성, 행정법론(상) 제16판, 박영사 (2017)

박선종·김용재, 중앙은행의 디지털화폐 발행시 법률적 쟁점, 비교사법 제25권 제1호 (2018)

박준·한민, 금융거래와 법, 박영사 (2019)

박준석, 무체재산권·지적소유권·지적재산권-한국 지재법 총칭 변화의 연혁적·실증적 비판-, 서울대학교 법학 제53권 제4호 (2012)

법제처·한국법제연구원, 예금자보호법 해설 (2011)

배대헌, 연구논단: 거래대상으로서 디지털 정보와 "물건" 개념 확대에 관한 검토, 상사판례연구, 제14권 (2003)

서봉석, 채권, 물권, 새로운 유형 권리의 법적 본질에 대한 체계적 고찰, 법학논총 제30권 제1호 (2017)

서자영, 중앙은행 디지털화폐(CBDC)와 금융거래정보 보호, 저스티스 제189호 (2022)

안수현, [정책연구용역보고서] 해외 주요국의 간편결제 서비스 및 입법정책 현황과 시사점, 국회입법조사처 (2019)

오영근, 재물과 재산상 이익에 대한 합리적 해석론, 법학논총 제31권 제4호 (2014)

이대희, 개인정보 개념의 해석 및 범위에 관한 연구, 고려법학 제79권, 고려대학교 법학연구원 (2015)

_____, 블록체인 기술과 개인정보 쟁점, 정보법학 제22권 제3호 (2018)

이명활, 중국의 CBDC 발행 관련 논의 및 시사점, 한국금융연구원 (2019)

이상용, 착오 송금 법리의 재구성, 민사법학 제92호 (2020)

전승재·권헌영, 비트코인에 대한 민사상 강제집행 방안-암호화폐의 제도권 편입 필요성을 중심으로, 정보법학 제22권 제1호 (2018)

정경영, 전자금융거래와 법, 박영사 (2007)

_____, 중앙은행 발행 디지털화폐(CBDC)의 성질과 그 법적 포섭, 금융법연구 제17권 제3호 (2020)

정상조·박준석, 지적재산권법 제3판, 홍문사 (2013)

정순섭, 은행법, 지원출판사 (2017)

_____, 연구논문: 금전의 법적 측면에 관한 연구-'지급결제수단'의 다양화에 대한 법적 대응을 중심으로, 상사판례연구 제22권 제2호 (2009)

_____, 현금없는 사회의 법적 과제-법화의 강제통용력을 중심으로, 은행법연구 제12권 제1호 (2019)

_____, 디지털 금융혁신관련 법령분석과 향후 입법·정책과제, 국회입법조사처 연구보고서 (2020)

_____, CBDC와 금융시스템에 관한 법적 연구-화폐법과 중앙은행법상 쟁점을 중심으로-, 디지털 이코노미 시대의 금융과 지배구조 법적 검토, 은행법학회 (2021)

정진근, 법경제학적 관점에서 본 지적재산권 독점배타권의 정당성-공정사용의 원칙을 중심으로-, 정보법학 제15권 제3호 (2011)

정찬형, 상법강의(하) 제19판, 박영사 (2017)

주석 민법, 물권법(1) 제5판, 편집대표 김용덕 (2019)

주석 민법, 민법총칙(2) 제4판, 편집대표 김용담 (2010)

주석 민법, 민법총칙(2) 제5판, 편집대표 김용덕 (2019)

주석 민법, 채권총칙(1) 제4판, 편집대표 김용담 (2014)

주석 형법, 형법각칙(6) 제5판, 편집대표 김대휘, 김신 (2017)

지원림, 민법강의 제14판, 홍문사 (2016)

최경진, 민법상 정보의 지위, 산업재산권 제15호, 한국지식재산학회 (2004)

진경준, 금융프라이버시권에 관한 연구 - 자금세탁방지제도를 중심으로 서울 대학교 대학원 법학박사학위논문 (2004)

한국은행, 한국의 지급결제제도 (2014)

_____, 분산원장 기술과 디지털통화의 현황 및 시사점, 지급결제조사자료 2016-2 (2016)

_____, 분산원장 기술의 현황 및 주요 이슈 (2016)

_____, 한국의 통화정책 (2017)

_____, 한국은행법 해설 (2018)

_____, 중앙은행 디지털 화폐 (2019)

_____, 2019년 지급수단 및 모바일금융서비스 이용행태 조사 결과, 지급결제 조사자료 제2020-2호 (2020)

_____·정순섭·정준혁·이종혁, 중앙은행 디지털화폐(CBDC) 관련 법적 이슈 및 법령 제·개정 방향 (2021)

中島眞志, 이용택 역, 애프터 비트코인, 21세기북스 (2018)

II. 외국 문헌

Adachi, M., M. Cominetta, C. Kaufmann and A. Van Der Kraaij, A regulatory and financial stability perspective on global stablecoins, Macroprudential Bulletin, Issue 10, ECB, Frankfurt am Main (2020)

Agarwal, R. and M. Kimball, Breaking Through the Zero Lower Bound, IMF Working Paper 15/224 (2015)

Allen S. et. al., Design Choices For Central Bank Digital Currency: Policy And Technical Considerations, NBER Working Paper series No. 27634 (2020)

Ali R., et al., The Economics of Digital Currencies, Bank of England Quarterly Bulletin 2014 Q3 (2014)

Andolfatto, David, Bitcoin and Central Banking (2015)

_____, Assessing the Impact of Central Bank Digital Currency on Private Banks, Federal Reserve Bank of St. Louis Working Paper 2018-026B (2018)

_____, Fedcoin: On the Desirability of a Government Cryptocurrency, MacroMania (2018)

Androulaki E., et al., Hyperledger Fabric: A Distributed Operating System for Permissioned Blockchains (2018)

Antonopoulos, Andreas M., Mastering Bitcoin: Unlocking Digital Cryptocurrencies, 2nd edn, O'Reilly (2014)

Athanassiou, Phoebus, Impact of Digital Innovation on the Processing of Electronic Payments and Contracting: An Overview of Legal Risks, ECB Legal Working Paper Series No. 16 (2017)

Armelius H., Andreas C. Claussen and Hull I., On the possibility of a cash-like CBDC, Sveriges Riksbank Staff Memo (2021)

Arner, Douglas W., Ross P. Buckley, Dirk Andreas Zetzsche and Anton N. Didenko., After Libra, Digital Yuan and COVID-19: Central Bank Digital Currencies and the New World of Money and Payment Systems, European Banking Institute Working Paper Series 65/2020; University of Hong Kong Faculty of Law Research Paper No. 2020/036, University of Hong Kong/European Banking Institute (2020)

Arner D., Auer R. and Frost J., Stablecoins: Risks, Potential and Regulation, BIS Working Papers No. 905 (2020)

Article 29 Working Party, Opinion 04/2014 on Anonymisation Techniques, 0829/14/EN (2014)

Assenmacher K., Berentsen A., Brand C., Lamersdorf N., A unified framework for CBDC design: remuneration, collateral haircuts and quantity constraints, ECB Working Paper Series No. 2578 (2021)

Auer, R. and R. Böhme, The technology of retail central bank digital currency, BIS Quarterly Review (2020)

_____. and R. Böhme, Central bank digital currency: the quest for minimally invasive technology, BIS Working Papers, No. 948 (2021)

_____. and S. Claessens. Regulating cryptocurrencies: assessing market reactions, BIS Quarterly Review (2018)

_____, G. Cornelli and J. Frost, Covid-19, cash and the future of payments, BIS Bulletin, No. 3 (2020) {"Auer, R., G. Cornelli and J. Frost(2020a)"}

_____, G. Cornelli and J. Frost, Rise of the central bank digital currencies: drivers, approaches and technologies, BIS Working Papers, No. 880

(2020) {"Auer, R., G. Cornelli and J. Frost(2020b)"}

_____, J. Frost, T. Lammer, T. Rice and A. Wadsworth, Inclusive payments for the post-pandemic world, SUERF Policy Note (2020)

_____, J. Frost, L. Gambacorta, C. Monnet, T. Rice and H. S. Shin, Central Bank Digital Currencies: Motives, Economic Implications and the Research Frontier, BIS Working Paper No. 976 (2021)

Ballaschk, D. and J. Paulick, The public, the private and the secret: Thoughts on privacy in central bank digital currencies, Journal of Payments Strategy & Systems Volume 15 Number 3 (2021)

Bacchetta P., The Sovereign Money Initiative in Switzerland: An Economic Assessment, Swiss Journal of Economics and Statistics (2018)

Bank de France, Central Bank Digital Currency (2020)

Bank of Canada, Central Bank Digital Currency (2020)

_____, European Central Bank, Bank of Japan, Sveriges Riksbank, Swiss National Bank, Bank of England, Board of Governors of the Federal Reserve and BIS, Central bank digital currencies: foundational principles and core features, Report No. 1, in a series of collaborations from a group of central banks (2020)

_____, European Central Bank, Bank of Japan, Sveriges Riksbank, Swiss National Bank, Bank of England, Board of Governors of the Federal Reserve and BIS, Central bank digital currencies: System Design and Interoperability, Report No. 2, in a series of collaborations from a group of central banks, (2021)

Bank of England, Central Bank Digital Currency; Opportunities, challenges and design, Discussion Paper (2020)

Barrdear J. and M. Kumhof, The Macroeconomics of Central Bank Issued Digital Currencies, Bank of England Staff Working Paper No. 605 (2016)

Beale H., *Chitty on Contracts*, 32nd edn, Sweet & Macxwell (2016)

Bech M. and A. Malkhozov, How Have Central Banks Implemented Negative Policy Rates?, BIS Quartely Review (2016)

Berentsen, Aleksander, and Fabian Schar. 'The Case for Central Bank Electronic Money and the Non-Case for Central Bank Cryptocurrencies.' Federal Reserve Bank of St. Louis Review (2018)

Belke, A and E Beretta, From cash to central bank digital currencies and cryptocurrencies: A balancing act between modernity and monetary stability, ROME Discussion Paper Series, No. 2019-09 (2019)

Ben S. C. Fung and H. Halaburda, Central Bank Digital Currencies: A Framework for Assessing Why and How, Bank of Canada Staff Discussion Paper 2016-22 (2016)

Benes J. and M. Kumhof, The Chicago Plan Revisited, IMF Working Paper 12/202 (2012)

Bank for International Settlements, Whom do consumers trust with their data? US survey evidence, BIS Bulletin No. 42 (2021)

_____, Central banks and payments in the digital era, BIS Annual Economic Report (2020)

BIS CPMI, Digital Currencies (2015)

_____, Potential Implication of DLT and Related Innovations for Central Bank Services (2017)

_____, Distributed Ledger Technology in Payment, Clearing and Settlement (2017)

_____ and MC, Central Bank Digital Currencies (2018)

BIS MC, Central Bank Digital Currencies and Monetary Policy Implementation (2017)

Bjerg O., Designing New Money – The Policy Trilemma of Central Bank Digital Currency, Copenhagen Business School Working Paper (2017)

Blockchain BundesVerband, Blockchain, data protection, and the GDPR 4, v.1.0 (2018)

Boar, C., H. Holden and A. Wadsworth, Impending arrival: a sequel to the survey on central bank digital currency, BIS Papers, No 107 (2020)

Bordo, M. and A. Levin, Central Bank Digital Currency and the Future of Monetary Policy, NBER Working Paper No. 23711 (2017)

Brainard L., Cryptocurrencies, Digital Currencies, and Distributed Ledger Technologies: What Are We Learning?, Speech at the Decoding Digital Currency Conference (2018)

Broadbent B., Central Banks and Digital Currencies, Speech at the London School of Economics (2016)

Buiter W. H., Is Numerairology the Future of Monetary Economics? Unbundling Numeraire and Medium of Exchange Through a Virtual Currency and a

Shadow Exchange Rate, NBER Working Paper No. 12839 (2007)

Camera G., A Perspective on Electronic Alternatives to Traditional Currencies, Sveriges Riksbank Economic Review (2017)

Carstens, A. The future of money and the payment system: what role for central banks, lecture at Princeton University (2019)

Chaum, D., C. Grothoff and T. Moser, How to issue a central bank digital currency, Working Papers 2021-03, Swiss National Bank (2021)

Dai P., et al., Smart-Contract Value-Transfer Protocols on a Distributed Mobile Application Platform (2017)

Danezis, G. & Meiklejohn, S., *Centrally Banked Cyptocurrencies*, University College London (2016)

Darbha, S. and Arora, R., Privacy in CBDC Technology, Bank of Canada Staff Analytical Note 2020-9 (2020)

Davodalhosseini M. and F. Rivadeneyra, A Policy Framework for E-Money: A Report on Bank of Canada Research, Bank of Canada Staff Discussion Paper 2018-5 (2018)

Demchenko, Olena, Bitcoin: Legal Definition and its Place in Legal Framework, Journal of International Trade, Logistics and Law, Vol. 3(1) (2017)

Demmou L., Sagot Q., Central Bank Digital Currencies and payments: A review of domestic and international implications, OECD Economics Department Working Papers No. 1655 (2021)

Engert W. and Ben S. C. Fung, Central Bank Digital Currency: Motivations and Implications, Bank of Canada Staff Discussion Paper 2017-16 (2017)

European Blockchain Observatory and Forum, Blockchain and the GDPR (2018)

European Cental Bank, Eurosystem report on the public consultation on a digital euro (2021)

_____, Stablecoins-No coins, but are they stable?, Infocus No. 3 (2020)

_____, Report on a digital euro (2020)

_____, Bank of Japan, Project Stella - Payment Systems: Liquidity Saving Mechanisms in a Distributed Ledger Environment (2017)

European Commission, Commission Recommendation of 22 March 2010 on the scope and effects of legal tender of euro banknotes and coins, OJ L 83 (2010)

European System of Central Banks, Exploring anonymity in central bank digital currencies, ESCB Reports in Focus Issue No. 4 (2019)

Fairfield, J. and C. Engel, Privacy as a Public Good, Duke Law Journal, 65:385 (2015)

FATF, Virtual Currencies: Guidance for a risk-based approach (2015)

Financial Conduct Authority, Discussion Paper on Distributed Ledger Technology, DP17/3 (2017)

Finck, Michèle, Blockchains and Data Protection in the European Union, Max Planck Institute for Innovation and Competition Research Paper No. 18-01 (2017)

Filippone, Roberta, Blockchain and individuals' control over personal data in European data protection law 30 Tilburg University (2017)

Fox D. and Ernst W.(eds), *Money in the Western Legal Tradition: Middle Ages to Bretton Woods*, Oxford University Press (2016)

Garratt, R. and M. van Oordt, Privacy as a Public Good: A Case for Electronic Cash, Bank of Canada Staff Working Paper 2019-24 (2019)

_____. and J. Lee, Monetizing Privacy, Federal Reserve Bank of New York Staff Reports No. 958 (2021)

Gensler, G. Examining Facebook's Proposed Cryptocurrency and Its Impact on Consumers, Investors, and the American Financial System, Testimony to the Financial Services Committee, United States House of Representatives, 17 July 2019. MIT Media Lab (2019)

Geva, Benjamin, *The Payment Order of Antiquity and the Middle Ages: A Legal History*, Hart Publishing (2011)

Gianviti, François, Current Legal Aspects of Monetary Sovereignty, in Current Developments in Monetary and Financial Law Volume 4, International Monetary Fund (2005)

Gleeson, Simon, *The Legal Concept of Money*, Oxford University Press (2018)

Goodell, Geoffry, Al-Nakib, Hazem Danny and Tasca, Paolo, A Digital Currency Architecture for Privacy and Owner-Custodianship, Future Internet 2021, 13(5), 130 (2021)

Gritzalis, S., Enhancing web privacy and anonymity in the digital era, Information Management & Computer Security, Vol. 12, No. 3 (2004)

Gruen N., Central Banking for All: A Modest Proposal for Radical Change, Nesta (2014)

International Organization for Standardization, Blockchain and distributed ledger technologies – Privacy and personally identifiable information protection considerations, ISO/TR 23244:2020, First edition (2020)

Kahn C., et al., Money is Privacy, International Economic Review Vol. 46 No. 2 (2005)

_____, Payment Systems and Privacy, Federal Reserve Bank of St. Louis Review, Fourth Quarter (2018)

Krauskopf, B. How Euro Banknotes Acquire the Properties of Money, in European Central Bank (ed.), *Legal Aspects of the European System of Central Banks*, Liber Amicorum *Paolo Zamboni Garavelli* (2005)

Koch R., German Imperial Banking Laws, 61st Congress 2d Session (1910)

Koning J., Fedcoin: A Central Bank-issued Cryptocurrency, R3 Report (2016)

Kumhof M., Allen J., Bateman W., Lastra R., Gleeson S. and Omarova S., Central Bank Money: Liability, Asset, or Equity of the Nation?, Centre for Economic Policy Research, Discussion Paper DP15521 (2020)

Kumhof M. and C. Noone, Central Bank Digital Currencies – Design Principles and Balance Sheet Implications, Bank of England Staff Working Paper No. 725 (2018)

Lastra R., *Legal Foundations of International Monetary Stability*, Oxford University Press (2006)

Lohsse, Sebastian, Reiner Schulze, and Dirk Staudenmayer, *Trading Data in the Digital Economy: Legal Concepts and Tools*, Nomos (2017)

Louise Buchter and Kirsten Gürtler, Legal Tender, Danmarks Nationalbank Monetary Review 3rd Quarter (2006)

MacCarthy, M. New Directions in Privacy: Disclosure, Unfairness and Externalities, I/S Journal of Law and Policy for the Information Society, 6:425-512 (2010)

Mancini-Griffoli T., et al, Casting Light on Central Bank Digital Currency, IMF Staff Discussion Note SDN/18/08 (2018)

Mann, F. A. *The Legal Aspect of Money*, 4th edn, Oxford University Press (1982)

McBride, Nick, Payments and the concept of legal tender, Reserve Bank of New Zealand Bulletin, Vol. 70, No. 3 (2007)

McLeay, M., A. Radia and R. Thomas, Money Creation in the Modern Economy: An Introduction, Bank of England, Quarterly Bulletin Q1 (2014)

Meaning J., et al., Broadening Narrow Money: Monetary Policy with a Central Bank Digital Currency, Bank of England Staff Working Paper No. 724 (2018)

Meiklejohn, S. et. al. A Fistful of Bitcoins: Characterizing Payments among Men with No Names, in the Proceedings of the Internet Measurement Conference, Association for Computing Machinery (2013)

Mersch Y., Digital Base Money: An Assessment from the ECB's Perspective, Speech at the Bank of Finland (2017)

Mincke, Wolfgang, General Principals of Property Law: A Traditional Continental View' in Paul Jackson and David C Wilde (eds.), *The Reform of Property Law*, Dartmouth Publishing (1997)

Mishikin Frederic S., The Economics of Money, Banking, and Financial Markets 11th edition, Pearson (2015)

Miyamae T., et al., Performance Improvement of the Consortium Blockchain for Financial Business Applications (2017)

Monetary Authority of Singapore, Project Ubin: SGD on Distributed Ledger, TeCh. Paper (2016)

_____, Project Ubin Phase 2, TeCh. Paper (2017)

Nabilou, H, Central Bank digital currencies: Preliminary legal observations (2019)

Narayanan, Arvind et al., Bitcoin and Cryptocurrency Technologies: A Comprehensive Introduction, Princeton University Press (2016)

Norges Bank, Central Bank Digital Currencies (2018)

Nortes, S., Battaglia Laura S. and Borowiec, S. Generation App: How Do Different Generations Feel about Sharing Personal Data in Order to Tackle COVID-19? We Ask People in South Korea, Spain and Italy, Index on Censorship 49, no 2 (2020)

Ohm, Paul, Broken Promises of Privacy, 57 UCLA L. REV. 1701, 1746 (2010).

Prasad E., Central Banking in a Digital Age: Stock-Taking and Preliminary Thoughts, Brookings Institution Working Paper (2018)

Proctor, Charles, *Mann on the Legal Aspect of Money.* 7th edn. Oxford: Oxford University Press (2012)

Prosser, William L. Privacy, 48 Calif. L. Rev. 383 (1960)

Raskin M. and D. Yermack, Digital Currencies, Decentralized Ledgers, and the Future of Central Banking, NBER Working Paepr No. 22238 (2016)

_____, Realm of the Coin: Bitcoin and Civil Procedure, Fordham Journal of Corporate and Financial Law, Vol. 20, No. 4 (2015)

R. D. Richards, The Evolution of Paper Money in England, Quarterly Journal of Economics, Vol. 41, No. 3., Harvard University Press (1927)

Reid, Fergal and Harrigan, Martin, An Analysis of Anonymity in the Bitcoin System, in (eds) *Security and Privacy in Social Networks*, Springer New York (2012)

Rennie, E. and S. Steele, Privacy and Emergency Payments in a Pandemic: How to Think about Privacy and a Central Bank Digital Currency, Law, Technology and humans Vol. 3(1) (2021)

Richardson, Megan, *Advanced Introduction to Privacy Law*, Cheltenham: Edward Elgar (2020)

Rogoff, K., The Curse of Cash, Princeton University Press (2016)

Rolnick & Webet, Gresham's Law or Gresham's Fallacy?, Journal of Political Economy, Vol. 94, No. 1 (1986)

Sáin de Vicuña, An Institutional Theory of Money in Mario Giovanoli and Diego Devos (eds), *International Money and Financial Law: The Global Crisis*, Oxford University Press (2010)

Satoshi Nakamoto, Bitcoin: A Peer-to-Peer Electronic Cash System (2008) ⟨https://bitcoin.org/bitcoin.pdf⟩

Shackelford, Scott J. and Myers, Steve, Block-by-block: Leveraging the Power of Blockchain Technology to Build Trust and Promote Cyber Peace, 19 Yale J. L. & Tech (2017)

Sheldon, David P., Claiming ownership, but getting owned: Contractual limitations on asserting property interests in virtual goods, 54 UCLA Law Review (2007)

Skingsley C, Should the Riksbank Issue E-krona?, Speech at FinTech Stockholm (2016)

Sveriges Riksbank, The Riksbank's *E-Krona Project, Report* 1, In E-krona reports. Stockholm: Sveriges Riksbank (2017)

_____, The Riksbank's E-Krona Project Report 2, In E-krona reports. Stockholm: Sveriges Riksbank (2018) {"Riksbank(2018a)"}

_____, Petition to the Swedish Riksdag, The state's role on the payment market (2018) {"Riksbank(2018b)"}

_____, A digital complement to cash (2019)

_____, The Riksbank's e-krona pilot (2020)

Schwartz, Paul M. and Solove, Daniel J., The PII Problem: Privacy and A New Concept of Personally Identifiable Information, 86 NUY L. REV. 1814, 1847, 1876-1877 (2011)

_____, Reconciling Personal Information in the United States and European Union, 102 CAL. L. REV. 877, 888-890 (2014)

Tobin J., Financial Innovation and Deregulation in Perspective, Cowles Foundation Papers, no 635 (1985)

Wadsworth Amber, The Pros and Cons of Issuing a Central Bank Digital Currency, Reserve Bank of New Zealand Bulletin Vol.81, No.7 (2018)

White, L., The world's first central bank electronic money has come-and gone: Ecuador, 2014-2018, Cato Institute (2018)

Wouter Bossu, Masaru Itatani, Catalina Margulis, Arthur Rossi, Hans Weenink and Akihiro Yoshinaga, Legal Aspects of Central Bank Digital Currency: Central Bank and Monetary Law Considerations, IMF Working Paper WP/20.254 (2020)

World Bank, The Golbal Findex Database 2017 (2018)

World Economic Forum, Personal Data: The Emergence of a New Asset Class, World Economic Forum (2011)

Zetzche, D., R. Buckley and D. Arner, The Distributed Liability of Distributed Ledgers: Legal Risks of Blockchain, University of Illinois Law Review, No. 101 (2018)

_____, Regulating Libra: The Transformative Potential of Facebook's Cryptocurrency and Possible Regulatory Responses, Oxford Journal of Legal Studies (2020)

Zimmermann, Claus, *A Contemporary Concept of Moentary Sovereignty*, Oxford University Press (2013)

_____, The Concept of Monetary Sovereignty Revisited, 24(3) EJIL (2013)

森田宏樹,「仮想通貨の私法上の性質について」,『金融法務事情』2095 號、金融財政事情研究會、(2018)

日本銀行金融研究所,「中央銀行デジタル通貨に關する法律問題研究會」報告書, 金融研究 (2004)

日本銀行金融硏究所, 中央銀行デジタル通貨に關する法律問題硏究會, 「中央
　　　銀行デジタル通貨に關する法律問題硏究會」 報告書, 金融硏究 (2020)
片岡義廣, 假想貨幣の 私法的 性質の 論點, LIBA Vol. No. 4, (2017)
　　　　, 「ブロックチェーンと仮想通貨をめぐる法律上の基本論点, 久保田
　　　隆編『ブロックチェーンをめぐる實務·政策と法』, 中央經濟社 (2018)
金融法委員會, 「仮想通貨の私法上の位置付けに關する論点整理」, 金融法委
　　　員會 (2018)
鹽野 宏監修、日本銀行金融硏究所「公法的觀点からみた中央銀行についての硏
　　　究會」編『日本銀行の法的性格-新日銀法を踏まえて-(行政法硏究雙
　　　書 15)』, 弘文堂 (2001)
古市峰子, 「現金、金錢に關する法的一考察」, 『金融硏究』第14卷 第4號, 日本
　　　銀行金融硏究所 (1995)

▣ 서자영

서울대학교 법과대학 학사
서울대학교 대학원 법학석사
미국 U.C. Berkeley Law School LL.M.
서울대학교 대학원 법학박사
제49회 사법시험 합격, 現 한국은행 변호사

중앙은행의 디지털화폐(CBDC) 발행에 관한 연구

초판 1쇄 2022년 4월 15일
초판 2쇄 2022년 5월 30일

저 자 서자영
펴낸이 한정희
펴낸곳 경인문화사
등 록 제406-1973-000003호
주 소 경기도 파주시 회동길 445-1 경인빌딩 B동 4층
전 화 (031) 955-9300   팩 스 (031) 955-9310
홈페이지 www.kyunginp.co.kr
이메일 kyungin@kyunginp.com

ISBN 978-89-499-6632-8 93360
값 24,000원

서울대학교 법학연구소 법학 연구총서

◉ 학술원 우수학술 도서
▲ 문화체육관광부 우수학술 도서